W0378980

Contes de Haute-Bretagne

Paul Sébillot

Contes de Haute-Bretagne

Collecte choisie et présentée par Françoise Morvan

Éditions OUEST-FRANCE

Carte : Patrick Mérienne

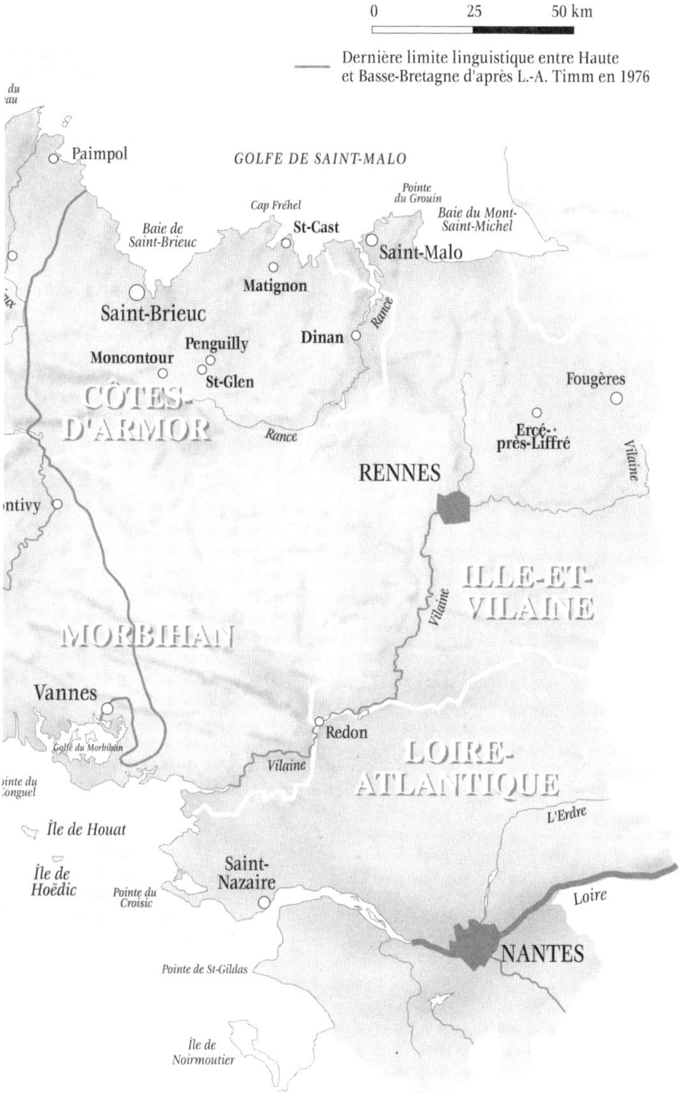
0
25
50 km
Dernière limite linguistique entre Haute
et Basse-Bretagne d'après L.-A. Timm en 1976
Paimpol
GOLFE DE SAINT-MALO
Pointe
du Grouin
Cap Fréhel
Baie du Mont-
Saint-Michel
Baie de
Saint-Brieuc
St-Cast
Saint-Malo
Matignon
Saint-Brieuc
Rance
Dinan
Penguilly
Moncontour
St-Glen
Fougères
CÔTES-
D'ARMOR
Rance
Ercé-
près-Liffré
Vilaine
RENNES
ILLE-ET-
VILAINE
Vilaine
MORBIHAN
Vannes
Redon
Golfe du Morbihan
LOIRE-
ATLANTIQUE
Vilaine
L'Erdre
Île de Houat
Île de
Hoëdic
Saint-
Nazaire
Pointe du
Croisic
Loire
NANTES
Pointe de St-Gildas
Île de
Noirmoutier

Collection dirigée par Françoise Morvan

© Edilarge SA. Éditions Ouest-France, Rennes, 2007
www.editionsouestfrance.fr

INTRODUCTION

Inutile de demander ce qui sépare la Haute de la Basse-Bretagne, puisque c'est Paul Sébillot lui-même qui, au tout début de ses infatigables recherches, a dressé la carte de la limite linguistique entre la Bretagne bretonnante et la Bretagne gallèse – limite qui s'est à présent légèrement déplacée vers l'est, précisons-le, et qui est devenue bien symbolique, la pratique du breton et du gallo ayant considérablement reculé.

Si la Basse-Bretagne a bénéficié d'un statut particulier pour la recherche folklorique, en raison de l'intérêt attaché aux antiquités celtiques, la Haute-Bretagne est, elle, longtemps restée dans l'ombre de sa voisine auréolée du prestige d'une celtitude mystérieuse. C'est ce que rappelle d'ailleurs Paul Sébillot, qui, découvrant vers 1860, alors qu'il était au collège de Dinan, *Le Foyer breton* d'Émile Souvestre – un livre déjà ancien, puisqu'il était paru en 1844, mais considéré comme un classique du genre – s'est souvenu des contes entendus dans son enfance.

On pourra lire à la fin de ce volume le texte par lequel il évoque cette découverte et rappelle son itinéraire. S'il n'est pas utile de le reprendre[1], notons malgré tout que Paul Sébillot évoque lui-même ce mouvement de révolte qui est à l'origine de sa collecte : *Quelques épisodes des récits du monde des morts me rappelèrent ceux que j'avais entendus dans mon enfance, et peu à peu l'idée me vint de rechercher, lors des prochaines vacances, s'il y avait dans mon pays natal des histoires merveilleuses ou fantastiques dignes de figurer dans un* Foyer gallo. *Je pris cette résolution sans songer à la possibilité de publier ce que je pourrais recueillir ; simplement pour satisfaire ma curiosité. J'étais aussi quelque peu humilié dans mon petit patriotisme local, en pensant que l'on ne parlait guère autour de moi que du pittoresque de la Basse-Bretagne et de ses légendes, et je me disais que vraisemblablement le pays gallo, et en particulier celui de Penthièvre, n'était pas aussi dépourvu de merveilleux qu'on le supposait, puisque j'y avais entendu des contes comiques, des récits de sorcellerie et des histoires de l'autre monde.*

Il n'est pas sans intérêt de remarquer que ce qui lui revient de son enfance, ce sont, en premier lieu, des contes

1. L'itinéraire qui allait l'amener à devenir « le prince du folklore français » se résume à quelques dates clés et trois étapes principales : né en 1843 à Matignon, une petite ville des Côtes-d'Armor dont son père, médecin, était maire, Paul Sébillot s'est d'abord destiné, non sans succès, à une carrière de peintre et de journaliste. Cependant, dès 1875, son intérêt croissant pour les traditions populaires l'amène à faire de ses recherches une activité à plein temps ; occupant à partir de 1880 le château de la Saudraie, près de Moncontour, il publie un nombre impressionnant de volumes, partant du conte populaire pour toucher tous les domaines du folklore. En 1889, son beau-frère, nommé ministre des Travaux publics, lui ayant offert une place de directeur de cabinet, il s'installe à Paris et oriente ses recherches vers *Les travaux publics et les mines dans les traditions et superstitions de tous les pays* et les *Légendes et curiosités des métiers* (titre des volumes qu'il publie en 1894 et 1895), sans cesser de travailler à son monumental *Folklore de France* (1904-1907) et de diriger la *Revue des traditions populaires* qui disparaîtra peu après sa mort, le 23 avril 1918.

de revenants, des *récits de sorcellerie* et des contes facétieux, mais que ce qu'il entreprend de chercher, ce sont des grands contes merveilleux et des légendes chrétiennes, genres prestigieux par quoi s'est illustrée la Basse-Bretagne.

De fait, le répertoire de Vincente Béquet, sa *bonne d'enfants*, est bien représentatif de ce qu'il a gardé en mémoire : il publiera en 1880, dans les *Contes populaires de la Haute-Bretagne*, « Le fin larron », recueilli en 1861, « Quand il arriva malheur à Jean-le-Diot » et « Le sorcier », soit deux contes facétieux et un conte fantastique. Un peu plus tard, ce que lui donne son camarade Émile Frostin confirme la nette prédilection des enfants pour les contes à faire peur, contes de revenants et autres. Est-il déçu pour autant ? Non : il a recueilli une quinzaine de récits et a découvert son premier conte de fées des houles – ces fées qui vivent dans les grottes (houles, en anglais *hole*) de la côte de la Manche, de Cancale à Étables. De plus, Vincente Béquet lui a donné avec « Le fin larron » une version remarquablement complète d'un conte facétieux largement répandu. Il souligne l'importance de ce répertoire comique en Haute-Bretagne dans la préface de ses *Contes des landes et des grèves* : *J'ai terminé ce livre par un choix de contes comiques ; ils sont très nombreux en Haute-Bretagne, et à ce point de vue, elle l'emporte de beaucoup sur la Bretagne bretonnante, plus rêveuse et plus grave ; il y en a relativement plus aussi dans l'Ille-et-Vilaine que dans les Côtes-du-Nord ; dans le premier de ces départements, ils appartiennent souvent au genre scatologique ou même graveleux : ils y sont racontés, avec une candeur qui désarme, parfois par des personnes âgées ou des jeunes filles.* Ainsi avoue-t-il avoir dû sélectionner parmi son ample moisson les récits *qui peuvent honnêtement s'écrire* et qui sont *parfois assez spirituels dans leur naïveté apparente pour pouvoir être goûtés même par les esprits les plus raffinés*[2]. Or, malgré cette sélection, les contes facétieux se comptent par centaines dans sa collecte. Il faut dire qu'en explorant la partie française des Côtes-du-Nord (depuis rebaptisées Côtes-d'Armor) il a découvert une véritable mine : les histoires de Jaguens. Les gens de Saint-Jacut-de-la-Mer ont donné lieu à une proliférante chronique des niais comparable à la chronique des *ahuris de la Vicogne* recueillie par Henry Carnoy en Picardie[3]. Ces histoires à dire, qui jouent sur le patois, sont difficiles à faire passer à l'écrit mais, parfois, parviennent tout de même à franchir l'épreuve. Il les rassemblera, à la fin de sa vie, dans ses *Joyeuses Histoires de Bretagne*, en même temps que d'autres contes comiques, des contes d'animaux et des fabliaux.

Mais, s'il prend soin de noter ce qu'il recueille sans rien rejeter, il reste que ce qui rend sa collecte remarquable est l'abondance de contes merveilleux découverts en un temps où le genre était déjà fragilisé : *La littérature orale a une tendance à disparaître, non pas en bloc et tout d'un coup, mais par émiettement, et il n'est que temps d'en sauver les débris,* écrit-il dans la préface de sa *Littérature orale de la Haute-Bretagne*, l'un de ses premiers livres, publié juste après son premier volume de *Contes populaires de la Haute-Bretagne. Né en 1843, j'ai déjà constaté que des contes racontés dans mon enfance, et que toutes les femmes savaient, ne se retrouvent plus aujourd'hui, et je n'ai pu, malgré des recherches obstinées, m'en procurer que des versions à demi effacées : souvent des personnes âgées m'ont cité des fragments de contes qu'elles affirmaient*

2. Il n'a pas réellement censuré les autres puisqu'il les a publiés dans *Kryptadia*.

3. Henry Carnoy, *Contes de Picardie*, Éditions Ouest-France, 2005, p. 315.

avoir entendu conter jadis et qu'alors tout le monde savait d'un bout à l'autre.

Il prend la peine de s'expliquer dans cette même préface sur sa méthode de travail, et ces explications méritent d'être citées in extenso pour éclairer cette collecte exceptionnelle : *Bien des personnes*, écrit-il en 1880, *même parmi ceux de mes compatriotes gallos qui habitent la campagne, seront sans doute surprises de tout ce que contiendront ces pages, et pourtant elles ne sont que des échantillons de chaque genre, choisis parmi un grand nombre de pièces que je possède encore. Ce sentiment de surprise s'est déjà manifesté lorsque j'ai publié mes* Contes populaires de la Haute-Bretagne *; mais il tient surtout à ce que les gens qui sont en relation journalière avec le peuple des campagnes ne connaissent guère que son extérieur, et ne sont pas suffisamment patients et observateurs pour découvrir ses coutumes singulières et pour noter ses croyances, ses chants, ses aspirations, ses superstitions, tout ce qui, en un mot, ne se livre pas au premier examen. Il est juste d'ajouter que l'habitude de toujours voir les choses même originales les fait paraître toutes naturelles. Recueillir cette littérature parlée n'est point aussi facile qu'on se l'imagine ; elle n'est point écrite ni réunie en des endroits déterminés ; elle est au contraire dispersée dans la mémoire d'un grand nombre de personnes, d'où il n'est pas toujours aisé de la faire sortir. On n'y arrive qu'à force de temps et de persévérance, et il est de plus nécessaire de bien connaître la langue des paysans et de leur inspirer confiance ; sans cela, ils demeureraient obstinément fermés, et l'on ne saurait rien ou peu de chose.*

Les manifestations de la littérature orale sont très diverses et très complexes ; on pourrait presque dire qu'elle est partout et nulle part.

Il y a cependant quelques endroits où l'on peut en découvrir des fragments importants : ce sont les réunions d'hiver. Quand les soirées sont longues, on s'assemble parfois, et pendant que les uns travaillent, les autres disent des contes, proposent des devinettes ou chantent des chansons. Voici les noms et la description succincte de quelques-unes de ces assemblées.

Le filouas, *qui a disparu dans beaucoup de pays, a lieu le soir dans une ferme où un certain nombre de personnes se réunissent pour* filouaser, *c'est-à-dire filer à la quenouille ou au rouet ; les garçons qui ont des « bonnes amies » y viennent pour accompagner les filles et leur aider à tourner leur rouet. On y raconte des contes et des légendes ; on y dit des devinettes ; on y chante des chansons, et la soirée se termine parfois par des danses. Vers Ercé, où cette sorte de réunion se nomme* filanderie, *il s'y trouvait parfois quarante ou cinquante personnes, et une femme âgée m'a assuré que, de son temps, il ne se passait guère de semaine sans qu'il y eût une ou plusieurs filanderies dans la commune.*

On racontait aussi des contes aux veillouas, *réunions du soir où l'on se rassemblait surtout pour se divertir à jouer et à danser ; aux* érusseries de chanvre, *où les jeunes garçons et les filles s'aidaient à enlever les fibres du chanvre ; il s'en fait encore maintenant, mais moins fréquemment que jadis. Les* cuiseries de pommé, *où l'on se réunissait pour faire une sorte de confiture avec des pommes cuites dans de grands bassins et arrosées de cidre doux, n'ont point encore complètement disparu. Il en est de même des* lessives de nuit.

Mais dans une grande partie du pays gallo ces réunions sont devenues moins fréquentes qu'autrefois ; à force de prêcher, le clergé les a souvent fait disparaître, de même qu'il a supprimé les danses, sans que la moralité de la campagne y ait beaucoup gagné. Toutefois des raisons d'ordre purement économique ont, tout autant que le clergé, contribué à faire tomber en désuétude les anciens usages. Depuis que les campagnes sont devenues sûres, le groupement des fermes, qui jadis était la règle, est devenu une exception ; presque partout de belles routes ont remplacé les anciens chemins creux, effondrés et boueux, qu'ont encore vus ceux qui n'ont guère que trente ans à l'heure actuelle, et au lieu de se réunir dans les villages, on va au bourg pour apprendre des nouvelles et en dire.

L'instruction s'est aussi peu à peu répandue : dans bien des maisons, au lieu de raconter des contes pour empêcher les gens de s'endormir ou de s'ennuyer, on fait la lecture, et souvent c'est le petit garçon ou la petite fille qui, en revenant de l'école, sont chargés de ce soin.

Il existe cependant encore un grand nombre de contes, et on les dit dans bien des endroits autres que les réunions du soir : au four *où les femmes se rassemblent,* au doué *où se racontent les faits divers du pays, sur les routes en allant au marché, et dans les champs. Il n'est pas rare d'entendre dire, au moment des travaux en plein air :*

— Dites-nous donc un petit des devinailles *et des* contes *pour nous désennuyer.*

Les petits garçons et les petites filles qui gardent ensemble les moutons ou les vaches se racontent entre eux les contes que leurs mères leur ont appris.

La littérature orale et traditionnelle est encore fort riche, même dans les pays qui ne forment pas, comme la Bretagne bretonnante et le pays basque, des groupes compacts, qui se distinguent nettement de leurs voisins par la langue et les costumes. Dans la préface de ses Contes lorrains, *M. Cosquin rapporte que, dans un seul village, il a recueilli environ quatre-vingts récits : mon expérience personnelle confirme de tout point ce qu'il dit ; dans les quatre mois que j'ai passés à Ercé près Liffré, de 1878 à 1880, j'ai réuni plus de cent contes ; à Saint-Cast, j'en ai recueilli soixante-dix l'année dernière, cent quarante cette année, et je ne crois pas ces deux pays épuisés*[4].

Paul Sébillot écrivait cela à Saint-Cast le 15 octobre 1880. Les quelque trois cents contes rassemblés à cette date ne sont que le noyau dur d'une collecte qui, avec un millier de contes recueillis, est sans doute la plus importante de France avec celle d'Achille Milien en Bourgogne[5].

*

* *

Cependant, ce qui rend cette collecte remarquable entre toutes n'est pas seulement son abondance mais sa qualité, sa diversité et le souci de rigueur dont elle témoigne.

Paul Sébillot place à l'origine de son travail véritable les conseils du folkloriste François-Marie Luzel (1821-1895) : *En 1875, alors qu'il était rédacteur en chef de* L'Écho de Morlaix, *il m'avait demandé l'autorisation de traduire en breton une brochure de propagande :* La République c'est la tranquillité, *que je venais de publier*, écrit-il[6]. *En la lui accordant, je fus amené à lui dire que moi aussi j'avais trouvé quelques légendes en Basse-Bretagne, et le 30 octo-*

4. *Littérature orale de la Haute-Bretagne*, Maisonneuve, 1881, p. I-VI.

5. Rappelons que la collecte de Luzel ne compte qu'un peu plus de quatre cents contes (et en y comprenant les versions en breton pour une unité distincte de la traduction), et c'est une collecte abondante (celle de Carnoy ne doit sans doute pas atteindre deux cents contes, en y comprenant les textes en picard épars dans des revues).

6. Dans ses *Notes pour servir l'histoire du folk-lore en France* que l'on pourra lire en annexe.

bre 1875 il m'écrivait : « Je vois avec plaisir que dans vos stations sur les différents points de notre chère Armorique, vous vous occupez aussi de recueillir les échos de notre passé le plus lointain, transmis jusqu'à nous par la tradition orale. Je vous serais vraiment obligé de vouloir bien me communiquer la version que vous avez recueillie de l'histoire du roi Marc'h, en me donnant si possible, le nom du conteur et le lieu où vous l'avez recueillie. J'ai l'habitude de donner toutes ces indications... Tâchez aussi de reproduire aussi fidèlement et simplement qu'il vous sera possible le récit original. » C'est à partir de ce moment-là, et en s'inspirant des *Contes bretons* de Luzel publiés à Quimperlé en 1870 (volume qui marquait une rupture radicale avec *Le Foyer breton* de Souvestre et toute la tradition romantique de transmission du conte), qu'il prit le parti de pratiquer *la méthode de la récolte sans embellissements,* qu'il avait, écrit-il, déjà *instinctivement adoptée* pour rédiger plusieurs de ses récits, et se promit *de suivre désormais*.

Si Luzel, qui avait une vingtaine d'années de plus que Sébillot, pouvait passer à juste titre pour un maître, il faut néanmoins rappeler qu'il venait seulement de publier, à compte d'auteur, ce mince recueil ; ses grandes missions de collecte du conte populaire, accordées par le ministère de l'Instruction publique sur recommandation d'Ernest Renan, venaient juste de s'achever (elles avaient duré de 1868 à 1873) et Luzel allait passer de longues années à poursuivre sa collecte, ou plutôt préparer la publication des centaines de contes recueillis. Il lui fallut attendre 1881, et la création de la collection « Les littératures populaires de toutes les nations » par Paul Sébillot aux éditions Maisonneuve, pour pouvoir enfin éditer ses *Légendes chrétiennes de la Basse-Bretagne* de manière satisfaisante. En 1887, ce fut dans la même collection, et grâce donc au disciple qui avait dépassé le maître, que les trois volumes de *Contes populaires de la Basse-Bretagne* virent le jour. À cette date, Paul Sébillot avait publié chez Charpentier ses trois volumes de *Contes populaires de la Haute-Bretagne* et ses *Contes des provinces de France*, entre autres volumes parus en quelques années particulièrement fécondes.

On oublie trop souvent que nous avons là deux collectes contemporaines et poursuivies parallèlement. La vocation de Luzel a été précoce mais ses publications tardives en raison des difficultés rencontrées en Bretagne[7] ; la vocation de Sébillot a été relativement tardive, si, du moins, on tient compte de la volonté de s'y consacrer en priorité, mais son travail a été favorisé par le soutien de ses pairs : c'est en 1878 que, ne pouvant peindrc cn raison de la pluie, il se met à recueillir des contes à Ercé près Liffré, une région d'Ille-et-Vilaine qu'il connaît mal, et que les résultats de cette enquête semblent donner une nouvelle impulsion à sa collecte. Il est alors peintre, critique d'art, journaliste et vit d'ordinaire à Paris. Envisage-t-il de s'installer au château de la Saudraie dans le Méné, près de Moncontour ? Il sait que son oncle compte lui léguer ce château dont il deviendra propriétaire effectif en 1880 ; il aura pour lors renoncé à sa carrière de peintre pour se consacrer aux traditions populaires. Dès 1879, Luzel l'a mis en relation avec Henri Gaidoz (1842-1932), le fondateur de la *Revue celtique*, qui lui permet à son tour de rencontrer Eugène Rolland (1846-1909), cofondateur avec lui de *Mélusine*. L'énorme travail fourni par Gaidoz et ses collaborateurs a ouvert la voie à un travail réellement scientifique, dégagé du poids que font peser sur le folklore les revues et maisons d'édition de

7. Voir à ce sujet la préface des *Contes de Basse-Bretagne*, Éditions Ouest-France, 2007 (ou, pour suivre plus précisément son itinéraire, *François-Marie Luzel*, Presses universitaires de Rennes/Terre de Brume, 1999).

province, souvent réactionnaires : la voie est ouverte, et Sébillot, comme Henry Carnoy et bien d'autres après lui, s'y engouffre. Dès 1880, il s'accorde avec Charles Leclerc, associé au libraire Maisonneuve, pour fonder la collection « Les littératures populaires de toutes les nations », qui sera l'une des meilleures collections de littérature orale du monde.

Scrupuleux, méthodique, beaucoup plus rigoureux que Luzel, Sébillot ne se limite pas à collecter des contes, des chansons, des proverbes de Haute-Bretagne : croyances populaires, traditions, coutumes, légendes locales, sobriquets, images, architecture, métiers, tout l'intéresse. Dès 1882, les deux gros volumes de *Traditions et superstitions de la Haute-Bretagne* viennent s'ajouter à ses recueils de contes.

Il ne se borne pas non plus à collecter la littérature orale de Haute-Bretagne : ses *Contes des provinces de France* (1884) paraissent en même temps que *Le Blason populaire de la France*, écrit en collaboration avec Henri Gaidoz. Peu à peu, il élargit ses recherches au monde entier, élabore des enquêtes, suscite des vocations, rassemble ses observations dans les quatre volumes du *Folklore de France*, son œuvre majeure, et la *Revue des traditions populaires*, qu'il fonde en 1886, fait de ses recherches une œuvre collective, universelle[8]. Inventoriant les œuvres des auteurs français pour y discerner la présence des superstitions et croyances populaires[9], se penchant sur les poissons de mer, les livres

8. Et ce d'autant qu'il travaille dans toute la mesure du possible en relation avec des folkloristes du monde entier : ainsi, en Italie, Giuseppe Pitrè (1841-1906), fondateur en 1880 de la revue *Archivio per lo studio delle tradizioni popolari*, revue à laquelle il a plusieurs fois collaboré, et, en Angleterre, avec la Folk-lore Society dont la revue *Folk-lore* a été fondée en 1878.

9. Ainsi a-t-il étudié les œuvres de Cyrano de Bergerac, Villon, Racine, Molière...

de colportage, les lutins de France, les traditions de la boulangerie, les travaux publics dans les superstitions de tous les pays, le crachat et la salive, l'histoire du poisson d'avril, les sobriquets des marins, les ornements et amulettes des animaux, les comptines des enfants des pêcheurs, l'écho, le diable et l'enfer dans l'iconographie, la propagation de la peste et du choléra, les légendes des fées et les abris sous roche, pour ne citer que quelques articles pris au hasard parmi quelques centaines, il est toujours d'une précision et d'une modestie qui, doublant ce savoir encyclopédique, invitent à la recherche.

Animé par une curiosité insatiable, il a des dons non moins précieux de rassembleur, appelant à la confrontation et facilitant les échanges : la *Revue des traditions populaires* ne lui survivra qu'un an et disparaîtra en 1919 – mais il est vrai que la Première Guerre mondiale aura décimé nombre de ses collaborateurs et laissé en ruines le champ des recherches folkloriques. De l'optimisme qui porte cette recherche (républicain militant, comme Luzel, comme Gaidoz, Sébillot l'inscrit dans une perspective politique clairement exprimée) il ne restera plus grand-chose.

Ce qui lui vaut de toucher un lecteur contemporain est peut-être la qualité la moins revendiquée par son auteur : alors que son œuvre de poète reste opaque, comme privée du pouvoir de parvenir dans sa plénitude jusqu'au lecteur (et l'on dirait la même chose de son œuvre de peintre, intéressante, mais recluse dans une vision intérieure qui ne parvient pas à s'imposer), ses contes sont remarquablement bien rédigés, avec une attention aux mots qui en fait tout le charme. Il saisit l'inflexion du conteur, s'amuse, nuance l'approche, met en valeur l'expression employée. On n'a guère prêté attention à une expérience du tout jeune

Sébillot, une expérience curieuse, apparemment peu scientifique : transcrivant l'un de ses premiers contes de fées des houles, il s'applique à le traduire en patois de la côte – non pas à le transcrire, puisque le camarade qui le lui donne le lui dit en français, mais bien à le traduire, en partant des passages inscrits dans la trame du récit par ce camarade, grand amateur de gallo[10]. Exercice incongru, sauf à considérer qu'il s'agissait là de transposer ce que la langue avait de jubilatoire... Il y a derrière ce style discret tout un travail de recherche, et les descriptions mêmes sont d'un peintre, précises, fines, rapides, témoignant d'un art véritable de mettre les éléments en place sans s'attarder.

De cette œuvre aristocratique, caractérisée par le rayonnement, la largeur d'esprit et l'ouverture qui font l'excellence de certaines œuvres de la fin du XIXe siècle et du début du XXe, il n'est malheureusement pas resté grand-chose. Mal servie par des éditeurs plus soucieux de rentabilité immédiate que de respect d'un travail encore épars, elle n'a fait l'objet d'aucune édition méthodique : nombre de contes étant encore perdus dans des revues difficiles d'accès, l'ampleur de la collecte n'est pas évaluable précisément, sans même parler du travail à partir des archives – et ne nous attardons pas sur les affligeantes rééditions du *Folklore de France*... Sans doute, républicain comme Luzel, Sébillot a-t-il, comme lui, souffert d'une dérive régionaliste inscrite dans le fascisme européen ; sans doute a-t-il, de plus, souffert de l'ostracisme bas-breton à l'égard de la Bretagne gallèse. Encouragé par les institutions, le développement d'une conception ethniste, opposant la Bretagne celte à une

10. Ce qui fut aussi, on l'oublie souvent, le cas de Sébillot, auteur d'un *Essai sur le patois gallot.*

Bretagne française à receltiser[11], a durablement contribué à laisser dans l'ombre l'œuvre universaliste de Sébillot.

*

* *

Comment opérer une sélection dans une œuvre aussi monumentale ? Éditer une collecte peut être parfois assez simple : une collecte comme celle d'Henry Carnoy en Picardie, si importante soit-elle[12], peut être rassemblée en un volume ; celle de Jean-François Bladé en Gascogne ne pose pas problème non plus puisqu'il a lui-même procédé à une sélection de ses contes[13]. On serait en droit de dire que Paul Sébillot a, lui aussi, à deux reprises, procédé à une sélection[14] : ses *Contes de terre et de mer* illustrés par Léonce Petit, Sahib et Bellenger sont, dès 1883, un choix de dix-huit contes effectué dans les trois volumes de *Contes populaires de la Haute-Bretagne* ; les *Cuentos bretones* traduits par Manuel Machado en 1900 sont une anthologie préparée pour la traduction en espagnol : parmi les cinquante-huit contes retenus figurent des pièces jusqu'alors inédites en volume. Cependant, l'un, trop mince et comportant des illustrations de qualité très inégale, et l'autre, trop épais et influencé par

11. On en voit un signe particulièrement ostensible dans la signalétique bilingue breton-français à présent imposée en Bretagne gallèse, l'Office de la langue bretonne étant chargé de forger des noms de lieux bretons pour donner l'impression d'une celtitude immémorialement inscrite dans la toponymie.

12. Et intéressante à confronter à celle de Paul Sébillot puisque tous deux sont partis du conte populaire pour élargir leur recherche au folklore universel (en 1883, Carnoy avait envisagé de fonder une revue avec Sébillot ; après avoir collaboré à la *Revue des traditions populaires*, il fonda *La Tradition*, organe de la Société des traditionnistes, qu'il présidait.

13. On pourra trouver cette sélection sous le titre *Contes de Gascogne*, Éditions Ouest-France, 2004.

14. Sans même parler des onze contes de Haute-Bretagne retenus pour les *Contes des provinces de France*.

le souci de plaire au traducteur, ont le défaut de mêler contes de fées des houles, contes merveilleux, contes facétieux et autres. Le but de Paul Sébillot n'était pas de donner une anthologie représentative de l'ensemble de sa collecte, mais un simple choix subjectif.

S'il est impossible de prétendre à l'objectivité absolue en pareille matière, la subjectivité du choix pouvait être limitée en partant de critères simples : d'une part, le volume a été construit en s'appuyant sur les genres caractéristiques de la collecte (contes merveilleux, légendes chrétiennes, contes facétieux) ; une large part a été faite aux cycles les plus caractéristiques de la collecte : les fées des houles, les margot-la-fée, le cycle des Jaguens. D'autre part, les contes retenus l'ont été parce qu'ils étaient les plus beaux et les plus représentatifs du conte-type. Enfin, les deux volumes de contes de Bretagne permettant de présenter deux collectes majeures, celles de Luzel et de Sébillot, perçues par leurs auteurs eux-mêmes comme complémentaires et profondément différentes, certains contes ont été choisis pour faciliter une lecture en miroir.

Il semble, en effet, intéressant de lire en écho l'histoire de Bilz, le fin voleur (que Luzel présente comme donné par son premier conteur, le mendiant aveugle Garandel) et « Le fin larron » donné par la première conteuse de Sébillot, sa bonne d'enfants : deux pièces majeures, deux pièces que l'on pourrait dire premières, qui offrent deux belles versions du conte-type 1525 A et mettent en lumière deux manières de dire, deux esprits. De même pour le cycle de « La mort en voyage » collecté par Sébillot et le cycle de « Jésus-Christ en Basse-Bretagne » collecté par Luzel, ou encore pour des contes particulièrement bien représentés dans les deux collectes : ainsi le conte-type 313 (« La fille du diable ») illustré par « La demoiselle en blanc » de

Sébillot et « Le fils du marchand et le magicien » de Luzel, ou encore le conte-type 531 (« La belle aux cheveux d'or ») illustré par « Jean le Teignous » de Sébillot et « Petit-Louis, fils d'un charbonnier et filleul du roi de France » de Luzel.

Un conte comme « Jean le Teignous », admirable à maints égards, a aussi été retenu parce qu'il a été rédigé de manière à illustrer une manière de conter caractéristique. Les explications données par Paul Sébillot à ce sujet dans la préface de ses *Contes des marins* méritent aussi que l'on s'y arrête. Les marins qui lui ont donné des contes, écrit-il, *appartiennent à deux écoles différentes : les uns ne diffèrent guère, comme procédé de narration, de ceux que l'on peut entendre à terre en pays gallo. Ils racontent « en y mettant le ton », les récits qu'ils croient les plus propres à charmer l'auditoire. J'ai connu des marins qui étaient très fiers de leur talent de conteurs ; parfois ils entraient tellement dans leur sujet qu'ils croyaient assister aux aventures qu'ils décrivaient. S'ils venaient, par exemple, à parler de la princesse que les matelots vont délivrer dans le château où elle est prisonnière, ils s'écriaient : « Ah ! était-â (était-elle) belle ! » comme s'ils la voyaient réellement. Leurs récits ne dépassent pas en général la longueur que les Gallos donnent habituellement à leurs contes ; pourtant, quelques-uns, et ce ne sont pas les plus jolis, sont assez longs.*

Presque toutes les aventures merveilleuses m'ont été racontées par des marins appartenant à cette école ; mais d'autres récits, dont le plus caractéristique est « Jean le Teignous », m'ont été racontés d'une manière toute différente. Les narrateurs semblent viser avant tout à faire durer le conte le plus longtemps possible, s'arrêtant aux moindres détails, prolongeant le dialogue jusqu'à satiété, et entrecoupant le tout de plaisanteries ou de formules consacrées, comme celle-ci qui est la plus fréquente :

« Marche aujourd'hui, marche demain ; à force de marcher on fait beaucoup de chemin. »

Mais ces conteurs qui tirent à la ligne, *au lieu de mimer leur récit et de varier les intonations, le récitent comme du catéchisme, sur un ton qui est toujours le même, qu'il s'agisse d'une description ou d'un dialogue ; et pour le rendre exactement par l'écriture, il faudrait à peu près supprimer toute ponctuation. Il n'y a guère d'arrêt que lorsque revient la formule « marche aujourd'hui, marche demain, etc. » Ces conteurs sont en somme ennuyeux à entendre ; en les écoutant, les matelots s'endorment quelquefois, et lorsque le conteur ayant dit : « Cric ! », personne ne lui répond : « Crac ! », il remet la suite au lendemain. Il y a, en effet, des contes qui durent plusieurs jours ; on m'a même affirmé que certains matelots, à force d'incidents, de descriptions interminables, de dialogues prolixes, trouvaient moyen de prolonger leur récit pendant des semaines.*

Il est intéressant, ici encore, de mettre ces remarques en relation avec les constatations de Luzel sur l'évolution des manières de conter en Basse-Bretagne : il existe, indique Luzel dès 1869[15], deux types de conteurs, ceux de la bonne école, qui sont sobres, et ceux qui, au contraire, aiment à se *donner carrière*, ajoutant des noms de lieux connus, voire des personnages de l'auditoire, allongeant les épisodes et mélangeant des contes. Mais, en Basse-Bretagne, ce sont les conteurs sobres qui adoptent un mode de conter monotone : *On dirait qu'ils récitent exactement une leçon apprise par cœur.* Par ailleurs, les formules introductives et conclusives sont plus nombreuses et plus riches, mais les

15. Dans son deuxième Rapport de mission, *Contes bretons et lettres de mission sur le conte*, Presses universitaires de Rennes/Terre de Brume, 1994, p. 111.

formules internes du type « marche aujourd'hui, marche demain » inconnues.

On ajoutera que les contes de Luzel sont plus longs et d'une tonalité beaucoup plus sombre. Comme Paul Sébillot le constate lui-même, le répertoire gallo comporte une part très importante de contes facétieux, en nombre nettement inférieur dans la collecte de Luzel, riche, en revanche, de contes de terreur[16]. Les contes de revenants sont également nombreux dans la collecte de Sébillot, mais, et cela vaut également pour les récits de *bêtes blanches* et autres apparitions, le comique n'est jamais très loin. Enfin, à parcourir cet immense répertoire, ce qui semble dominer dans la collecte de Paul Sébillot, c'est une tendresse, une lumière un peu voilée, comme une douceur d'automne.

Il reste à souhaiter qu'elle puisse un jour être découverte dans toute son ampleur et fasse enfin l'objet de l'édition qu'elle mérite[17].

Françoise Morvan

---

16. Voir *Fantômes et dames blanches*, Éditions Ouest-France, 2007.

17. Dans ce volume, les appels de note numériques signalent les notes de l'auteur ; les notes de l'éditeur sont signalées par un astérisque.

Nous avons reproduit quelques illustrations de Léonce Petit, Sahib et Bellenger, parues dans les *Contes de terre et de mer* en 1883.

CONTES MERVEILLEUX

JEAN LE TEIGNOUS[1]

Il y avait une fois ;

— Cric ! – Crac ![2] – Sabot ! – Cuiller à pot ! – Soulier de Dieppe ! – Marche avec ! – Marche aujourd'hui, marche demain, à force de marcher on fait beaucoup de chemin.

Je passe par une forêt où il n'y avait point de bois, par une rivière où il n'y avait point d'eau, par un village où il n'y avait pas de maison. Je frappe à la porte et tout le monde me répond. Plus je vous en dirai, plus je vous mentirai, je ne suis point payé pour vous dire la vérité.

*

* *

Il y avait une fois – par une bonne fois – un homme et une femme très âgés : l'homme avait quatre-vingts ans et la bonne femme soixante-dix. Du temps qu'ils étaient amoureux, ils avaient eu un petit garçon.

1. Ce conte s'appelle aussi Jean le Fin.

2. Ce commencement est celui usité à bord pour demander le silence avant de commencer. Le conteur dit *cric !* Les autres répondent *crac !* et ainsi de suite.

Il est bon de vous dire que le mari dit à sa femme :

— Nous trouvons bien une marraine, mais je ne sais où prendre un parrain.

La femme lui répondit :

— Il faut cependant que tu ailles chercher un parrain ; marche aujourd'hui, marche demain, à force de marcher, on fait beaucoup de chemin.

Sa route faisant, le bonhomme rencontra un beau monsieur qui lui dit :

— Bonjour, monsieur, où allez-vous comme cela ?

— Ma foi, je m'en vais à la recherche d'un parrain ; ma femme vient d'avoir un petit garçon : j'ai bien trouvé une marraine, mais je ne sais où prendre un parrain.

— Voulez-vous que je sois le parrain de votre enfant ?

Le bonhomme voyant le monsieur si bien habillé, lui répondit :

— C'est peut-être pour vous gausser de moi que vous me proposez cela.

— Non, dit-il, c'est bien vrai que je veux être le parrain de votre garçon.

— Hé bien ! suivez-moi, je vais vous conduire au logis.

En arrivant dans la cabane, le monsieur alla au lit de la bonne femme et lui demanda comment elle se portait.

— Merci, monsieur, je vais mieux maintenant qu'il n'y a un moment.

— Voulez-vous que je sois le parrain de votre enfant ?

— Oui, monsieur, j'y consens avec plaisir.

— Mais où est la marraine ?

On lui dit :

— La voilà qui tient l'enfant sur ses bras.

Quand l'enfant fut habillé, on le porta au bourg pour le baptiser ; le parrain fouilla dans sa poche, et dit au bonhomme.

— Tenez, voilà mille francs, achetez de quoi souper car nous mangerons ce soir ensemble.

Mais il est bon de vous dire que dans ce temps-là le parrain n'avait pas besoin d'entrer à l'église ; il dit à la marraine :

— Entrez dans l'église, et donnez un nom à l'enfant ; pendant ce temps-là, je vais préparer le café.

Après le baptême, ils vinrent tous prendre le café, puis ils s'en retournèrent à la maison bien tranquillement, apportant de la pâtisserie pour la mère, et des dragées pour mettre sur la table, comme c'est l'usage aux baptêmes.

Mais comme la cuisinière avait reçu mille francs, les oies et les poulets fumaient sur la table, rien ne manquait ; et les petits cochons rôtis couraient par les rues la fourchette sur le dos et la moutarde au cul, et on courait après pour les attraper si on pouvait.

Une fois le souper terminé, le parrain alla au lit de la mère pour lui dire au revoir ainsi qu'au bonhomme :

— Je veux, dit-il, mon cher compère, que vous me promettiez une chose.

— Laquelle ?

— Vous enverrez mon filleul à l'école aussitôt qu'il marchera seul, dans un mois d'ici à peu près.

— Comment, dit le bonhomme, dans un mois d'ici ? C'est à peine s'il pourra voir le jour.

— Soyez sûr, répondit le parrain, que dans un mois il verra bien le jour et qu'il marchera très bien. Dans un an et un jour, je reviendrai le chercher.

*

* *

Il est bon de vous dire qu'au bout de huit jours l'enfant appelait papa et maman, au bout de quinze jours il marchait par la place et parlait de tout comme une grande personne.

— Comment, dit la mère à son bonhomme, voilà ce qui m'étonne bien, jamais je n'avais vu pareille chose.

Au bout d'un mois, on envoya l'enfant à l'école. La première journée, il apprit son alphabet, la seconde il sut épeler, la troisième on le mit à lire, et le maître d'école, bien surpris, dit au recteur :

— Depuis vingt ans que je fais la classe, je n'ai jamais vu chose pareille à celle qui se passe aujourd'hui : j'ai un enfant qui en deux jours a appris à épeler. S'il continue, dans quinze jours il saura tout son syllabaire.

À la quinzième journée, on le mit à écrire, deux jours après à faire des dictées, un mois après à faire des chiffres, et en cinq semaines il sut ses quatre règles.

Il est bon de vous dire que le maître d'école fit parler de l'enfant dans le journal, car jamais on n'avait vu pareille chose.

Au bout de deux mois, son maître lui dit qu'il fallait changer d'école, et il retourna chez ses parents qui l'avaient mis en pension avec l'argent du parrain. En rentrant chez son père et sa mère il leur sauta au cou, en disant :

— Ah ! papa, je vais changer d'école.

— Comment, répondirent les bonnes gens, changer d'école ; tu as donc fait le gamin et on t'a mis à la porte ?

Ils ne pouvaient croire leur garçon si instruit, et pourtant en deux mois, il avait étonnamment grandi.

— Non, dit-il, je n'ai pas fait le gamin, mais mon maître n'a plus rien à m'apprendre, et je vais à une école plus forte.

Il resta deux mois dans cette école, et le maître fit parler de lui dans les journaux ; l'inspecteur des écoles passant l'interrogea, et il répondit si bien à ses questions qu'il le fit mettre dans une école supérieure, où en peu de temps il devint plus instruit que le maître.

*

*　*

Le parrain revint à la cabane de son filleul.

— Bonjour, monsieur et madame, dit-il.

Mais comme le bonhomme et la bonne femme ne l'avaient pas revu depuis un an et un jour, ils ne le reconnaissaient plus.

— Comment, dit le parrain, vous ne me reconnaissez pas ?

— Non, monsieur, je ne crois pas jamais vous avoir vu.

— Vous ne savez donc pas que c'est moi le parrain de votre enfant : où est mon filleul ?

Quand les bonnes gens entendirent cela, ils lui firent mille honnêtetés et l'invitèrent à passer à table. Ils s'étaient mis à leur aise avec l'argent qu'il leur avait donné.

Tout en mangeant, il disait :

— Hé bien, mon filleul apprend-il bien ?

— Ah ! dit la bonne femme, jamais on n'a vu pareille chose, il a déjà changé trois fois d'école, et on a parlé de lui dans les journaux. Vous ne les avez donc pas lus ?

— Allez chercher mon filleul, je veux le voir.

Le père alla chercher son fils ; mais il y avait ce jour-là une composition, l'enfant aurait bien voulu rester à la faire, et il disait à son père :

— Ah ! papa, vous me faites tort. Pourquoi êtes-vous venu me chercher aujourd'hui ?

— C'est ton parrain qui est chez nous, et il est venu pour te voir.

— Mon parrain ? dit Jean, je ne l'ai vu ni connu ; pourquoi vient-il me voir aujourd'hui ?

— C'est qu'il avait promis le jour de ton baptême de venir te voir au bout d'un an et un jour, et il n'y a point manqué.

En arrivant à la maison, l'enfant dit au monsieur :

— Bonjour, mon parrain, vous a-t-on invité à manger un morceau ?

— Oui, oui, filleul, j'ai bu et mangé ce qui m'a fait plaisir. Comme tu as grandi ! As-tu un peu d'instruction ?

— Ah ! répondit Jean, oui, mon parrain, il y en a plusieurs qui ont la barbe au menton, et qui n'en savent pas aussi long que moi.

Le parrain dit au père et à la mère :

— Mon filleul va s'en aller avec moi.

— Ah ! répondirent le bonhomme et la bonne femme, comment allons-nous faire à nous passer de notre cher petit gars ?

— N'ayez pas peur, il n'aura pas grand mal : il sera seulement chargé de garder mon château quand je serai absent.

— Hé bien, mon enfant, dit la mère, veux-tu bien suivre ton parrain ?

— Oui, répondit l'enfant qui ne voulait pas refuser.

Le parrain fouilla encore dans sa poche, et en retira dix mille francs qu'il donna aux bonnes gens pour les mettre à l'aise, et il dit à son filleul :

— Il faut que nous partions ; embrasse ton père et ta mère et dis-leur au revoir.

En partant, Jean le Teignous dit à ses parents :

— Ne pleurez pas, dans un an et un jour, je reviendrai vous voir.

*

* *

Voilà le parrain et le filleul qui se mettent en route, marche aujourd'hui, marche demain, à force de marcher on fait beaucoup de chemin.

Il est bon de vous dire que sur la route, le parrain dit à son filleul qu'ils allaient trouver une cavale qui les emmènerait promptement.

Quand la cavale arriva :

— Comment, parrain, dit Jean, vous n'avez rien qu'un cheval !

— Sois tranquille, il est bien capable de nous porter tous les deux.

— Pourtant si nous avions eu chacun le nôtre nous aurions été plus à l'aise.

— Je vais monter devant, tu seras derrière moi, et tu me tiendras par mon habit. Y es-tu ? Attention au coup d'éperon.

Le cheval marche des quatre pieds, et les voilà partis. Marche aujourd'hui, marche demain, à force de marcher on fait beaucoup de chemin. À chaque heure le cheval parcourait dix lieues.

— Sommes-nous bientôt arrivés, parrain ?

— Non, pas encore ; marche toujours.

Pour la seconde fois, Jean qui commençait à s'impatienter demanda s'il y avait encore beaucoup de route à faire.

— Ah ! répondit le parrain d'un ton sévère, tu vas finir par m'ennuyer avec tes questions.

Le filleul tout penaud regardait son parrain ; toutefois après un long intervalle, il se hasarda à renouveler sa demande.

— Bientôt, dit le parrain, tu vas apercevoir une voûte sous laquelle il faut que nous passions pour pénétrer dans mon château.

Jean ouvrait de grands yeux, et bientôt il s'écria :

— J'aperçois la voûte devant nous.

Quand on arriva au portail du château, le cheval n'attendit pas que la porte fût ouverte, il sauta par-dessus et le voilà dans la cour.

— Ah ! parrain, que vous avez un cheval leste !

— J'en ai à l'écurie un autre qui saute plus de moitié mieux, je vais te le faire voir.

En descendant de cheval à la porte de l'écurie, Jean s'écria :

— Vous me disiez que vous n'aviez qu'un cheval à l'écurie, j'en vois deux, et celui qui nous a amenés fait le troisième.

— Dans l'écurie il y a un seul cheval, l'autre bête est une mule. Mais nous voici arrivés, et je vais te dire l'ouvrage que tu as à faire. Je suis obligé d'être souvent en route, de sorte que j'habite rarement ici. C'est toi qui seras le gardien du château, et il t'appartiendra un jour venant.

« Ah ! pensa le filleul, c'est moi qui serai riche alors. »

— Voici, continua le parrain, quelle sera ta besogne : tu auras soin de ces deux chevaux ici, tu leur donneras de l'avoine, du foin, de l'eau fraîche, et de temps en temps du pain afin qu'ils soient toujours, comme maintenant, en bon état ; et malheur à toi s'ils viennent à pâtir.

— J'aurai aussi bien soin de la mule, dit le filleul.

— Non, répondit le parrain ; au lieu de lui donner du foin, de l'avoine et du pain, tu la battras chaque jour avec un gros bâton.

— Si je ne lui donne rien à manger, comment fera-t-elle à vivre ?

— N'aie pas peur, elle a la vie plus dure que toi et que moi aussi. Soigne bien tes chevaux, et tout ira bien. Mais si tu ne bats pas la mule, prends garde à toi, car je le saurai. Maintenant nous allons entrer dans le château.

Quand ils furent arrivés dans le salon, le parrain de Jean le Teignous lui dit :

— Voici une petite baguette ; quand tu auras besoin de quelque chose, il te suffira d'en frapper trois coups sur la table en disant : « Par la vertu de ma petite baguette je désire ceci », et tu auras tout ce que tu auras demandé.

— Dame ! s'écria le filleul, voilà qui est tout à fait commode, avec cela on peut se passer de cuisinière.

Le parrain prit la petite baguette, et en frappa trois coups sur la table en disant :

— Par la vertu de ma petite baguette, qu'il me soit apporté de la soupe de bœuf.

Et la soupe fut servie à l'instant. Il demanda ensuite un ragoût, un rôti et tout ce qu'il faut pour faire un bon dîner, et au dessert on eut de la pâtisserie en abondance.

— Votre baguette est bien commode, parrain, et si j'étais à votre place je ne la céderais pas pour beaucoup d'argent.

Quand le repas fut achevé, le parrain dit :

— Maintenant nous fumerions bien un cigare.

Il frappa la table de sa baguette, et ils eurent un paquet de cigares et des allumettes. Pendant que le parrain était en train de fumer son cigare, il lui arriva une dépêche, et il dit à son filleul :

— Voici une lettre qui m'oblige à être absent pendant quarante-huit heures ; je te laisse la petite baguette afin que tu puisses boire et manger quand il te plaira. N'oublie pas les chevaux et la mule. Tu n'as pas encore visité le château, voici cent clés qui ouvrent cent chambres ; tu pourras en visiter quatre-vingt-dix-neuf, mais je te défends de mettre les pieds dans la centième.

— Ma foi, dit le filleul, je m'en passerai bien, j'aurai assez à m'occuper de parcourir et de regarder les quatre-vingt-dix-neuf autres.

— Quand tu auras vu les chambres, tu pourras aller te promener dans le jardin qui est rempli de fleurs et d'arbres curieux. Mais prends bien garde d'entrer dans la centième chambre, car je le saurai.

*

* *

Quand son parrain fut parti, Jean commença à visiter les chambres.

Il est bon de vous dire que les clés étaient numérotées. La première chambre était pleine d'or, la seconde remplie d'argent.

— Ah ! dit le filleul, si cela continue je ne suis pas près d'arriver à la dernière chambre. C'est un endroit joliment cossu ici, et je suis bien tombé !

La troisième contenait des bijoux, et plus Jean allait, plus il voyait d'objets précieux.

Il était si occupé à regarder tout cela qu'il ne songeait plus à ses chevaux et à sa mule. Il finit tout de même par y penser, et il alla à l'écurie, bouchonna et étrilla ses chevaux, leur donna de l'avoine et du foin, puis il prit un bâton et n'épargna point les coups à la mule qui sautait dans l'écurie et faisait pitié.

— C'est dommage tout de même, dit Jean, de frapper une si jolie petite mule, et je ne le ferais pas si mon parrain ne me l'avait commandé.

Quand le parrain fut de retour, il lui demanda s'il avait bien fait son service.

— Oui, dit-il, et j'ai battu la mule si fort que j'en avais pitié.

— Il ne faut point avoir pitié de cette bête-là ; continue à la frapper. As-tu visité toutes les chambres ?

— Non, il m'en reste encore quelques-unes à voir.

— Surtout, fais attention à ne pas entrer dans la centième, je t'en avertis pour la seconde fois.

— Ah ! je saurai bien m'empêcher d'y aller, c'est toujours de plus beau en plus beau.

— As-tu fait un tour de jardin ?

— Non, pas encore.

Ils allèrent dîner, et le repas leur fut servi quand ils eurent frappé la table avec la petite baguette ; mais à la fin du repas le parrain reçut une dépêche qui lui disait de s'absenter pour huit jours.

— Mon filleul, dit-il, je vais être encore huit jours dehors ; fais bien ton service comme de coutume, et surtout ne ménage pas la mule.

Son parrain parti, Jean continua à visiter les chambres, plus il allait, plus c'était beau, et quand il arriva à la centième, il dit.

— Celle-ci doit être encore plus curieuse que les autres, il faut que je voie ce qu'il y a dedans.

Il ouvrit la centième chambre, et dès que la porte fut entrouverte, il aperçut des corps dont les uns étaient pendus au plafond, tandis que les autres étaient sur le plancher couchés dans leur sang. Il recula effrayé, et sa clé tomba dans le sang ; il voulut l'essuyer, mais la tache ne s'en allait pas. Il ferma la porte, et descendit pour laver sa clé à grande eau, mais plus il la frottait, plus la tache de sang devenait grande. Tout en la lavant il pensait à des livres qu'il avait aperçus sur un meuble derrière les cadavres.

— Ma foi, dit-il, puisque j'en ai tant fait, je veux visiter tout. J'irai peut-être prendre place au milieu de tous ces corps morts, mais tant pis.

Il retourna à la centième chambre, et ouvrit un livre ; comme il était instruit, il le lut facilement, et vit que ce livre enseignait la manière de se changer en bête, en fourmi, en papillon, en oiseau.

— Bon, dit-il, je n'ai plus peur de mon parrain ; mais, pensa-t-il au bout d'un instant, si je suis un oiseau, il pourra me tuer, je vais me changer en fourmi et me cacher dans un petit trou sous le seuil de la porte, et il passera par-dessus moi sans me voir.

Il se changea en fourmi, puis redevenant homme il alla à l'écurie soigner ses chevaux, et quand il les eut pansés, il se mit à frapper la mule.

— Ah ! lui dit-elle, au lieu de me battre comme tu fais, tu agirais mieux en me donnant à boire et à manger. Sais-tu ce que tu viens de faire ?

— Tiens ! Est-ce que les mules parlent maintenant ?

— Oui, répondit-elle, et c'est pour ton bien. Tu n'as pas de temps à perdre. Tu es allé dans la centième chambre malgré la défense de ton parrain ? Qu'y as-tu vu ?

— Des pendus et des cadavres baignés dans leur sang.

— Hé bien ! Ce sont tous les domestiques qui sont venus ici avant toi. Et toi, si tu ne fais pas ce que je vais te dire, bientôt tu seras comme eux.

— Ah ! dit Jean, je vais t'écouter, ma mule.

Il la soigna de son mieux, remplit sa mangeoire d'avoine, et lui mit du foin jusqu'au ventre, puis il alla frapper les chevaux à tour de bras, ainsi que lui avait dit la mule.

— Ton parrain, ajouta-t-elle, a encore cinq jours à rester dehors ; es-tu allé te promener dans le jardin ?

— Oui.

— As-tu aperçu une cloche suspendue à un pommier et une fontaine placée dans un coin ?

— J'ai vu tout cela.

— Hé bien, fais attention à ce que je vais te dire et n'oublie rien, car ton parrain va bientôt arriver. Tu vas prendre tous les draps de lit qui sont dans la lingerie, en entourer le battant de la cloche, et l'attacher solidement ; car cette cloche sonne quand il y a du nouveau au château, et ton parrain en entend le son, serait-il à mille lieues d'ici. Quand tu l'auras bien attachée, tu te plongeras jusqu'au cou dans la fontaine, et tu reviendras ici, laissant là l'or et l'argent, et ne prenant pas la moindre chose qui ne t'appartienne.

— Pourtant, dit Jean, je voudrais bien prendre la petite baguette.

— Non, laisse-la aussi, et viens me rejoindre au plus vite, car nous n'avons pas de temps à perdre.

Quand il eut fait tout ce que lui avait prescrit la mule, il revint à l'écurie, et là elle lui dit :

— Maintenant, mets-moi sur le dos cette vieille selle, et à la bouche cette vieille bride.

— Si je te mettais cette belle bride et cette superbe selle, tu serais plus gentille.

— Non, fais ce que je te dis, et je vais tâcher de te délivrer.

Quand la mule fut sellée et bridée, elle lui dit :

— Prends ton étrille, prends ta brosse, prends ton bouchon, saute sur mon dos, et nous allons partir.

La mule sort dans la cour, et sans attendre que la porte soit ouverte, elle saute par-dessus le portail.

*

* *

Les voilà en route, marche aujourd'hui, marche demain, à force de marcher on fait beaucoup de chemin. Ils se dirigeaient vers la terre sainte.

— Ah ! lui dit la mule, veille bien et regarde si tu ne vois rien ; car ton parrain sait maintenant que nous sommes partis, la cloche à force de battre a coupé les cordes et les draps du lit ; et il a un cheval qui va bien plus vite que nous : s'il met la main sur nous, nous sommes perdus. Ne vois-tu rien ?

— Non.

— Tu ne vois rien ? demanda la mule quelque temps après.

— Non.

— Vois-tu quelque chose maintenant ?

— Oui, j'aperçois une fumée qui vient par-derrière nous.

— Fais attention à ce que je vais te dire : prépare ton bouchon ; est-il prêt à arriver ?

— Ah ! ma mule, il nous touche.

— Jette ton bouchon.

Dès que le bouchon eut été jeté, devant la mule se présenta un étang : il était étroit, mais long, car il avait cent lieues de tour ; la mule le traversa rapidement et arriva de l'autre bord ; le parrain ne pouvait le traverser, et il était forcé d'en faire le tour.

— Ah ! dit la mule, il nous reste encore trois obstacles à surmonter ; car il va plus vite que nous. Veille bien et regarde si tu le vois venir.

— Je ne vois rien.

— Aperçois-tu quelque chose ?

— Non.

— Le vois-tu venir ?

— Ah ! j'aperçois un feu et une fumée, le feu est dans l'air : je n'ai jamais vu pareille chose, nous sommes perdus !

— Ah ! dit la mule, il est plus à craindre que la première fois. Le vois-tu approcher ?

— Oui.

— Jette ta brosse.

Dès qu'elle eut touché terre, il se présenta une forêt aussi épaisse que l'étaient les poils de la brosse, elle avait trente lieues de tour, et était large d'une lieue seulement. La mule la traversa par le milieu, tandis que le parrain était obligé de la contourner.

— Nous avons encore deux obstacles, dit la mule : le vois-tu venir ?

— Non.

— N'aperçois-tu rien ?

— Je ne vois rien.

— Le vois-tu maintenant ?

— Oui, je le vois venir comme des coups d'éclairs, et il a l'air plus terrible que les autres fois. Ah ! le voici sur nous.

— Jette ton étrille.

À l'endroit où était tombée l'étrille s'éleva une montagne qui avait un kilomètre de hauteur et dix kilomètres de tour. La mule la gravit, mais le cheval ne pouvait pas monter, car il était trop lourd.

— Veille bien si tu ne le vois pas, c'est maintenant la dernière épreuve.

— Je ne le vois pas.

La mule marchait vite, marchait longtemps, marchait toujours.

— Ah ! le voici qui arrive sur nous, je ne le vois plus, je ne vois plus rien, je ne vois plus rien, ni terre ni ciel.

Comme la mule sautait par-dessus le petit ruisseau qui bornait la terre sainte, le parrain qui était le diable en personne arrivait sur eux.

— Ah ! dit la mule, il était temps, car je n'en pouvais plus.

Quand la mule passait la rivière, le diable emporta la moitié de sa queue qui dépassait le ruisseau.

Le parrain de Jean le Teignous lui cria :

— Coquin, il était temps que tu te sauves, car si je t'avais attrapé, tu aurais été prendre place au milieu de ceux que tu as vus dans la centième chambre.

— Merci, parrain, dit-il ; mais je suis aussi fin que toi : tu as été pris, et moi je suis sauvé.

*

* *

— Hé bien ! Jean, lui dit la mule, te voilà tiré d'affaire. Je vais te quitter ; mais tu es capable et intelligent et tu peux aller tout seul.

— Ah ! ma mule, est-ce que tu voudrais me laisser ici ?

— Oui, mon ami ; mais écoute un dernier conseil. Depuis que tu t'es plongé dans la fontaine, tes cheveux sont comme de l'or ; tu les couvriras d'un bonnet comme si tu avais la teigne, afin qu'on ne les voie pas, et tu iras demander au roi s'il a besoin d'un jardinier.

— Comment ferai-je, ma mule, moi qui n'ai pas appris le jardinage ?

— Va sans crainte, et quand tu auras besoin de moi, voici une petite baguette ; tu en frapperas la terre en disant : « Par la vertu de ma petite baguette, à moi ma mule », et j'accourrai aussi vite que la parole.

Avant de quitter la mule, il lui dit au revoir et l'embrassa, puis il alla au château du roi.

— Bonjour, sire, vous n'auriez pas besoin d'un garçon jardinier ?

— Si, le garçon jardinier est parti hier, et je serais bien aise que tu le remplaces, parce que le maître jardinier a trop à faire pour un seul homme.

— Vous ne pouviez trouver mieux que moi, répondit Jean.

— Passe à la cuisine, dit le roi, et quand tu auras déjeuné tu iras au jardin trouver le maître jardinier.

— Maître jardinier, dit Jean quand il eut mangé, je suis à vos ordres, le roi m'a gagé pour remplacer le garçon qui est parti hier. Avez-vous de l'ouvrage à me donner ?

Le maître jardinier, qui était dur et jaloux, lui dit :

— Voilà une vigne qu'il faut tailler.

Mais il ne lui donna qu'un méchant couteau de bois :

— Comment voulez-vous, maître, que je puisse tailler la vigne avec cet outil-là ?

— Prenez-vous-y comme vous voudrez, il faut que vous la tailliez.

Jean essaya de faire l'ouvrage avec son couteau de bois ; mais il ne put y réussir, et tout en colère, il arracha la vigne et vint trouver le maître jardinier.

— Venez voir votre vigne, dit-il, elle est taillée.

Quand le jardinier vit la vigne arrachée, il resta muet d'étonnement.

— Qu'avez-vous fait là ? Le roi va vous corriger de la belle façon, car il tient fort à ses raisins, et cette vigne en apportait de si beaux !

— C'est à vous la faute, dit Jean : pourquoi m'avez-vous donné un couteau de bois ?

Le maître jardinier s'en alla trouver le roi. Pendant ce temps, Jean était bien penaud : « Comment faire, pensait-il, le roi va me gronder ! » Mais il se souvint de sa mule ; et prenant sa petite baguette :

— Par la vertu de ma petite baguette, à moi, ma mule !

La mule arriva aussitôt :

— Qu'as-tu fait, mon ami, pour avoir besoin de moi ?

— On m'a envoyé tailler cette vigne, mais, comme je n'avais pour cela qu'un couteau de bois, je l'ai arrachée.

— Ce n'est pas grand-chose que cela. Par la vertu de ma petite baguette, que la vigne soit taillée comme si le meilleur jardinier y avait mis la main, et qu'elle se couvre des plus beaux raisins qu'on ait jamais vus.

Aussitôt tout cela s'accomplit, et Jean le Teignous remercia la mule qui disparut.

Jean entendit le roi qui venait avec son maître jardinier, et qui paraissait furieux ; il alla au-devant de lui jusqu'au portail.

— Qu'avez-vous fait, mon ami ? dit le roi.

— Sire, on m'a ordonné de tailler ma vigne et je l'ai taillée, c'est le premier ouvrage que je fais dans votre jardin.

— Mais, le jardinier prétend que vous l'avez arrachée.

— Non, je l'ai taillée, et il y a dedans du raisin si beau que de votre vie vous n'en avez vu de pareil.

— Allons voir, dit le roi.

Quand ils arrivèrent devant la vigne :

— Ah ! s'écria le roi, est-ce que c'est vraiment du raisin qui est si gros ?

— Oui, sire, je vais vous en cueillir une assiettée pour votre dîner ; il est excellent, car je viens d'y goûter.

Le roi gronda son jardinier et lui reprocha d'être venu lui dire du mal de son garçon qui méritait au contraire des éloges.

— Il paraît, sire, que j'avais la vue trouble, car j'aurais mis ma main au feu que la vigne était arrachée.

— Prenez garde de venir une seconde fois me faire de faux rapports sur ce garçon, dit le roi en s'en allant.

Jean le Teignous demanda au maître jardinier s'il n'avait point d'autre ouvrage à lui donner ; il lui ordonna de sarcler des carottes ; mais Jean arracha les carottes et laissa l'herbe, puis il vint dire au maître jardinier que sa besogne était faite, et qu'il pouvait venir la voir.

Quand le jardinier vit les carottes arrachées, il dit :

— Qu'avez-vous encore fait ?

— J'ai sarclé les carottes, ne les voyez-vous pas ?

— Si, mais vous avez arraché les carottes et laissé l'herbier. Je vais encore aller le dire au roi.

— Sire, dit le jardinier au roi, j'ai envoyé mon aide sarcler les carottes, et il a laissé l'herbe debout et arraché les carottes.

— C'est peut-être cette fois-ci comme pour la vigne ; prenez garde, si vous vous êtes trompé, je vous chasse.

Jean pendant ce temps avait pris sa baguette et appelé sa mule :

— Qu'est-ce encore ? dit-elle.

— On m'avait envoyé sarcler des carottes, et je les ai arrachées.

— Ce n'est que cela ! Par la vertu de ma petite baguette, que les carottes soient plantées en terre, l'herbe ôtée, et qu'elles deviennent grosses comme le poignet du bras.

Jean alla encore au-devant du roi.

— Bonjour, sire, lui dit-il.

— Qu'as-tu fait ?

— J'ai sarclé des carottes ainsi que cela m'avait été ordonné.

Quand le roi vit la planche bien nettoyée, et les carottes les plus grosses qu'eût jamais produites son jardin, il s'écria :

— Ah ! maître jardinier, vous en voulez à ce garçon ; venez avec moi ; je vais vous payer vos gages, et lui va prendre votre place.

Le jardinier s'en alla en pleurant avec le roi, et essaya de le faire revenir sur sa décision ; mais le prince lui dit :

— Je n'ai qu'une parole, et vous savez que je vous avais averti.

Jean le Teignous resta au jardin, et le roi était content de lui, car il faisait pousser des récoltes comme on n'en avait jamais vu, et il lui dit :

— Mon ami, vous allez rester comme maître jardinier, et je vous donnerai des garçons pour vous aider.

— Non, sire, répondit Jean, je veux être seul dans votre jardin ; seulement, si vous voulez que je reste à votre service, je désire que vous me fassiez bâtir une petite maison près du portail, et qu'elle soit construite pour demain.

— Mon ami, dit le roi, vous demandez une chose impossible.

Cependant le roi fit annoncer à son de tambour dans toutes les villes qu'il demandait un grand nombre de maçons, de charpentiers, de menuisiers et de tous les ouvriers nécessaires à la construction d'une maison, et il avait soin de prévenir qu'on ne regarderait pas au prix.

Il arrive de tous côtés des ouvriers au château, et le roi leur dit d'aller déjeuner bien vite dans sa cuisine, et de se préparer à la besogne. Quand ils eurent mangé, les maîtres de chaque corps d'état vinrent demander les ordres du roi :

— Allez, dit-il, trouver mon jardinier, c'est lui qui va vous donner des plans.

Quand Jean le Teignous les vit venir, il dit :

— Ah ! voici de la compagnie, je ne vais plus être seul dans le jardin.

— Nous sommes à vos ordres, dirent les maîtres ouvriers.

— En ce cas, vous allez me construire une petite maison qui aura trente pieds carrés et sera auprès du portail.

Il ordonna aux menuisiers de lui faire un petit mobilier, et aux charpentiers de préparer les poutres de la toiture, de façon que tout fût prêt ensemble.

Le lendemain, la maison était terminée ; Jean s'y installa et tout venait à merveille dans son jardin.

*

* *

Jean avait trois habits que lui avait donnés la mule ; l'un était couleur de la lune, l'autre couleur des étoiles ; le troisième était couleur du soleil, et il se plaisait à les mettre quelquefois.

Une fois qu'il faisait clair de lune, il revêtit son habit couleur de soleil, et monté sur sa mule, il alla se promener sur la terrasse du jardin.

Le roi avait trois filles, et les fenêtres de l'appartement de la plus jeune avaient vue sur la terrasse. La princesse qui ne dormait point était à sa croisée, et quand elle vit se promener Jean qui avait la mine d'un prince, elle se pencha pour le mieux voir.

« Ah ! pensait-elle, qui est-ce qui se promène avec de si beaux habits ? Ne serait-ce pas Jean le Teignous ? Car c'est un homme qui a du pouvoir plus qu'on ne croit. »

Pour s'en assurer, la petite princesse se hâta de descendre les escaliers quatre à quatre ; mais Jean, qui était attentif à tout, s'en aperçut, et d'un coup de baguette, il fit disparaître ses habits et sa mule et s'enferma dans sa maison.

La princesse arriva en courant au portail du jardin, et frappa à la porte de la petite maison en criant :

— Jean, ouvre-moi !

— Qui est là ? dit-il.

— C'est moi, ouvre bien vite, je veux te voir.

— Toi ! qui, toi ?

— La plus jeune des princesses.

— Qui vous amène ici ? Si votre père savait cela, il pourrait penser bien des choses de nous deux.

— Ouvre-moi, je t'en prie ; mon père ne saura rien, je connais ton pouvoir.

— Du pouvoir, je n'en ai point, et si votre père vous savait ici, il me ferait couper le cou.

La pauvre princesse s'en alla bien dépitée, et elle ne put fermer l'œil de la nuit.

Le lendemain soir, Jean fit encore venir sa mule et se promena sur la terrasse vêtu de son habit couleur de la lune ; la princesse, qui ne dormait pas, se hâta de descendre dès qu'elle l'aperçut, mais lui avait été plus prompt à faire disparaître son habit et sa mule et à rentrer chez lui.

— Jean, dit la princesse, ouvre-moi bien vite, je veux te voir vêtu de ton bel habit comme tu étais tout à l'heure.

— Ah ! répondit Jean, est-ce que vous allez prendre l'habitude de venir tous les soirs m'empêcher de dormir, au risque de me faire couper le cou par-dessus le marché ? Allez-vous-en, je vous en prie, et me laissez tranquille.

Jean resta à se reposer jusqu'au lendemain soir, il pouvait rester au lit, car son jardin était soigné sans qu'il eût besoin de s'en occuper ; et pendant toute la journée la petite princesse se promena dans le jardin ne pensant qu'à son jardinier, et songeant au moyen de surprendre Jean.

Quand vint la nuit, il prit son habit couleur des étoiles, et alla se promener ; la princesse sortit encore bien vite, mais ne fut pas aussi prompte que Jean à rentrer.

— Ouvrez-moi promptement, jardinier, dit-elle, cette fois je vous ai vu, et je suis sûre que c'est vous qui vous êtes promené avec ces beaux habits.

— Ma foi, répondit-il d'un ton brusque, il paraît que je ne pourrai plus désormais dormir tranquillement. Allez-vous-en, ou je vais me lever et aller prévenir votre père.

La pauvre princesse retourna se coucher, le cœur bien gros, et elle ne dormit guère cette nuit-là.

L'aînée des filles du roi avait envie de se marier, et elle le dit à son père :

— Puisque tu veux te marier, j'y consens ; mais si cela convient à tes sœurs, on pourrait faire les trois mariages le même jour.

Après les avoir consultées, le roi fit bannir au son du tambour que les trois princesses voulaient se marier, et qu'à jour fixe, elles choisiraient chacune un époux.

Voilà tous les seigneurs, les princes, les généraux et les amiraux qui arrivent dans la cour du château ; le roi fit ranger les prétendants sur deux lignes, et donna une boule d'or à chacune de ses filles, en disant à l'aînée de choisir la première, et elle jeta sa boule dans les pieds d'un prince, la cadette lança aussi la sienne à un autre prince.

— Hé bien, dit le roi, c'est au tour de la jeune maintenant.

— Ah ! papa, répondit la princesse qui s'appelait Eugénie, tout le monde n'est pas ici.

— Tu es bien difficile, ma fille.

On fit venir les officiers qui furent rangés sur deux lignes, mais la princesse jeta sa boule aux pieds du roi, en disant :

— Tout le monde n'est pas ici.

Les marchands et les ouvriers furent appelés, et la princesse jeta encore sa boule à terre en répétant :

— Tout le monde n'est pas ici.

— Enfin, dit le roi, il ne manque plus que Jean le Teignous, qu'on aille le chercher.

Jean le Teignous suivit l'envoyé du roi ; il avait de gros sabots, un chapeau et des habits tout usés, et quand il arriva en présence du roi, il dit :

— Bonjour, sire, que me voulez-vous ?

— Allez, mon ami, vous mettre en rang parmi les autres, c'est peut-être vous que la princesse choisira pour son mari.

Comme il se rendait pour aller se mettre en ligne, il sentit une boule qui le frappait dans ses sabots, et il se retourna en disant :

— Qu'est-ce que c'est que cela ?

Tous ceux qui étaient présents se mirent à applaudir et à rire en criant :

— Vive Jean le Teignous ! C'est lui qui va épouser la princesse.

— Hé bien, dit le roi, tu vas avoir ma fille.

— Votre fille ! C'est moi qui vais être glorieux maintenant.

Le roi n'était guère content de voir sa jeune fille se marier à un jardinier, pendant que les aînées épousaient des princes ; mais il n'avait qu'une parole, et les noces eurent lieu.

Ce jour-là, le roi ne parla pas à Jean le Teignous qui s'en plaignit à sa femme.

— C'est, répondit-elle, que mon père n'est guère causeur de sa nature.

— Enfin, tu es ma femme et désormais pour la vie.

— Oui, dit-elle, et je te suivrai partout où tu voudras.

Quelques jours après les noces, le roi, qui n'était pas flatté du tout d'avoir Jean dans sa famille, dit à la princesse :

— Ma fille, tu as épousé le jardinier : c'est une honte pour moi, mais enfin c'est pour toi que tu t'es mariée.

— Oui, mon père, il y avait déjà longtemps que j'étais amourachée de lui.

Le roi fit meubler pour Jean le Teignous et sa femme une maison un peu éloignée de son château, et ses deux filles et leurs maris restèrent avec lui.

— Ma chère femme, dit Jean le Teignous, je suis bien content de n'être plus dans le château de ton père, ici nous serons bien plus tranquilles. Mais que vas-tu nous faire pour le souper ?

— Je n'en sais rien, mon mari, que veux-tu ?

— Mets à bouillir des pommes de terre et nous les mangerons avec un peu de lait ribot.

C'est ainsi qu'ils soupèrent tous les deux.

*

* *

Un jour, Jean le Teignous, qui avait été boire une chopine à l'auberge, lut dans le journal que son beau-père avait déclaré la guerre à la Prusse.

— Tu ne m'avais pas dit, ma femme, que ton père avait déclaré la guerre, dit-il quand il fut chez lui.

— C'est que je n'en ai pas eu connaissance.

— Je vais aller offrir mes services.

— Ah ! s'écria-t-elle, reste plutôt ici avec moi.

Jean alla au château et dit à son beau-père :

— Est-il vrai que vous êtes en guerre avec les Prussiens ?

— Oui, répondit-il, pourquoi me demandes-tu cela ?

— C'est pour donner un coup de main à mes beaux-frères.

— Toi ! Tu serais mort avant d'être rendu à ton poste.

— Donnez-moi un cheval et un sabre, et vous verrez.

— Mon ami, tu viens trop tard ; il ne reste plus qu'un cheval qui ne marche que sur trois pattes, prends-le si tu veux.

— Volontiers, mais il me faudrait un sabre.

— Il n'en reste qu'un qui est rouillé et ébréché.

— C'est bien, dit Jean, je le dérouillerai dans le corps des Prussiens.

Il prit le sabre avec son vieux ceinturon, et monta sur le cheval à trois pattes qui n'avait ni selle ni bride ; il était maigre et décharné et trébuchait à chaque pas. Aussi il mit cinq heures à se rendre du château à sa maison, et pourtant il n'y avait qu'une demi-lieue de route.

En rentrant, il dit à sa femme :

— Me voilà aussi équipé, Eugénie ; à force de demander, j'ai obtenu un cheval.

— Oui, s'écria-t-elle, te voilà bien monté ! Où veux-tu aller ? Tu n'es jamais capable de te rendre à la guerre.

— Si, répondit-il ; donne-lui une bonne poignée d'ajoncs à manger.

Mais le cheval, qui était vieux, les trouvait trop durs et ne pouvait les manger.

— Mes beaux-frères, dit Jean, partent après-demain ; il faut que je me mette tout de suite en route pour être rendu en même temps qu'eux.

Et après avoir dit au revoir à sa femme, il monta sur le cheval. Marche aujourd'hui, marche demain, à force de marcher on fait beaucoup de chemin. Sur sa route, il rencontra un bourbier, son cheval y entra, et il ne put le retirer.

Il aperçut ses beaux-frères qui venaient, montés sur de magnifiques chevaux, et précédés de clairons et de tambours.

— Ah ! dirent-ils en riant quand ils le virent, en voilà un bon guerrier ; c'est lui qui tuera des Prussiens !

— Je n'en tuerai pas tant que vous, car je ne suis pas si bien monté mais je ferai ce que je pourrai.

Ses beaux-frères continuèrent leur route, suivis de plus de quatre cent mille hommes. Quand Jean vit passer les derniers soldats, il les pria pour l'amour de Dieu de lui aider à relever le cheval ; les uns le prirent par les oreilles, les autres par la queue, et ils le tirèrent du bourbier, puis ils suivirent leur régiment.

Lorsque Jean les eut vus disparaître, il descendit de cheval, laissa sa bête paître le long de la banquette, et prit sa petite baguette en disant :

— Par la vertu de ma petite baguette, à moi, ma mule !

La mule parut aussitôt et il lui dit :

— Il y a du nouveau, ma mule ; je suis marié à la jeune fille du roi, il y a une guerre, mes beaux-frères viennent de passer sur de beaux chevaux, et à moi on ne m'a donné qu'une rosse qui n'a plus que trois pattes, et un vieux sabre rouillé.

— N'est-ce que cela ? répondit la mule, prends ton habit couleur du soleil, monte sur mon dos et nous allons voir.

Ils se mettent en route. Marche aujourd'hui, marche demain, et bientôt il vit ses beaux-frères à la tête de leurs régiments ; mais il les dépassa sans détourner la tête, et ils lui crièrent :

— Ah ! beau prince ! Arrêtez beau prince, et attendez-nous !

Mais lui, sans les écouter, continue sa route et arrive en présence de l'ennemi. On hisse le pavillon qui était le signal du combat, et Jean dit :

— Quand vous y serez, je suis prêt.

— Mais où est votre armée ? demanda le roi prussien.

— Je suis seul avec ma mule et c'est assez.

Voilà la bataille qui commence : la mule s'élance au milieu des Prussiens et Jean manœuvre son sabre à droite et à gauche, et en peu de temps une partie de l'armée fut détruite ; le roi prussien fit hisser un drapeau blanc en demandant une trêve jusqu'au lendemain. Le roi lui donna un papier signé de lui où il reconnaissait que ses soldats avaient été vaincus.

Jean retourna sur ses pas, et il rencontra ses beaux-frères.

— Bonjour, messieurs, où allez-vous comme cela ?

— Beau prince, nous nous rendons à la guerre.

— Vous n'avez pas besoin d'aller plus loin, leur dit-il en leur montrant son papier.

— Comment ! C'est vous qui avez gagné la bataille ?

— Comme vous voyez, messieurs.

Les beaux-frères s'en retournèrent vers la ville, et en passant auprès d'une auberge, ils invitèrent Jean à boire un verre avec eux, mais il refusa, disant que ce serait pour une autre fois, car aujourd'hui le temps le pressait.

Jean arrive avec son vieux cheval qui pâturait le long du fossé, fait disparaître sa mule, et remonte sur sa rosse. Son cheval qui ne marchait que sur trois pattes resta encore embourbé au même endroit, et quand ses beaux-frères passèrent à côté de lui, ils disaient :

— En voilà un fameux guerrier ! Il en faudrait plus de cent mille comme lui pour tuer un Prussien.

Ils continuèrent leur route et allèrent annoncer à leur beau-père qu'ils avaient gagné la bataille.

Jean pria encore les soldats de l'aider à relever le cheval, et en s'en retournant, il trouva un nid de berrichet, ou, si vous aimez mieux, de roitelet, où il y avait douze petits auxquels il coupa le cou, et il ramassa leurs têtes dans son mouchoir de poche.

Il rentra chez lui en se traînant :

— Ah ! ma femme, que je suis lassé !

— Je parie que tu as tué des Prussiens !

— Si j'en ai tué ! Regarde, je vais te montrer leurs têtes.

— Ah ! dit sa femme, elles ne sont pas faites comme les nôtres.

Elle pensait tout de même qu'il y avait là-dessous quelque enchantement.

Sa femme lui servit à souper de la bouillie de blé noir et du lait, et il alla se coucher en lui recommandant de l'éveiller à quatre heures du matin, parce qu'il voulait retourner à la guerre.

*

* *

Jean le Teignous repartit de bonne heure sur son cheval à trois pattes ; comme la veille, il resta encore dans le bourbier, et ses beaux-frères se moquèrent aussi de lui en passant.

— Mes amis, leur dit-il, ce n'est pas bien de votre part de rire de mon malheur, je fais ce que je peux, et l'on verra par la suite comment j'ai réussi.

Les soldats lui aidèrent à se relever, puis il appela sa mule, monta dessus, et prit son habit couleur de la lune. Il ne tarda pas à arriver en vue de ses beaux-frères.

— Ah ! dirent-ils, voici encore le beau prince qui a gagné la bataille. Prince, arrêtez-vous un peu.

— Non, répondit-il, je ne puis, car ma monture est trop ardente.

Quand il arriva au champ de bataille, il hissa encore son pavillon pour dire qu'il était prêt.

Le roi prussien avait fait boire à ses soldats de la poudre et de l'eau-de-vie pour leur donner du courage ; mais quand le combat fut engagé, la mule sautait au milieu des ennemis, et à chaque fois qu'elle retombait, elle en écrasait plus d'un cent, sans compter ceux que Jean tuait avec son sabre, et ils tiraient sur lui sans pouvoir l'atteindre.

Le roi de Prusse ne tarda pas à hisser le drapeau blanc, et à demander une trêve jusqu'au lendemain ; il donna à Jean un parchemin où il déclarait qu'il s'avouait vaincu.

Bientôt il rencontra ses beaux-frères :

— Voilà, dirent-ils, un prince qui fait du chemin.

— Où allez-vous, messieurs ? leur demanda Jean.

— Beau prince, nous allons à la guerre.

Il tira son parchemin de sa poche et leur dit qu'il était inutile d'aller plus loin, puisque la bataille était remise à demain.

— Descendez de cheval, dirent-ils, et venez vous rafraîchir avec nous.

— Non, répondit-il, ma monture ne peut rester en place.

Le voilà reparti, et il fut bientôt hors de vue.

Arrivé à son vieux cheval, il quitta la mule, et le fit encore entrer dans le bourbier, et ses beaux-frères disaient en passant près de lui :

— Nous avons déjà gagné deux batailles, et ce fameux guerrier n'a pas encore bougé de place !

Les soldats l'aidèrent de nouveau, et il se remit en route. Il trouva un nid de merle où il y avait quatre petits, il leur coupa le cou et ramassa les quatre têtes dans son mouchoir.

En rentrant à la maison, il dit :

— Me voici de retour encore une fois, mais j'ai eu bien de la misère.

— Je suis sûre que tu as encore tué des Prussiens.

— Pas autant qu'hier, mais cette fois, ce sont des officiers, dit-il en lui montrant les têtes.

Après avoir soupé avec de la galette et du lait, il alla se coucher en recommandant à sa femme de l'éveiller à trois heures du matin.

Il partit, et il lui arriva la même chose que les jours précédents ; il appela encore sa mule et prit son habit couleur des étoiles.

Quand il passa auprès de ses beaux-frères, ils dirent :

— Voici encore un beau prince, mais ce n'est pas celui d'hier, son habit est bien plus éclatant. Beau prince, beau prince, attendez-nous et arrêtez.

— Non, dit-il, ma monture ne veut pas arrêter.

— C'est le même prince qu'hier, observa l'un des beaux-frères, je reconnais sa mule.

Arrivé au champ de bataille, Jean le Teignous hissa le pavillon de signal et s'élança au milieu des ennemis avec sa mule ; cette fois il détruisit presque toute l'armée et tua beaucoup d'officiers, et le roi prussien arbora le drapeau blanc en disant :

— La guerre est terminée, je demande la paix.

Jean exigea trois milliards, et tous les drapeaux de l'armée, et quand le traité fut signé et les drapeaux livrés il donna une poignée de main au roi de Prusse en disant :

— Au plaisir de vous revoir.

En s'en retournant, il rencontra ses beaux-frères :

— Où allez-vous comme cela, mes amis ? Je vous trouve tous les jours au même endroit.

— Nous allons à la guerre.

— Vous n'avez pas besoin d'avancer davantage, la guerre est terminée.

— Est-ce possible ? s'écrièrent-ils.

— Oui, il n'est rien de plus certain.

— Acceptez, dirent-ils, de prendre un petit verre avec nous.

— Avec plaisir, répondit Jean.

Il descendit de sa mule et l'attacha à la porte de l'hôtel ; il entra avec les princes dans un salon particulier, et commanda trois petits verres.

Ses beaux-frères lui demandèrent d'où il était.

— Mes amis, dit-il, je suis de partout.

— Montrez-nous le traité de paix.

Il le tira de sa poche, le leur mit sous les yeux en leur faisant voir la signature du roi de Prusse.

— Vous voyez que je ne vous trompe pas, dit-il, et il leur montra aussi les drapeaux prussiens.

— Ah ! dirent les princes, si vous vouliez nous donner ce parchemin et ces drapeaux, cela nous mettrait bien avec notre beau-père, car nous sommes nouvellement mariés, et cela ne vous ferait pas grand-chose puisque vous êtes de partout.

— Je veux bien, mes amis ; voici tous les drapeaux ; mais attendez-moi quelques instants, j'ai besoin d'être seul dans une chambre pour écrire, et je vous remettrai ensuite les drapeaux.

Il alla dans une chambre, et coupa un morceau dans le milieu de chaque drapeau, puis il les reploya comme ils étaient et les leur rapporta.

— Est-ce que vos dames, dit-il, ne vous ont pas fait quelque cadeau quand vous êtes partis pour la guerre ?

— La mienne, répondit l'un des deux beaux-frères, m'a donné un anneau sur lequel nos deux noms sont gravés.

— Ma femme, ajouta l'autre, m'a fait le même cadeau.

— Hé bien, dit Jean, remettez-moi ces anneaux-là, et je vous donnerai le traité de paix et les drapeaux. Mais je veux aussi que vous ôtiez vos culottes afin que je marque le pied de ma mule sur chacune de vos jambes. Cela ne vous fera pas grand mal et personne ne le saura. Mais c'est une reconnaissance à laquelle je tiens.

Les princes y consentirent facilement et ils lui dirent :

— Beau prince, quand vous passerez par chez nous, ne manquez pas d'entrer au château.

— Oui, mes amis, je vous le promets ; mais il est temps que je parte, car je suis pressé.

Il remonta sur sa mule. Marche aujourd'hui, marche demain, à force de marcher, on fait beaucoup de chemin.

Il arrive à son vieux cheval, quitte la mule, et fait son cheval à trois pattes s'enfoncer dans le bourbier. Ses beaux-frères passèrent encore auprès de lui en disant :

— En voilà un fameux guerrier ! Tu n'es pas comme nous, nous avons remporté la victoire, regarde les drapeaux. Nous avons en poche le traité de paix, et nous allons être les bienvenus.

Ils crachaient sur lui en passant, et l'un d'eux le frappa à la cuisse de son sabre dont le bout se cassa et resta dans la plaie.

Jean tomba en faiblesse ; mais les soldats relevèrent son cheval par compassion, et le remirent en selle.

En arrivant chez lui, il dit à sa femme :

— Ah ! Eugénie, prépare mon lit, car je suis blessé.

— Es-tu blessé grièvement ? s'écria-t-elle en pleurant.

— Je ne crois pas que cela soit grand-chose, mais je souffre.

— Je vais faire venir le médecin de mon père, dit la princesse.

Elle alla au palais, et demanda à parler au roi ; on la laissa monter seule, et elle le pria d'envoyer son médecin pour soigner son mari.

Il y consentit ; le médecin arriva, sonda la plaie de Jean, reconnut qu'il y avait quelque chose de dur et en tira un morceau de fer.

— Docteur, dit Jean, ayez la bonté de me donner ce bout de fer que vous venez d'ôter de ma jambe.

Jean serra précieusement le bout de l'épée ; le médecin lui ordonna des remèdes et il se guérit promptement.

*

* *

Quelques jours après, Jean dit à sa femme :

— Depuis que nous sommes partis pour aller à notre ménage, il n'y a pas eu de repas chez nous ; il faut inviter ton père, ta mère, tes sœurs et tes beaux-frères à venir manger un morceau. Tu prieras aussi le médecin qui m'a guéri.

Le matin du repas, Eugénie se prépara de bonne heure pour faire à manger, mais elle ne trouvait chez elle que des pommes de terre et de la farine de blé noir.

— Comment faire ? dit-elle à son mari.

— Tu es embarrassée pour peu de chose. Comme premier plat tu mettras des pommes de terre bouillies, tu n'auras même pas besoin de les peler ; puis tu serviras de la bouillie de blé noir, et enfin des galettes de blé noir pour le dessert.

À midi le roi arriva avec toute sa famille ; il y avait sur la table une petite nappe qui ne la couvrait pas tout entière, et tout autour des escabeaux qu'on avait été emprunter chez les voisins.

Quand on apporta les pommes de terre bouillies, Jean dit :

— Il y a des oignons et un peu de beurre pour ceux qui n'aiment pas les pommes de terre.

Les convives ouvraient des yeux étonnés en voyant ce repas ; mais le roi jeta un coup d'œil à ses gendres, qui se mirent à manger, mais ils laissèrent plus des trois quarts du plat.

— Ne vous forcez pas à manger de ceci, disait Jean ; il y a encore d'autre fricot.

On servit des *peux* ou, si vous aimez mieux, de la galette, et quelques pommes que je vais aller chercher dans mes pommiers.

Quand le repas fut fini, on convint que chacun dirait sa petite histoire.

Ce fut le roi qui commença :

— J'ai, dit-il, marié mes trois filles ; les deux aînées ont épousé des princes qui sont auprès de moi, et dont je suis content, car ils viennent de remporter la victoire. La plus jeune a voulu se marier à Jean le Teignous ici présent ; c'est un bon garçon, et je n'ai rien à dire de lui ; mais ma fille n'a pas agi comme elle aurait dû faire.

L'aîné des princes dit à son tour :

— Nous avons été à la guerre ; le premier jour, les ennemis battus ont demandé une trêve jusqu'au lendemain ; nous avons eu bien du mal, mais nous n'avons pas perdu un seul homme. Le second jour, la victoire fut encore pour nous, le troisième, les ennemis furent entièrement défaits ; ils demandèrent la paix, et le roi de Prusse nous a remis ses drapeaux, et doit nous payer trois milliards. Nous avons été fort aidés par un beau prince inconnu, qui s'en est allé après la victoire.

— Si vous revoyiez ce prince-là, dit Jean le Teignous, le reconnaîtriez-vous bien ?

— Oui, dirent-ils, et nous le reverrons, car il a promis de venir nous voir au château.

Jean sortit, et se rendit à son jardin, avec sa petite baguette appela sa mule, prit son habit couleur du soleil, monta sur la mule, et prenant la grande route il passa devant la porte de Jean le Teignous.

Au bruit que fit la mule, ceux qui étaient chez Jean se détournèrent à regarder.

— Voilà le beau prince, s'écrièrent les gendres du roi.

— Priez-le de s'arrêter, dit le roi, bien que je ne puisse pas trop bien le recevoir ici.

Le prince à l'habit couleur de soleil entra.

— Nous parlions justement de vous, prince, dirent les gendres.

— En vérité ?

— Oui, nous racontions à notre beau-père que la guerre avait été pénible, mais que vous nous aviez donné un fort coup de main.

— Qu'est devenu Jean le Teignous ? dit le roi. Mais puisqu'il n'est pas là mettez-vous à table ; nous sommes ici chez des gens pas bien riches, mais une autre fois je vous traiterai mieux.

— Voilà des patates, dit l'homme à l'habit couleur de soleil ; c'est tout ce qu'il me faut.

Il mangea des pommes de terre avec du lait, puis de la bouillie de blé noir et enfin deux ou trois galettes pour son dessert.

Quand il eut fini, il dit au roi :

— Sire, vos gendres prétendent qu'ils ont remporté la victoire. Lequel est le plus sûrement victorieux de celui qui a le milieu des drapeaux ou de celui qui n'a que les côtés ?

— Certes, dit le roi, c'est celui qui a le milieu.

— Mesdames, dit-il à ses belles-sœurs, aviez-vous fait quelques présents à vos maris quand ils sont partis pour la guerre ?

— J'ai donné au mien un anneau portant mon chiffre et le sien, répondit l'aînée.

— Moi de même, dit la cadette.

Les princes commençaient à ouvrir de grands yeux.

— Sire, poursuivit le prince à l'habit couleur de soleil, je désirerais que vous envoyiez chercher les drapeaux.

Le roi dépêcha son domestique au château ; il ne tarda pas à rapporter les drapeaux, et quand ils furent étendus sur la table, on vit qu'à tous il manquait un morceau au milieu.

Le prince à l'habit couleur de soleil ôta des morceaux d'une petite caisse et il les jeta sur la table en disant aux princes de voir s'ils s'adaptaient aux trous des drapeaux ; ils y allaient parfaitement, et la petite princesse commençait à se réjouir, pensant bien que c'était un tour de Jean le Teignous qu'elle avait reconnu.

Il ouvrit une petite boîte et en tira deux anneaux qu'il présenta à ses belles-sœurs en leur demandant si elles les reconnaissaient.

— Oui, répondirent-elles toutes deux, ce sont bien là ceux que nous avons donnés à nos maris.

Jean dit ensuite au roi :

— Sire, il y a encore autre chose, je désirerais que les princes ôtent leurs culottes, ils doivent avoir sur la peau l'empreinte des pieds de ma mule.

Cela fut trouvé exact, et le roi était bien surpris.

— Hé bien, dit Jean, est-ce moi qui ai remporté la victoire ou bien les princes ?

— Ah ! répondit le roi, c'est sûrement vous.

— Hé bien ! s'écria-t-il ; c'est moi qui suis Jean le Teignous.

Sa femme à ces mots sauta à son cou et l'embrassa si fort que le sang lui sortit du nez, et elle courut embrasser son père, sa mère et ses sœurs.

— Docteur, poursuivit Jean le Teignous, ne vous souvenez-vous pas d'avoir ôté de ma jambe un morceau de fer ?

— Si, répondit-il.

— Ce morceau de fer, sire, est le bout de l'épée d'un de vos gendres qui me frappa si durement qu'un morceau resta dans la plaie.

On vit que le morceau s'adaptait à une des épées.

— Sortez, dit le roi en colère, vous êtes des méchants, et je vais vous exiler. Quant à toi, Jean le Teignous, tu vas venir demeurer avec moi dans mon palais. C'est toi qui es mon fils, et c'est toi qui auras mon royaume[3]*.

---

3. Conté en 1879, par Louis Pluet, de Saint-Cast, matelot, âgé de vingt-huit ans environ. Ce conte très long est un de ceux qui se racontent dans la cale des navires qui portent des passagers à Saint-Pierre et à Terre-Neuve.

* Cette belle version du conte-type 314 (« Le petit jardinier aux cheveux d'or ou le teigneux ») a été publiée dans le tome III des *Contes populaires de la Haute-Bretagne* (*Contes des marins*), Paris, Charpentier, 1882. Elle est donnée comme modèle de ce conte-type, répandu dans toute l'Europe, l'Asie occidentale, l'Indonésie, l'Afrique et les anciennes colonies, par Paul Delarue et Marie-Louise Tenèze qui précisent que, si nous n'en connaissons pas de version plus ancienne que celle de Grimm, nous avons la preuve qu'il était connu au Moyen Âge par l'utilisation qui en est faite, notamment dans l'histoire de Robert le diable (*Le Conte populaire français,* Maisonneuve et Larose, 2000, p. 242 et sqq.). Paul Sébillot l'a rédigé de manière à faire entendre une manière de conter particulière, monocorde et tendant à étirer le récit, comme nous l'avons noté en introduction.

L’OISEAU BLEU

Au temps des contes d’autrefois, vivait une fermière qui était veuve et avait trois enfants, deux garçons et une fille.

Elle se mettait en route tous les mercredis pour aller porter au marché le beurre de ses vaches, et prenait le chemin de la ville qui traversait une forêt. Un jour elle vit un joli petit oiseau bleu, qui voletait de branche en branche autour d’elle et se laissait aussi facilement approcher que s’il avait été apprivoisé : il se présentait à elle toutes les fois qu’elle passait, et elle finit par en parler à ses enfants.

— J’ai encore vu aujourd’hui le petit oiseau bleu : il est si mignon que le bouvreuil et le chardonneret sembleraient laids auprès de lui.

— Tu aurais dû le prendre et nous l’apporter, s’écrièrent les enfants : nous serions bien contents de l’avoir, et nous aurions grand soin de lui.

— Si je le vois encore, je tâcherai de l’attraper, puisque vous en avez tant envie.

En allant au marché, elle revit l’oiseau bleu, et quand elle repassa par la forêt après avoir vendu son beurre, elle l’aperçut de nouveau. Elle s’approcha de lui, et il se laissa prendre sans même essayer de s’enfuir.

Lorsque les enfants virent le petit oiseau, ils sautèrent de joie, et c'était à qui le caresserait ; ils le mirent dans une jolie cage, et chacun se faisait un plaisir de le soigner.

Tous les matins ils trouvaient dans la cage un œuf jaune, qui était si brillant qu'on avait peine à le regarder quand le soleil frappait dessus. La veuve ramassa les œufs et elle les porta à un *coconnier*[1] en lui proposant de les acheter.

— Ce ne sont point des œufs ordinaires, ma bonne femme, répondit le marchand, c'est de l'or, et je ne suis pas assez riche pour vous payer ce que vous apportez.

*

*   *

Quelque temps après, le fils du roi, qui chassait dans la forêt, entra à la ferme pour demander à boire, car il avait très soif. Il aperçut l'oiseau bleu, et s'en approchant pour le mieux regarder, il vit que sur ses plumes étaient écrits ces mots en lettres d'or : « Celui qui mangera ma tête sera roi, celui qui mangera mon cœur trouvera tous les matins un monceau d'or sous sa tête. »

— Vendez-moi votre oiseau, bonne femme, dit-il, je vous le paierai bien.

— Ah ! ma mère, s'écrient les enfants, gardez-vous de donner l'oiseau ; nous serions bien chagrins s'il n'était plus ici.

— Je vous compterai mille francs, dit le prince, si vous voulez me laisser l'emporter.

— Non, ni pour or ni pour argent, nous ne voulons nous défaire de ce gentil chanteur.

1. Marchand d'œufs ambulant.

— Eh bien ! dit le fils du roi, je me marierai à la fille de la maison, à la condition que le jour des noces on me serve pour mon dîner le petit oiseau bleu.

Les garçons ne voulaient pas consentir à tuer leur petit ami ; mais leur sœur regarda le fils du roi qui était un beau garçon et ne lui déplaisait point, et elle supplia ses frères de la laisser devenir princesse : comme elle pleurait en disant cela, les deux garçons, qui l'aimaient tendrement, finirent par se résigner à sacrifier l'oiseau.

Le jour du mariage arriva : le pauvre oiselet fut tué, plumé et mis à cuire dans une petite casserole, car il devait être servi à part au fils du roi. Cependant les garçons, surpris du désir du prince, eurent envie de manger l'oiseau ; ils trouvèrent moyen de l'ôter de la casserole et de mettre à sa place une mésange prise au lacet et qui était à peu près de la même grosseur que l'oiseau bleu.

Au dîner qui suivit le mariage, le fils du roi mangea la tête et le cœur de la mésange ; mais les enfants de la veuve, après avoir fait secrètement leur repas du petit oiseau bleu, craignaient que leur tromperie ne fût découverte et punie, et le jour même de la noce, ils s'enfuirent et allèrent se cacher dans la forêt.

*

*   *

En s'éveillant le lendemain matin, l'aîné des garçons fut très surpris de trouver sous sa tête, parmi les feuilles sur lesquelles il avait dormi, de petites pièces jaunes qu'il ramassa croyant que c'étaient des sous et des liards.

Son frère et lui sortirent de la forêt, et, après avoir marché toute la journée, ils arrivèrent à la nuit tombante à une auberge, où ils se firent servir à manger et où ils couchèrent.

Le lendemain, quand il s'agit de payer leur dépense, ils mirent sur la table une poignée des petites pièces jaunes que dans leur innocence ils prenaient pour de la monnaie de cuivre.

— Tenez, dirent-ils à leur hôte, voilà des liards et des sous ; s'il n'y en a pas assez pour ce qui vous est dû, faites-nous crédit du reste pour l'amour de Dieu.

— Vous vous gaussez de moi, répondit l'aubergiste ; la moitié d'une de ces pièces d'or a plus de valeur que tout ce que vous avez pu prendre ici.

Et il ramassa une des pièces, et leur rendit la monnaie en argent blanc et en sous. À partir de ce moment, ils eurent grand soin de recueillir l'or que l'aîné trouvait tous les matins sous sa tête.

Ils continuèrent à voyager ensemble, et, après avoir parcouru beaucoup de pays, ils entrèrent dans une ville où l'or n'était pas connu. À la vue du métal jaune et brillant que possédaient les deux étrangers, les habitants furent très surpris, et le bruit de cette nouvelle arriva jusqu'au roi qui voulut voir les deux frères. La fille du roi plut beaucoup au jeune, et comme il était joli garçon, le prince consentit à la marier avec l'étranger qui possédait ce métal inconnu.

L'aîné fit don à son frère, devenu le mari de la princesse, de tout l'or qu'il possédait, et après être demeuré quelque temps à la cour, il se mit à continuer ses voyages.

Le plus jeune des frères, qui avait mangé la tête de l'oiseau, devint roi à la mort de son beau-père, qui mourut peu de temps après le mariage de sa fille.

*

*   *

L'aîné des fils de la veuve, en continuant à courir le monde, arriva dans une ville où l'or était aussi inconnu : il y rencontra la fille d'un seigneur qui était une personne de bonne mine. Il en devint amoureux et l'épousa.

Le lendemain du mariage, sa femme, en faisant le lit de son mari, fut très surprise de trouver de l'or sous son oreiller, et elle en vit encore tous les jours suivants. Elle alla consulter à ce sujet un savant médecin qui s'occupait de magie, et lui raconta les choses surprenantes qu'elle découvrait chaque matin sous l'oreiller de son mari. Le magicien lui dit que son époux avait mangé le cœur de l'oiseau bleu, et qu'à cause de cela l'or se trouvait tous les jours sous sa tête ; et il lui remit un fil d'argent au moyen duquel elle pourrait, pendant le sommeil de son mari, attirer à elle le cœur de l'oiseau enchanté et le manger pour se procurer le même pouvoir.

Quand elle eut avalé le cœur de l'oiseau bleu, c'était elle qui en s'éveillant avait des pièces d'or sous son oreiller. Son mari, surpris de ne plus rien trouver, lui demanda si elle savait pourquoi il avait perdu le don qui lui était si précieux ; mais elle répondit qu'elle ignorait la cause de ce changement.

Cependant, quand cette femme vit qu'elle avait de l'or à volonté, elle résolut de se défaire de son mari et elle lui proposa un voyage sur mer ; ils montèrent sur un navire qui au bout de quelque temps s'arrêta près d'une île déserte. Elle descendit à terre avec lui, et, profitant d'un moment où il s'était un peu écarté du rivage, elle se hâta de remonter dans le canot qui les avait amenés, et de regagner le navire, qui ne tarda pas à s'éloigner à toutes voiles et à disparaître.

*

* *

L'infortuné mari fut bien surpris et bien chagrin de se voir abandonné dans un endroit inhabité, et où il craignait de mourir de faim, car l'île semblait offrir peu de ressources pour se nourrir.

Quand l'appétit lui vint, il se mit à chercher de tous côtés s'il ne trouverait pas quelque chose à manger, et il arriva dans une vallée où il vit une plante qui ressemblait à du céleri. Il en mangea, mais dès les premières bouchées il fut transformé en âne. Un peu plus loin, il aperçut d'autre céleri d'une plus belle espèce, et en ayant brouté quelques feuilles, il reprit la forme humaine.

Il parcourut toute l'île, qui ne produisait que des herbes, et de maigres arbres qui ne donnaient point de fruits. Il se dit alors que pour pâturer il lui serait plus commode d'être âne que de rester homme, parce que les ânes sont moins sensibles au froid et au chaud. Il retourna à la vallée où il avait trouvé le premier céleri, et il ne tarda pas à redevenir baudet ; c'est sous cette forme qu'il vécut deux ans.

Au bout de ce temps, il aperçut une barque qui passait près de l'île ; il se hâta de manger du céleri pour redevenir homme, et ayant cueilli une botte de chacune des deux espèces de céleri, il fit des signaux aux gens de la barque qui abordèrent à l'île, et le recueillirent dans leur navire.

*

* *

Il trouva ensuite le moyen de revenir au pays où il s'était marié, et il résolut de se venger de sa femme et de sa servante qui avait aidé à l'abandonner dans l'île déserte. Il prit ses paquets de céleri et alla sous les fenêtres de sa femme crier : « Au beau céleri ! au beau céleri ! », comme s'il avait été marchand de légumes.

La servante, qui savait que sa maîtresse était très friande de cette sorte de salade, se hâta de descendre, et le faux marchand de légumes, que son séjour dans les lieux déserts avait rendu méconnaissable, lui vendit une botte du céleri qui transformait les gens en âne. Il se glissa ensuite dans la maison où il se cacha pour attendre le succès de sa ruse.

Les deux femmes apprêtèrent le céleri pour leur dîner ; mais, aux premières bouchées qu'elles mangèrent, elles furent transformées en ânes. Quand le mari entendit le bruit de leurs sabots sur le plancher, il se hâta de paraître devant les ânesses : il leur dit qui il était et leur reprocha de l'avoir abandonné dans une île sauvage et inhabitée, puis il les chassa devant lui à grands coups de bâton, et les fit descendre à l'écurie où il ne leur donna à manger que du foin.

Le lendemain, il vit un homme qui conduisait deux baudets chargés de sacs de charbon : les pauvres bêtes pliaient sous le faix et semblaient fatiguées.

— Bonhomme, lui dit-il, tes deux bourriques ont l'air de n'en pouvoir plus : j'ai à l'écurie deux ânes qui depuis longtemps ne font rien et sont si en train qu'à chaque instant on les entend ruer et faire du bruit. Prends-les pour quelques jours et laisse-moi tes bêtes à la place.

— Je le veux bien, répondit le charbonnier.

Il fit sortir les ânesses de l'écurie, leur mit les sacs sur le dos, et les poussa devant lui sans épargner les coups de bâton. Toutes les fois qu'elles passaient devant leur ancienne demeure, elles s'arrêtaient et semblaient vouloir y entrer ; mais le mari ne les trouvait pas encore suffisamment punies, et il excitait leur conducteur à les faire marcher.

Pendant huit jours, elles firent ce métier pénible qui les fatigua et les maigrit : leur maître leur permit de rentrer à l'écurie pour les reposer un peu ; mais souvent il les employait aux plus durs travaux.

Au bout d'un an, la femme changée en ânesse finit par faire comprendre à son mari, au moyen de signes, que c'était elle qui avait dévoré le cœur de l'oiseau bleu, et qu'elle était prête à le restituer si elle revenait à sa forme première.

Comme il trouvait que la punition avait duré assez longtemps, il résolut de la faire cesser, et apporta dans l'écurie du céleri de l'espèce qui faisait reprendre la figure humaine. Mais aucune des ânesses ne voulut y toucher, dans la crainte qu'il ne leur arrivât encore quelque fâcheuse aventure. Alors le mari mangea devant elles du céleri des deux espèces, et tantôt il paraissait à leurs yeux sous la forme d'un âne, tantôt sous celle d'un homme.

Elles en mangèrent à leur tour et redevinrent femmes.

Au moyen du fil d'argent, le mari rentra en possession du cœur de l'oiseau bleu, et désormais ce fut lui qui, tous les matins, trouva de l'or sous son oreiller.

Depuis ce moment, ils vécurent tous deux en bonne intelligence, et eurent deux garçons beaux comme le jour qu'ils marièrent à des princesses[2]*.

---

2. Conté par Marie Huchet, d'Ercé, et par Jean Bouchery, de Dourdain, 1878. En 1879, j'ai recueilli à Ercé un autre conte, « Le petit oiseau », dont le fond est le même que celui-ci, mais qui en diffère par plusieurs épisodes.

* Publié dans le premier tome de *Contes populaires de la Haute-Bretagne* chez Charpentier en 1880, « L'oiseau bleu » a été repris par Paul Sébillot dans ses *Contes de terre et de mer* et placé en tête du volume, signe qu'il lui accordait une nette prédilection : il s'agit là, en effet, de la plus belle version du conte-type 567 (« Le cœur de l'oiseau merveilleux ») jamais recueillie en France, où ce conte d'origine orientale, répandu dans tout le domaine indo-européen, est assez rare (cinq des onze versions rassemblées par Paul Delarue et Marie-Louise Tenèze viennent de Bretagne et les trois versions recueillies par Paul Sébillot méritent d'être mises en relation avec « Le petit oiseau à l'œuf d'or » du tome III des *Contes populaires de la Basse-Bretagne*).

LE PETIT ROI JEANNOT

Il était autrefois un roi et une reine qui avaient trois garçons : l'aîné s'appelait Hubert, le second Poucet, et le troisième qui était le plus gentil et le plus doux se nommait le petit roi Jeannot.

Quand ils furent devenus grands et capables de courir seuls le monde, leurs parents les firent venir devant eux, et le roi leur dit :

— Vous voilà en âge de montrer vos talents et votre courage : vous partirez demain tous les trois pour aller chercher le Merle blanc qui ramène les vieilles gens à l'âge de quinze ans et la Belle aux cheveux d'or. Celui qui parviendra à les amener ici aura notre royaume.

Le lendemain, les fils du roi se mirent en route, bien armés et munis de l'argent nécessaire pour le voyage qui devait être long : en suivant les indications qui leur avaient été données de marcher du côté de l'Orient pour arriver au but de leur entreprise, ils parvinrent à un carrefour où trois routes se présentèrent à eux. L'une était large et droite, bien unie et bordée de beaux arbres ; ce fut celle-là que choisit Hubert. Poucet en prit une autre qui était la plus rapprochée de celle dont son aîné avait fait choix ; puis ils dirent à leur frère :

— Quel chemin vas-tu suivre ?

— Celui que vous m'avez laissé, puisque vous avez d'abord pris chacun celui qui vous paraissait le meilleur.

Ils se séparèrent, et après plusieurs jours de marche, les deux aînés arrivèrent à un endroit où les deux routes n'en formaient plus qu'une seule, et ils se mirent à voyager ensemble, demandant partout où ils passaient s'ils étaient encore bien éloignés du lieu où se trouvaient le Merle blanc et la Belle aux cheveux d'or. Beaucoup riaient en entendant ces paroles, et les autres disaient qu'on avait vu bien des gens passer pour aller tenter l'entreprise, mais qu'aucun d'eux n'était revenu.

Le chemin dans lequel s'était engagé le petit roi Jeannot était raboteux et coupé par des fondrières, et la marche y était pénible. Il ne se laissa pas rebuter par les obstacles, et bientôt il arriva dans un bourg où quelques maisons couvertes en chaume étaient bâties autour d'une petite église : à la porte du cimetière, il vit un mort étendu par terre, et enveloppé d'un mauvais drap de lit.

Il s'agenouilla auprès et fit une courte prière, puis il demanda à des personnes du pays qui, assises sur le pas de leur porte, le regardaient curieusement, pourquoi on laissait ainsi un chrétien sans sépulture.

— Le défunt, lui dit-on, était un mendiant trop pauvre pour payer son enterrement, et suivant l'usage d'ici, les prêtres ne mettent les corps en terre sainte que lorsqu'on a réglé d'avance ce qui leur est dû pour leur déplacement.

— Bonnes gens, dites au recteur de venir enterrer ce pauvre homme, je me charge de tous les frais.

Le petit roi Jeannot assista dévotement à la cérémonie, et après que la dernière pelletée de terre eut été jetée sur le défunt, il se remit en route.

En arrivant à un carrefour où il y avait une croix de pierre, il vit un petit renard qui, assis sur la terre, ne se dérangea pas à son approche et lui dit :

— Où vas-tu, mon ami ?

— Je ne sais pas trop, mon pauvre renard : je suis fils de roi, et par l'ordre de mon père, nous sommes partis, mes deux frères et moi, pour aller chercher le Merle blanc qui ramène les vieilles gens à l'âge de quinze ans et la Belle aux cheveux d'or. Celui qui pourra les amener au château sera roi, et comme tu le penses, nous sommes tous bien désireux de nous emparer de ces deux merveilles. Mais j'ai peur de ne pouvoir y parvenir, car je ne connais même pas la route qui mène à l'endroit où ces choses précieuses sont gardées.

— Ce sera toi qui les auras, dit le petit renard ; je suis l'âme du pauvre homme que tu as fait enterrer, et pour te récompenser de ta charité, j'ai obtenu de Dieu la permission de venir t'aider. Suis ce chemin en allant toujours dans la direction du soleil de midi ; mais ne te décourage pas, car la route est longue. L'oiseau se trouve près d'un château, dans une cage grossière ; tu le prendras et tu te garderas bien de le mettre dans une belle cage que tu verras tout à côté. Le Merle blanc serait si joyeux du changement qu'il sifflerait en signe d'allégresse, et les gens du château se hâteraient d'accourir et de te faire prisonnier. Plus tard je te dirai comment t'y prendre pour t'emparer de la Belle aux cheveux d'or.

Le renard disparut, et le petit roi Jeannot se remit en marche ; il chemina bien des jours et bien des nuits, et arriva enfin à un château qui paraissait plus grand et plus beau que celui de son père. Tout alentour était un jardin avec des arbres comme Jeannot n'en avait jamais vu. En s'y promenant, il aperçut le Merle blanc qui était dans une vilaine petite cage, aussi grossièrement faite que celle que les enfants de la campagne fabriquent pour élever les oisillons ; il prit l'oiseau et le plaça dans une grande cage toute dorée qui était à côté. Aussitôt le merle se mit à chanter pour montrer sa joie ; et une foule de gens sortirent du château et s'emparèrent de Jeannot.

Ils le jetèrent dans un cachot construit en pierre de taille, fermé par une grosse porte en chêne, et où la lumière ne parvenait que par un étroit soupirail garni d'énormes barres de fer. Mais le petit renard vint à son secours ; après avoir reproché à Jeannot de lui avoir désobéi, il lui dit de le suivre : alors la porte massive s'ouvrit devant lui ; il fit sortir Jeannot du château sans être aperçu des gardiens, puis il le conduisit à l'endroit où le Merle blanc était dans sa belle cage.

Lorsque Jeannot s'en fut emparé, le renard lui dit :

— Tu vas suivre cette route jusqu'à ce que tu arrives à un cimetière abandonné, où tu verras une tête de mort que tu prendras pour la mettre dans les griffes du lion qui garde la Belle aux cheveux d'or ; mais aie bien soin de choisir le moment où il est endormi, car s'il était éveillé et t'apercevait, il te brûlerait : sa bouche jette le feu à plus de sept lieues loin et consume tout. Le Merle blanc t'indiquera le chemin qu'il faut prendre pour aller à l'endroit où la Belle est prisonnière.

Le petit roi Jeannot marcha encore longtemps avant d'arriver au cimetière, où il prit la tête de mort ; ensuite le Merle blanc lui indiqua le chemin qu'il devait suivre, et quand son maître était lassé, il lui sifflait de jolis airs qui lui faisaient oublier la fatigue.

Après avoir traversé une forêt dont les arbres étaient si épais et si touffus que le soleil ne pouvait passer au travers, Jeannot aperçut un grand château, dont toutes les portes étaient ouvertes, et on ne voyait personne pour le garder. Il parcourut avec précaution, et les pieds nus pour ne pas faire de bruit, une longue suite d'appartements, au bout desquels il vit le lion qui gardait la Belle aux cheveux d'or. Quand le monstre se sentait envie de dormir, il prenait entre ses énormes pattes la tête de la jeune fille, de peur qu'on ne la lui enlevât pendant son sommeil.

Lorsque Jeannot était entré dans le château, le lion, sentant qu'il allait bientôt sommeiller, tenait la Belle entre ses griffes, et il bâillait en fermant à moitié les yeux. Le Merle se mit à siffler un air si doux que le lion s'endormit tout à fait. Alors Jeannot se montra, mit un doigt sur sa bouche pour indiquer à la jeune fille qu'il fallait se taire, et s'avançant sur la pointe du pied, il ôta doucement d'entre les pattes du lion la tête de la Belle aux cheveux d'or, et mit à la place la tête de mort qu'il avait trouvée dans le cimetière.

Alors la Belle aux cheveux d'or le suivit sans mot dire, et il se hâta de quitter le château avant le réveil du lion.

Le petit roi Jeannot était bien joyeux, et il marchait gaiement pour retourner chez ses parents avec les deux merveilles dont il s'était emparé. Après quelques jours de route, et près de l'endroit où il avait trouvé le Merle blanc, il rencontra ses deux frères qui virent bien qu'il ne leur restait plus qu'à rebrousser chemin, puisque Jeannot était en possession de ce qu'ils étaient venus chercher.

Ils semblaient contrariés de la réussite de leur cadet ; ils lui parlaient peu, et cheminant derrière lui, ils jetaient des regards d'envie sur les trésors qu'il avait.

Comme ils passaient par un sentier étroit qui côtoyait un précipice, Hubert poussa violemment son frère qui y tomba, laissant échapper la cage qu'il tenait à la main, et dont Poucet s'empara aussitôt ; et tous deux continuèrent leur route, après avoir forcé la Belle aux cheveux d'or à les suivre.

La chute du petit roi Jeannot avait été amortie par des ronces et des ajoncs auxquels il s'était accroché quand il se sentit dégringoler, et l'endroit du précipice où il tomba avait un épais buisson qui déchira ses habits, mais l'empêcha de se faire mal. Il se releva, et se mit à regarder pour voir s'il était possible de s'échapper du précipice ; mais les bords en étaient escarpés comme un mur, et il était si profond que les arbres qu'on apercevait en haut paraissaient à peine aussi grands que des touffes d'ajoncs.

Quand il se fut rendu compte de la position affreuse dans laquelle il se trouvait, il s'assit sur une pierre, et il se désolait en pensant qu'il allait mourir de froid et de faim, loin de ses parents.

— Ah ! disait-il, c'est ici que j'aurais bien besoin de mon petit renard.

Comme il achevait ces mots, il vit au haut de l'escarpement le renard qui lui dit :

— Te voilà dans une fâcheuse situation, mon ami.

— Hélas ! je suis dans la peine et dans la misère ; mes frères m'ont précipité dans ce gouffre pour s'emparer du Merle blanc et de la Belle aux cheveux d'or, et je ne sais comment je pourrai sortir d'ici.

— Ne t'afflige pas, mon ami ; je suis venu pour t'aider. Je vais allonger ma queue jusqu'à ce qu'elle arrive à toi : tu la prendras dans ta main, et tu te hisseras jusque sur le haut.

Quand le petit roi Jeannot fut tiré du précipice, le renard lui dit :

— Que vas-tu devenir, mon ami ?

— Hélas ! je ne sais pas, et j'aurais encore bien besoin de vos conseils.

— Retourne au château de ton père, et présente-toi comme un médecin qui passe par là, et qui vient voir s'il n'y a pas quelqu'un qui ait besoin de ses soins. Il ne te reconnaîtra pas d'abord sous ton nouveau costume, car les fatigues du voyage t'ont changé et bruni. Quant à moi, mon rôle est fini, et tu ne me reverras plus, car tu as surmonté les dangers les plus grands.

Aussitôt le petit renard disparut avant que le petit roi Jeannot eût eu le temps de le remercier.

Le jeune homme continua sa route, et s'étant habillé d'après l'avis de son conseiller, il arriva au château de son père, qu'il demanda à voir.

Quand il fut en sa présence, il le salua poliment, et lui dit que, comme il était médecin, il n'avait pas voulu passer devant un château aussi considérable sans venir offrir ses services au maître de la maison, au cas où il aurait eu quelqu'un à soigner.

— Je ne sais, dit le roi, si vous serez plus habile que vos confrères. Le Merle blanc qui ramène les vieilles gens à l'âge de quinze ans et la Belle aux cheveux d'or sont ici depuis quelques jours ; ils ne veulent ni boire ni manger et ne font que pleurer, et les médecins ne savent que leur faire.

— Je serai peut-être plus heureux que les autres, dit Jeannot, si vous voulez me les montrer.

Le roi le mena à l'endroit où était le Merle blanc triste et morfondu dans sa belle cage. Dès que l'oiseau aperçut le petit roi Jeannot, il agita ses ailes, et s'écria :

— Ah ! voici celui qui m'a tiré de la vilaine cage et mis dans la belle !

Et aussitôt il siffla un air joyeux, et bientôt il mangea avec avidité les graines qui étaient devant lui.

Lorsque le petit roi Jeannot entra dans la chambre où la Belle aux cheveux d'or était assise et pleurait, elle essuya ses larmes et dit en souriant :

— Voici mon sauveur, celui qui m'a délivrée des griffes du lion !

Alors Jeannot se jeta aux pieds de son père qui le reconnut et l'embrassa, et sa mère fut aussi bien joyeuse, car elle avait cru que son fils était perdu.

Le roi apprit la méchanceté des deux aînés qui avaient voulu tuer Jeannot pour s'emparer des merveilles qu'il avait conquises, et avoir la couronne : il les chassa et les maudit.

Il donna ensuite son royaume au petit roi Jeannot, qui épousa la Belle aux cheveux d'or et vécut heureux[1*].

1. Conté en 1878, par Marie Huchet, d'Ercé près Liffré (Ille-et-Vilaine), âgée de treize ans, fille du jardinier du Bordage. Elle a appris ce conte de sa mère, élevée non loin de là dans la commune d'Andouillé, et qui le tient de « son père de nourrice ». J'ai entendu dans le même pays d'autres versions très voisines, et, sous le titre du « Merle d'or », on m'a conté à Ercé une autre légende que je publierai : le point de départ et le dénouement sont à peu près les mêmes que dans « Le petit roi Jeannot », mais le milieu est très différent.

* Paul Sébillot a donné plusieurs versions du conte-type 550 (« Le merle blanc »), notamment un schéma, publié dans la *Revue des traditions populaires* en 1894, qui a été retenu par Paul Delarue et Marie-Louise Tenèze comme modèle de ce conte-type. Il a, quant à lui, accordé une nette prédilection à cette version, qui ouvre le premier de ses trois volumes de *Contes populaires de la Haute-Bretagne*, paru chez Charpentier en 1880, et qu'il a reprise dans ses *Contes de terre et de mer* et dans ses *Cuentos bretones.* Il est intéressant de la mettre en relation avec « La princesse Marcassa et l'oiseau Drédaine » recueilli par Luzel en Basse-Bretagne (*Contes populaires de la Basse-Bretagne*, tome II).

LA PRINCESSE DANGOBERT

Il était une fois un roi qui s'appelait le roi Dangobert : il avait une fille aux cheveux d'or, qui était si belle que de tous côtés il venait des amoureux pour la voir ; mais elle restait insensible à tous leurs soins, et plusieurs se tuèrent de désespoir de n'avoir pu lui plaire.

Un de ses amoureux qui était magicien la transforma en scorpion, et quand il l'eut ainsi *emmorphosée**, il l'emporta et alla l'enfermer dans un château suspendu par des chaînes d'or entre le ciel et la mer. Ce château, qui était à cent lieues du pôle Nord, était construit en pièces d'argent de six francs, les encoignures étaient en or brillant, et les approches en étaient soigneusement gardées.

Le roi Dangobert, qui aimait tendrement sa fille et était tout chagrin depuis son départ, fit publier partout qu'il donnerait la princesse en mariage à celui qui pourrait la délivrer, et qu'il lui laisserait son royaume. Par son ordre les meilleurs charpentiers du pays construisirent un vaisseau pour conduire au château enchanté ceux qui voudraient

* Les termes *emmorphoser* et *démorphoser* sont souvent employés dans les contes de Sébillot pour désigner la transformation magique et la délivrance de l'enchantement.

tenter la délivrance de la princesse. Il vint des gens de tous pays et de toutes conditions : des marins et des laboureurs, des princes et des charbonniers, des généraux et même un *pillotous*, ou si vous aimez mieux un marchand de chiffons.

Au moment où le navire allait lever l'ancre, le roi dit à ceux qui étaient à bord :

— Le château a quatre portes, qu'il faut franchir toutes les quatre avant d'arriver à la princesse qui a été transformée en scorpion. La première qui est toute en fer est gardée par un serpent ailé, la seconde par un lion rugissant ; auprès de la troisième est la Bête à sept têtes, et un géant veille jour et nuit sur la dernière. Vous voyez que l'entreprise est difficile, et que pour la mener à bonne fin, il y a bien des précautions à prendre.

*

* *

Voilà le navire parti, emportant les chercheurs d'aventures qui firent joyeusement la route, car rien ne manquait à bord, et il y avait même trois embarcations en fer dont les avirons étaient d'argent, qui étaient destinées à débarquer aux portes du château ceux qui voudraient délivrer la princesse.

Ils eurent beau temps et bon vent, et les voilà arrivés au pôle Nord sans avoir aperçu le château suspendu dans les airs.

Le capitaine descendit à terre et prit des informations auprès des habitants du pays qui lui dirent qu'il était venu trop loin, et le vaisseau repartit pour aller à la découverte.

Au bout de trois jours, le charbonnier, qui comme les autres regardait de tous côtés, vint trouver le commandant :

— Capitaine, dit-il, je ne sais trop ce que j'aperçois dans l'air qui est si brillant qu'on a peine à y fixer les yeux : est-ce le château que nous cherchons, ou une nuée éclatante ?

L'équipage monta dans les vergues, le capitaine prit sa longue-vue, et reconnut que c'était bien là le château suspendu par des chaînes d'or entre le ciel et la mer. Le navire se dirigea dessus, et au bout d'une heure, il était mouillé à une portée de canon du château. On mit à la mer une des embarcations de fer dont les avirons étaient d'argent, et ceux qui la montaient passèrent au-dessous du brillant édifice sans pouvoir découvrir la porte de fer.

Le charbonnier finit pourtant par l'apercevoir, et ce fut lui qui monta le premier pour tenter l'aventure.

Il vit le serpent ailé qui volait tout autour aussi rapide qu'une mouette : on lui présenta à manger du poisson et de la viande, pour essayer de le tuer pendant qu'il serait occuper à les dévorer ; mais il ne toucha pas à ce qu'on lui apportait et il veillait toujours.

La seconde journée, ils mirent devant lui une barrique d'eau-de-vie dans laquelle ils avaient trempé du pain, et il commença à y goûter. Le lendemain ils portèrent une seconde barrique, et pendant deux jours le serpent ailé se saoûla, mais il était encore plus méchant quand il avait bu, et il aurait dévoré tout le monde, si les marins n'avaient eu la précaution de se protéger avec un grillage de fer. Il finit par s'endormir et le charbonnier aidé de deux marins le tua à coups de lance.

Voilà la première porte dégagée.

À la seconde était le lion rugissant qui jetait le feu par les naseaux. On lui jeta des quartiers de bœuf trempés dans de l'eau-de-vie, et il dévora goulûment ; mais, plus il mangeait, plus il devenait méchant et terrible, et le premier jour les chercheurs d'aventures l'attaquèrent sans succès. Le lendemain, le capitaine, deux matelots, un prince et le pillotous montèrent dans l'embarcation. Ils portaient au lion des morceaux de bœuf et de mouton trempés dans des liqueurs fortes : il en mangea encore et finit par s'endormir. Alors, en se servant de leur grillage de fer comme d'un bouclier, ils le blessèrent grièvement, mais ils ne purent l'achever, et pendant cinq jours il resta devant la porte, rugissant de douleur, et effroyable à voir. Et au-dessus de ses cris on entendait chanter la Seraine[1] du château.

Le cinquième jour, le capitaine finit par porter au lion un coup de lance qui le tua.

Ils se présentèrent alors à la troisième porte : derrière elle se tenait la Bête à sept têtes dans un appartement si sombre que lorsqu'elle était au fond on ne l'apercevait pas. Mais quand elle s'avançait, tout le monde reculait à sa vue, tant elle était effroyable à voir.

Les aventuriers finirent par reprendre courage, et par assaillir la porte en se protégeant avec leur grillage : d'un coup de lance, le charbonnier abattit une des têtes du monstre qui criait horriblement ; un des marins la frappa à la poitrine, elle perdit ce jour-là trois têtes et se retira dans le fond de sa caverne. Et comme la lumière manquait aux aventuriers, ils furent obligés de revenir à bord.

Le lendemain ils revinrent, et dès que la Bête se montra, le capitaine lui abattit coup sur coup deux têtes :

— Ah ! disait le charbonnier, elle n'a plus que deux têtes, je vais bien les lui couper, car c'est moi qui ai tranché la première.

— Non, répondit le capitaine, ce sera moi qui l'achèverai.

1. Sirène : c'est le vieux mot employé par Villon :
La reine blanche comme un lys
Qui chantait à voix de seraine.

Il lui coupa une autre tête, et voyant que la Bête n'en avait plus qu'une, il ordonna à ses compagnons de baisser la grille pour le laisser passer, parce qu'il voulait tuer la Bête sans l'aide de personne. Mais quand il s'avança vers elle, elle le saisit par le milieu du corps et le coupa en deux morceaux. Les aventuriers protégés par leur grillage l'attaquèrent de nouveau et ils finirent par faire tomber la dernière tête ; puis ils retournèrent à bord, bien tristes d'avoir perdu leur capitaine.

Il ne restait plus à dégager que la quatrième porte, celle qui était gardée par le géant. Le pillotous dit à ses compagnons :

— Agissez comme je vous enseignerai et laissez-moi faire, je vous aiderai à venir à bout du géant.

D'après son conseil, les compagnons du pillotous le mirent dans un sac à pillots, ou si vous aimez mieux un sac à chiffons, et quand ils arrivèrent à l'endroit où se tenait le géant, ils jetèrent le sac à ses pieds. Le géant ne prit pas garde à ce qu'il pensait être un paquet de linge sale, et il se défendit contre ceux qui l'attaquaient. Ceux-ci avaient bien de la besogne, car le géant renversait tout ; mais pendant qu'il essayait d'arracher aux assaillants la porte à claire-voie qui leur servait de bouclier, le pillotous fit un trou dans le sac avec son couteau, et tua d'un coup de pistolet le géant qui s'affaissa par terre.

*

*　*

Le pillotous sortit alors prestement de son sac, ouvrit la quatrième porte, et, traversant une longue file d'appartements, arriva dans une chambre où il vit une table sur laquelle était un gros scorpion. Dès qu'il l'eut touché de la main, à la place du scorpion se montra une belle dame dont la chevelure d'or tombait jusqu'aux talons. Et la Seraine était toujours là qui chantait d'une voix si douce que c'était un plaisir de l'écouter.

Elle accompagna la princesse qui descendit dans une embarcation avec ceux qui l'avaient délivrée, et monta à bord du vaisseau que son père avait fait construire. Le second prit le commandement, et le château suspendu entre le ciel et la mer fut attaché par un câble à l'arrière du navire qui se dirigea vers le pôle Nord où le roi Dangobert était à attendre le résultat de l'entreprise.

Il fut bien joyeux quand il vit que sa fille était *démorphosée*[2] ; on lui raconta ce qui était arrivé, et il dit à sa fille :

— C'est le pillotous qui mérite ta main ; j'aurais mieux aimé avoir pour gendre un prince, mais avant tout je dois accomplir ma parole.

Le pillotous était fier et joyeux d'être le gendre du roi, et il ne déplaisait pas à la princesse qui avait toujours la Seraine à côté d'elle.

Ils firent des noces superbes auxquelles ils invitèrent tous les gens du pays et ceux qui s'étaient embarqués sur le navire. Le roi donna au pillotous sa couronne et tout son bien. Mais ce qu'il y avait de plus beau, c'était la Seraine qui toujours chantait dans le palais, et je pense qu'elle y est restée jusqu'à ce jour[3*].

---

2. Délivrée de son enchantement.

3. Conté en 1879 par Étienne Piron de Saint-Cast, pêcheur, âgé de cinquante-sept ans.

* Publié dans le premier tome des *Contes populaires de la Haute-Bretagne*, ce conte a surtout été choisi pour cette poésie très particulière, propre à la Bretagne gallèse telle qu'elle apparaît dans la collecte de Paul Sébillot, comme en écho aux contes de fées des houles et à « La seraine de la Fresnaye » que l'on pourra lire ci-après.

NOROUÂS[1]

Il y avait une fois un bonhomme et une bonne femme qui n'avaient rien qu'un petit champ ; ils y semèrent du lin qui poussa à merveille et devint si beau que jamais on n'en avait vu de pareil. Quand il fut mûr, les bonnes gens l'arrachèrent, le mirent à rouir, puis l'étendirent dans la prairie pour le sécher.

Ils se réjouissaient de leur belle récolte, et pensaient qu'ils pourraient se mettre à l'aise en la vendant ; mais il vint un grand coup de vent de Norouâs qui enleva le lin, le jeta sur le haut des arbres et l'éparpilla dans la mer.

Quand le bonhomme vit que sa récolte était perdue, il commença à jurer après le vent, prit son bâton à marotte, et se mit en route pour aller tuer le maudit Norouâs qui avait gâté son lin. Il emporta avec lui de quoi manger deux ou trois jours ; mais son voyage fut plus long qu'il ne pensait et il mourait de faim par les chemins. Un soir, il arriva à un hôtel, et dit à l'hôtesse :

— Je n'ai pas le sou ; par charité, donnez-moi un morceau de pain, et laissez-moi coucher dans un coin de l'écurie.

1. Nord-ouest.

Le bonhomme eut du pain à manger et une botte de paille pour se coucher ; le lendemain, il remercia l'hôtesse et lui dit :

— Ne pourriez-vous me dire où demeure Norouâs ?

— Si, répondit-elle ; vous n'avez qu'à me suivre.

Elle le conduisit au pied d'une montagne et lui dit :

— C'est là-haut qu'il demeure.

Le bonhomme se mit à gravir la montagne où habitaient les vents, et il rencontra Surouâs[2] qui était de quart.

— Est-ce toi, lui dit-il, qui t'appelles Norouâs ?

— Non, c'est moi Surouâs.

— Où est le coquin de Norouâs qui m'a enlevé tout mon beau lin ? J'ai apporté mon bâton exprès pour le tuer.

— Ne parle pas si haut, bonhomme, répondit Surouâs ; s'il t'entendait il t'enlèverait dans les airs comme une guibette[3].

— Nous allons voir, dit le bonhomme en serrant son bâton.

Voilà Norouâs qui s'approcha en soufflant :

— Ah ! gredin de Norouâs, s'écria le bonhomme ; c'est toi qui m'as volé ma belle pièce de lin !

— Ne me dis rien, ou je t'enlève, répondit la grosse voix de Norouâs.

— Il faut que tu me rendes ma pièce de lin.

— As-tu bientôt fini de me casser la tête, vieux propre à rien ! disait le vent.

Mais le bonhomme ne cessait de crier :

— Norouâs, rends-moi mon lin ! Norouâs, rends-moi mon lin !

— Hé bien, dit Norouâs ; pour avoir la paix, voici une serviette.

---

2. Sud-ouest.

3. Un moucheron.

— Avec ma pièce de lin, répondit le bonhomme, j'aurais eu de quoi en faire plus d'un cent. Norouâs, rends-moi mon lin !

— Tes serviettes, dit Norouâs, n'auraient pas eu la vertu de celle-ci ; quand tu lui diras « Serviette, déplie-toi ! » elle te donnera la plus belle table servie que tu aies jamais vue.

*

* *

Le bonhomme descendit de la montagne, puis il s'arrêta pour essayer sa serviette. Il lui dit : « Serviette, déplie-toi » et aussitôt voilà une table couverte de pain, de viande et de vin qui se place devant lui. Il mangea de bon appétit, puis, le soir venu, il entra à l'hôtel où il avait couché.

— Et Norouâs ? demanda l'hôtesse ; vous a-t-il bien payé ?

— Ah ! oui, répondit-il ; ce soir je n'ai pas besoin que vous me donniez du pain ; la serviette de Norouâs m'en fournira bien pour tout le monde : « Serviette déplie-toi », dit-il en la tirant de sa poche.

Et voilà une belle table qui se dresse toute seule, qui se couvre d'assiettes, de verres, de viande et de vins ; jamais personne n'avait vu un repas mieux servi.

Au lieu de donner au bonhomme une botte de paille dans un coin de l'écurie, l'hôtesse le coucha dans un beau lit sur une couette de plume ; il ne tarda pas à s'endormir et quand il ronfla comme un bienheureux, elle lui prit sa serviette, et lui en mit à la place une autre qui était toute semblable. Il s'en retourna chez lui, et quand sa bonne femme le vit, elle lui dit :

— Norouâs t'a-t-il bien payé ?

— Oui, regarde la belle serviette.

— Vieux sot, s'écria-t-elle, tu aurais mieux fait de prendre autre chose ; dans notre pièce de lin, il y avait plus de deux cents serviettes, et tu t'es contenté d'une seule !

— Ne crie pas, dit le bonhomme ; tu vas voir comme elle est utile : « Serviette, déplie-toi » ; mais il ne voyait rien venir, et sa femme se moquait de lui.

— Norouâs m'a attrapé, dit-il ; mais cette fois je vais le tuer.

Il prit son bâton et se mit en route ; il alla coucher dans le même hôtel, et dit à l'hôtesse :

— Je vais tuer Norouâs ; le coquin m'avait donné une serviette qui n'avait de la vertu que pour deux fois seulement.

— Ne manquez pas, répondit l'hôtesse, de repasser par ici.

Le lendemain de bon matin, il se mit en route, et quand il fut arrivé au haut de la montagne, il se mit à crier :

— Gros coquin de Norouâs, la serviette que tu m'as donnée n'avait de vertu que pour deux fois ; Norouâs, rends-moi mon lin !

— Ne crie pas si fort, bonhomme, ou je t'enlève en l'air comme une guibette.

— Norouâs, rends-moi mon lin ! Norouâs, rends-moi mon lin, ou je vais te tuer.

— Tiens, répondit Norouâs, voici un âne ; quand tu diras : « Âne, fais-moi de l'or », tu en auras à foison.

Le bonhomme descendit de la montagne avec son âne, et en bas il lui dit : « Âne, fais-moi de l'or. »

Aussitôt l'âne leva la queue et fit tomber sur la route des rouleaux d'or. Le bonhomme remplit ses poches, et il arriva à l'hôtel :

— Hé bien ! lui demanda l'hôtesse, Norouâs vous a-t-il bien payé ?

— Oui, répondit-il ; il m'a donné un âne, vous allez voir quelle vertu il a : « Âne, dit-il, fais-moi de l'or. »

Aussitôt l'âne leva la queue et fit tomber des louis d'or, et des pièces de cent francs qui roulaient par la place. Quand le bonhomme eut mis son baudet à l'écurie, on le coucha dans une chambre plus belle encore que l'autre fois, et pendant qu'il dormait, l'hôtesse mit à la place de son âne un autre âne semblable.

Lorsque le bonhomme arriva chez lui, sa femme lui dit :

— Et Norouâs, t'a-t-il bien payé ?

— Oui, répondit-il ; tends ton tablier sous la queue de l'âne. « Âne, fais-moi de l'or », commanda-t-il.

L'âne ne bougea pas ; le bonhomme répéta encore : « Âne, fais-moi de l'or » ; rien ne tomba dans le tablier, et il était si furieux qu'il prit un bâton pour tuer son baudet.

— Vieux fou, lui dit sa femme, voilà la seconde fois que tu te laisses attraper.

— Ah ! Norouâs, s'écria le bonhomme, cette fois-ci, je vais te tuer.

Il prit son bâton, et quand il arriva à l'hôtel, il dit :

— Norouâs m'a encore attrapé, mais cette fois-ci, je le tuerai.

— Ne manquez pas de repasser par ici, lui répondit l'hôtesse.

Le lendemain il se leva de bonne heure, gravit la montagne, et dit à Norouâs :

— C'est toi, gros voleur, qui m'as donné un âne qui n'avait de la vertu que pour deux fois. Norouâs, rends-moi mon lin !

— Ah ! répondit Norouâs, tu veux donc m'enlever tout ce que j'ai !

— Norouâs, rends-moi mon lin ou je vais te tuer.

— Je vais t'enlever comme une guibette, répondit le vent qui se mit à souffler.

Mais le bonhomme criait : « Norouâs, rends-moi mon lin ! »

Et Norouâs lui dit :

— Tiens, vieux bonhomme, voilà un bâton ; quand tu diras : « Bâton, déplie-toi », il se mettra à frapper ; lorsque tu voudras l'arrêter, tu diras : « *Ora pro nobis.* » En t'en allant, passe par l'hôtel où tu t'es arrêté, c'est là qu'on t'a volé ta serviette et ton âne.

Cette fois, le bonhomme était bien content ; en s'en allant il voulut essayer la vertu de son bâton, et lui dit : « Bâton, déplie-toi. » Aussitôt, le bâton lui échappa de la main, et se mit à voltiger en l'air, et à le frapper si fort qu'il ne savait où se fourrer, et qu'il ne se rappelait plus comment il fallait s'y prendre pour l'arrêter. Il finit pourtant par dire : « *Ora pro nobis* », et le bâton revint aussitôt dans sa main.

Il arriva à l'hôtel, et l'hôtesse lui dit :

— Et Norouâs vous a-t-il bien payé, cette fois ?

— Oui, répondit-il ; voici un bâton qui bat tous ceux que je veux. Rendez-moi ma serviette et mon âne que vous m'avez volés.

— Je ne vous ai rien pris, dit l'hôtesse ; si vous continuez à crier, je vais envoyer chercher les gendarmes.

— Mon bâton, déplie-toi, s'écria le bonhomme.

Aussitôt le bâton se mit à voltiger dans les airs : il frappait l'hôtesse et ses domestiques, cassait les verres, les plats et les assiettes, un coup n'attendait pas l'autre.

— Ah ! mon bonhomme, cria l'hôtesse, arrêtez votre bâton, et nous vous rendrons votre serviette et votre âne.

Le bonhomme cria : « *Ora pro nobis !* » mais le bâton était si lancé qu'il ne cessa de frapper que quand il eut dit pour la seconde fois : « *Ora pro nobis.* »

Il s'en alla avec son âne et sa serviette ; et quand il fut de retour chez lui, sa femme lui dit :

— Et Norouâs t'a-t-il bien payé ?

— Oui, répondit-il, tu vas voir tout ce qu'il m'a donné ; tends ton tablier : « Âne, fais de l'or », commanda-t-il.

L'or tombait dans le tablier de la bonne femme qui était émerveillée, car de sa vie, elle n'avait vu autant de louis. Il étendit ensuite sa serviette sur la table, et dit : « Serviette, déplie-toi » ; et aussitôt la table se chargea de plats et de liqueurs.

Quand ils eurent bien dîné, le bonhomme dit :

— J'ai encore un bâton qui bâtonne tous ceux que je veux, j'ai voulu l'essayer, et il m'a frotté de bonne façon, mais je ne te montrerai pas comment on peut s'en servir ; car tu voudrais peut-être l'essayer sur moi.

*

* *

Avec l'argent que lui faisait son âne, le bonhomme acheta des navires et devint armateur. Mais les gens disaient que c'était un vieux voleur, et que pour être devenu riche en si peu de temps il devait avoir volé et assassiné quelqu'un. La justice s'en mêla, et il fut condamné à être guillotiné.

Le jour où il devait monter sur l'échafaud, il y avait plein de monde sur la place pour lui voir couper le cou. Le bonhomme dit :

— Puisqu'on accorde aux condamnés à mort tout ce qu'ils veulent, je désirerais qu'on m'apporte mon bâton de vieillesse, afin que je le voie encore une fois avant de mourir.

On alla chercher le bâton du bonhomme ; il le prit à la main, et dit :

— Vous voyez bien ce bâton-là ; c'est lui qui m'a donné toute ma richesse. Mon bâton, déplie-toi.

Voilà le bâton qui voltige en l'air ; il cassa la tête du bourreau, renversa les gendarmes, démolit l'échafaud, et se mit ensuite à frapper ceux qui étaient venus pour l'exécution. De tous côtés on entendait crier :

— Ah ! mon bonhomme, arrêtez votre bâton, vous allez être gracié.

Quand il fut sûr qu'on ne lui ferait plus de mal, il cria : « *Ora pro nobis.* » Mais le bâton continuait à frapper, et il ne s'arrêta que quand il eut crié pour la troisième fois : « *Ora pro nobis.* »

Le bonhomme retourna tranquillement chez lui appuyé sur son bâton, et il vécut heureux jusqu'à la fin de ses jours[4*].

4. Conté en 1880, par François Marquer, de Saint-Cast, mousse, âgé de treize ans.

* Publié dans le tome III des *Contes populaires de la Haute-Bretagne*, Charpentier, 1882, « Norouâs » est l'une des plus belles versions du conte-type 563 (« La serviette, l'âne et le bâton ») jamais recueillies sur le territoire français – un conte remarquablement bien représenté dans la collecte de Paul Sébillot (on en compte au moins douze versions), alors qu'il est peu présent dans la collecte de Luzel (et les collectes de Basse-Bretagne en général).

LA BELLE AUX CLÉS D'OR

Il était une fois un roi qui avait trois fils ; quand ils furent devenus grands, il leur dit de choisir chacun un métier, celui qui lui plairait le mieux.

L'aîné dit :

— Je veux être chasseur ; tous les jours je partirai avec mes chiens dès le matin et je ne m'en reviendrai qu'à la brune du soir.

— Je serai soldat, dit le second.

— Et moi marin, ajouta le troisième.

Le lendemain, ils partirent tous les trois. L'aîné alla à la chasse, et quand il fut dans la forêt, il vit une bonne femme qui déracinait un petit arbre vert.

— Que fais-tu là, vieille sorcière ? Laisse mon arbre et va-t'en bien vite.

— Ne me parle pas si durement, jeune homme, répondit la bonne femme.

— Va-t'en, ou je vais te battre, dit le fils du roi.

La vieille s'en alla en grommelant, et le prince continua à chasser ; il remplit sa gibecière de lapins et de lièvres, et son père était bien content de voir qu'il était adroit dans le métier qu'il avait choisi.

Le lendemain, le prince retrouva la vieille femme au même endroit :

— Sors de ma forêt, lui cria-t-il ; je t'avais défendu d'y revenir.

Elle s'en alla sans mot dire : il continua à chasser et remplit sa gibecière de lapins et de lièvres.

Le troisième jour, il vit la bonne femme au même endroit :

— Ah ! pour le coup, s'écria-t-il, je vais te battre.

Il se mit à la frapper si fort qu'il la jeta par terre. Elle se releva et disparut. Le jeune prince continua à chasser dans la forêt, et il vit au milieu d'une clairière un lièvre assis sur son derrière et qui le regardait.

— Tiens, pensa-t-il, voici un lièvre qui n'est point farouche.

Il voulut le prendre ; mais le lièvre se leva, et il marchait du même pas que le chasseur, courant quand il courait, s'arrêtant quand il s'arrêtait. Le prince le poursuivit toute la journée sans pouvoir l'atteindre, et à la nuit, il le vit disparaître dans une caverne où il entra à sa suite. Alors parut devant lui un bonhomme qui avait les dents longues comme la main, et qui lui dit :

— Ce n'est plus à un lièvre ni à une bonne femme, c'est à moi que tu vas avoir affaire.

— Excusez-moi, répondit le jeune prince, je ne savais pas qui vous étiez.

— Je vais te tuer, dit l'homme aux grandes dents.

Mais le prince se mit tant à le supplier de le laisser vivre, qu'il se laissa toucher et lui dit :

— Je vais t'accorder la vie ; mais tu seras mon domestique et tu feras tout ce que je te commanderai.

Il le mena dans son écurie où il y avait deux chevaux : l'un, qui était gris, avait une auge pleine d'avoine ; l'autre, qui était une jument blanche, n'avait devant elle que des fagots.

— Tu auras soin, lui dit-il, de bien nourrir le cheval gris et de lui donner à boire l'eau de la claire fontaine ; pour la jument tu la laisseras sans manger, et tous les jours tu la frapperas à grands coups de trique ; je pars pour six mois, mais obéis-moi bien, ou gare à toi, car j'ai une cloche qui m'avertit de tout ce qui se passe ici.

L'homme partit ; le lendemain le prince soigna de son mieux le cheval gris et se mit à frapper la jument blanche.

— Pas si fort, pas si fort, lui disait-elle.

— Est-ce que les chevaux parlent ici ? demanda le jeune homme.

— Oui, répondit la jument, je parle et c'est pour ton bien ; écoute mes paroles, ou dans trois jours tu seras comme moi. J'ai été prise comme toi et changée en jument.

— Comment faire pour me sauver ?

— Donne-moi de l'avoine afin que je prenne de la force, et dans trois jours je t'emporterai sur mon dos.

Il la soigna de son mieux, et au bout de trois jours elle reprit de la force et fut capable de marcher vite.

— Mets, lui dit-elle, une selle sur mon dos ; prends avec toi la brosse, ton étrille et ton bouchon, et prépare-toi à monter sur moi, car bientôt la cloche va sonner et le diable va être prévenu de notre départ.

Quand il fut en selle, la jument lui disait :

— Éperonne, éperonne dur.

Elle marchait comme le vent, et lui répétait :

— Éperonne, éperonne dur, ne vois-tu rien venir ?

— Non, rien, répondit-il.

— Éperonne, éperonne dur, ne vois-tu rien derrière nous ?

— Si, j'aperçois un gros nuage, avec du feu au milieu, qui s'avance sur nous.

— Est-il loin ?

— Non, il nous atteint.

— Jette ta brosse derrière toi.

Aussitôt s'éleva une forêt si épaisse que le diable ne put la traverser et fut obligé de faire le tour. Pendant ce temps la jument marchait comme le vent et répétait :

— Éperonne, éperonne dur, ne vois-tu rien venir ?

— Non.

— Éperonne, éperonne dur, ne vois-tu rien venir ?

— Non, rien.

— Éperonne, éperonne dur et regarde bien.

— Ah ! je vois un nuage noir qui vient, qui vient, qui nous rattrape.

— Jette vite ton étrille.

Aussitôt s'éleva une montagne si haute qu'on n'en voyait pas le sommet. Le diable fut encore obligé d'en faire le tour, et pendant ce temps la jument blanche allait comme le vent en répétant :

— Éperonne, éperonne dur, ne vois-tu rien ?

— Non.

— Éperonne, éperonne dur, ne vois-tu rien venir ?

— Rien encore.

— Éperonne, éperonne dur, et regarde derrière toi.

— Ah ! je le vois qui vient, qui vient, qui nous rattrape.

— Jette ton bouchon.

Il s'éleva derrière eux une montagne plus haute encore et plus escarpée que la première ; le diable fut obligé d'en faire le tour, et pendant ce temps la jument blanche allait comme le vent.

— Veille bien, dit-elle à son cavalier : nous allons arriver à un pont, et quand nous aurons passé le milieu, le diable n'aura plus de pouvoir sur nous.

Ils s'engagèrent sur le pont, et le diable saisit la jument par la queue au moment où ses quatre pieds avaient passé le milieu du pont ; mais le prince coupa avec son couteau les crins qui restèrent dans la main du diable.

Il criait au jeune homme :

— Rends-moi mon cheval ! Rends-moi mon cheval !

— Non, jamais, répondait-il.

Le diable resta longtemps sur le pont à crier, mais il finit par se lasser et s'en alla.

*

* *

— Qu'allons-nous devenir maintenant ? demanda le prince à la jument ; je voudrais bien retourner dans mon pays.

— Non, répondit la jument blanche, il faut faire route pour Paris.

Elle se mit à marcher, et le jeune prince trouva un ruban en diamant qui éclairait la nuit comme le jour.

Dans ce temps-là, Paris n'était pas aussi grand qu'il est maintenant ; quand ils arrivèrent auprès, il mena la jument blanche dans une pâture ; elle était alors grasse et fraîche à faire plaisir.

— Tu vois cette grande maison, lui dit-elle, c'est là que demeure le roi ; il a besoin d'un pâtour pour ses brebis, il te prendra à son service, et tous les jours tu amèneras ton troupeau ici.

Le jeune homme se présenta au château, et, comme un des bergers était parti le matin, on le gagea pour le remplacer. Il conduisit ses brebis à l'endroit où pâturait la jument blanche, et quand elle le vit, elle dansait et hennissait de joie. Il ramena ses brebis le soir ; elles étaient belles et bien repues, tandis que celles des autres bergers étaient plates et maigres. Tous les jours il retournait à l'endroit où était sa jument et son troupeau engraissait à vue d'œil, au lieu que celui des autres pâtours ne faisait que maigrir.

— Ah ! disait le roi, voici un berger qui a des brebis bien plus belles que les autres.

Les pâtours étaient jaloux de lui et ils cherchaient le moyen de le perdre. Il était défendu d'allumer de la chandelle le soir dans les étables : une nuit, le prince se mit à regarder son ruban de diamants ; il éclairait comme plusieurs lampes, et la lumière brillait à travers les fentes de l'étable. Les autres pâtours vinrent trouver le roi et lui dirent :

— Maître, le nouveau berger allume de la chandelle malgré votre défense.

Le roi vint voir, mais le pâtour entendit du bruit, et il ramassa vivement ses diamants dans sa poche. Le roi ne vit point de lumière et il traita ses bergers de menteurs.

Les pâtours se dirent :

— Pour nous défaire de lui, nous allons raconter au roi que le berger s'est vanté de pouvoir amener ici la Belle aux clés d'or. Ils allèrent parler au roi qui fit venir le pâtour, et lui dit :

— Tu t'es vanté d'aller chercher la Belle aux clés d'or : il faut que tu l'amènes ici.

— Jamais je n'en ai parlé, répondit le prince-berger, et je ne savais pas même qu'elle existât.

— Cela m'est égal, dit le roi, amène-la ici, ou il n'y a que la mort pour toi.

Le berger se rendit en pleurant à la pâture où était la jument blanche, qui en le voyant se mit à sauter de joie ; mais elle s'aperçut bientôt qu'il avait l'air affligé :

— Pourquoi es-tu triste ? lui demanda-t-elle.

— Le roi m'a ordonné de lui amener la Belle aux clés d'or : je ne sais pas où elle demeure et je me désole, car si je n'y parviens pas, il a juré de me tuer.

— N'est-ce que cela ? répondit la jument. Ce n'est pas la peine de te chagriner pour si peu. Tu vas dire au roi de te faire construire un vaisseau qui brille comme le soleil : tu t'y embarqueras avec quelques hommes d'équipage, et tu te dirigeras vers l'ouest-nord-ouest. Tu arriveras au château de la Belle aux clés d'or, qui est bâti au pied des montagnes et soutenu par quatre géants. Les montagnes brillent comme des diamants parce qu'elles sont couvertes de neige. Là tu verras la Belle aux clés d'or et tu l'inviteras à monter à bord de ton vaisseau.

*

* *

Le jeune prince alla demander au roi un vaisseau brillant comme le soleil ; quand il fut terminé, il s'embarqua dedans avec son équipage, et suivant les indications de la jument blanche, il vint mouiller en vue du château de la Belle aux clés d'or. La princesse était à sa fenêtre et elle regardait le navire.

— Bonjour, princesse, lui dit le jeune homme.

— Bonjour, sire, répondit la Belle aux clés d'or, qui prenait le berger pour un roi.

— Je suis venu pour visiter votre château. Voulez-vous me le permettre ?

— Oui, répondit-elle.

Quand il eut parcouru tout le château, elle le fit boire et manger et lui dit :

— Hé bien ! en avez-vous vu d'aussi beau dans votre pays ?

— Non, répondit-il, mais si vous voulez venir à bord de mon navire, vous conviendrez qu'il n'a pas son pareil.

— J'irai, dit la princesse, le visiter dans deux heures.

Il retourna à son bord et commanda à ses matelots de tout préparer pour l'appareillage et de lever l'ancre pendant que la princesse serait occupée à regarder le navire.

La Belle aux clés d'or arriva sur le vaisseau ; le jeune homme le lui fit visiter en détail, et lorsqu'elle remonta sur le pont, la terre était déjà bien loin. Quand la princesse vit qu'on l'emmenait, elle se mit à crier et à s'arracher les cheveux.

— Ah ! malheureux, lui dit-elle, pourquoi m'as-tu trompée ?

— Je suis venu, répondit-il, vous chercher par l'ordre du roi, et si je n'avais pas réussi, il m'aurait tué.

La princesse, de colère, jeta ses clés d'or à la mer, et le vaisseau continuant sa route arriva au port et salua la ville, qui répondit par une salve de vingt et un coups de canon.

Quand le roi vit la Belle aux clés d'or, il fut bien joyeux, et il voulut se marier avec elle, mais elle ne pouvait pas le souffrir et le rebutait toujours.

— Je ne vous épouserai, lui dit-elle, que si vous me remettez les clés d'or de mon château.

Le roi fit venir son pâtour et lui dit :

— Tu as amené ici la princesse ; maintenant il faut que tu me rapportes ses clés d'or ou il n'y a que la mort pour toi.

Le pâtour alla trouver sa jument blanche ; il y avait longtemps qu'elle ne l'avait vu, et elle commençait à être malade de chagrin ; mais il la caressa et elle fut tout d'un coup guérie. Comme il avait la mine triste, elle lui demanda pourquoi il se chagrinait encore.

— J'ai amené au roi la Belle aux clés d'or, répondit-il ; maintenant il veut que j'aille chercher ses clés qu'elle a jetées à la mer.

— S'il n'y a que cela, dit la jument blanche, tu peux te consoler. Demande au roi de te faire construire un navire de petite taille, mais bon marcheur ; tu mettras à l'arrière une pierre bien droite, et quand tu seras à peu près rendu à l'endroit où la Belle a jeté ses clés d'or à la mer, tu frapperas trois coups sur la pierre avec cette baguette. Tu verras sortir de l'eau un petit homme qui menacera de te dévorer ; mais ne t'effraye pas et frappe-lui sur la tête avec ta baguette, jusqu'à ce qu'il ait jeté les clés sur le pont du navire.

Le pâtour alla demander au roi un navire petit, mais bon marcheur, et il s'embarqua à bord pour se rendre à l'endroit où la princesse avait lancé ses clés à la mer. Quand il y fut rendu, il frappa trois coups de baguette sur la pierre qui était dressée bien droite à l'arrière ; aussitôt, il vit sortir de la mer un petit homme qui ouvrait une grande bouche en criant :

— Je vais te manger ! Je vais te manger !

Mais le jeune homme se mit à lui frapper des coups de baguette sur la tête en lui disant :

— Si tu ne vas pas me chercher les clés d'or que la princesse a lancées dans la mer, je vais continuer à te battre.

Le petit homme plongea dans l'eau, et il en rapporta les clés d'or qu'il jeta sur le pont. Aussitôt le navire se remit en marche et il ne tarda pas à arriver au port, qu'il salua avec son artillerie.

Quand le roi eut les clés, il fut bien content, et il les donna à la princesse en lui disant :

— Maintenant vous allez vous marier avec moi.

— Non, répondit-elle ; si vous voulez que je vous épouse, il faut que celui qui a été chercher les clés amène ici mon château.

Le roi fit venir son pâtour et lui dit :

— Tu vas aller chercher le château de la princesse et l'amener ; si tu ne le fais pas, il n'y a que la mort pour toi.

Le jeune homme était bien triste ; il retourna à la pâture où était la jument blanche, mais elle avait maigri et semblait presque morte.

— Je croyais, lui dit-elle, que tu allais me laisser mourir. C'est bien mal de ta part, moi qui t'ai sauvé quand tu étais chez le diable.

— Ah ! répondit-il, j'ai été si content d'être revenu que je t'avais oubliée. Le roi m'a ordonné d'aller chercher le château de la Belle aux clés d'or ; mais cette fois, je crois bien que ma mort est au bout.

— Non, dit-elle, ne t'effraye pas ; tu vas demander au roi de te faire construire un navire, le plus grand qu'on pourra faire. Tu le chargeras de vins et de mets délicieux, et tu retourneras au château. Tu verras les géants qui le portent sur leur tête, et après leur avoir donné à manger, tu leur diras de venir avec toi dans ton pays.

Le roi fit construire pour son berger un navire, le plus grand qui eût été fait ; on le chargea de vins et de mets délicieux, et il mit à la voile pour aller dans l'ouest-nord-ouest au château de la Belle aux clés d'or. Quand le jeune homme y arriva, les géants qui soutenaient le château sur leur tête avaient si grand-faim qu'ils allaient se battre pour se manger. Il fit débarquer les vins et les vivres, et les géants se régalèrent ; ils vidaient par la bonde les barriques de vin et mangeaient un bœuf à chaque fois.

— Vous êtes meilleur que notre maître, lui dirent-ils ; il nous laisse crever de faim.

— Si vous voulez venir dans mon pays, répondit-il, je vous donnerai à manger tant que vous voudrez. Le château que vous portez vous paraît-il bien lourd ?

— Non, il ne pèse pas plus qu'une plume.

— Voulez-vous l'emporter avec vous ?

— Oui, volontiers.

Il embarqua les géants qui portaient le château sur leur tête, et quand il arriva, il les fit débarquer et les conduisit à la Belle aux clés d'or.

Lorsque le roi vit le château venu, il était bien joyeux et il dit à la princesse :

— Maintenant, je pense, vous allez vous marier avec moi.

— Si vous voulez que je vous épouse, répondit-elle, il faut que vous fassiez brûler celui qui a été chercher mon château et mes clés d'or.

Quand le jeune homme eut connaissance de ce que la Belle aux clés d'or avait demandé au roi, il alla trouver en pleurant sa jument blanche.

— Ah ! lui dit-il, cette fois je suis perdu : le roi veut me faire brûler pour épouser la princesse.

— N'est-ce que cela ? lui répondit-elle. Tu vas t'habiller en toile des pieds à la tête ; voici une petite bouteille que tu verseras sur tes habits et tu ne brûleras point ; ensuite tu seras invisible, tu quitteras le bûcher et tu parleras au roi derrière la foule.

Le jeune homme fit ce que la jument blanche lui avait dit. Le lendemain, on apporta dans la cour du palais plus de deux cents fagots, on plaça le pâtour au milieu et on mit le feu au bûcher ; mais il ne brûla point ; il sortit du milieu des flammes et alla se mettre dans la foule.

Le roi le vit et lui dit :

— Je croyais t'avoir brûlé ; comment as-tu fait pour ne pas être rôti ?

— J'ai acheté des habits de toile et le feu ne m'a point touché.

— Si vous voulez vous marier avec moi, dit la Belle aux clés d'or, il faut que vous fassiez comme le berger, et que vous montiez sur un bûcher.

— C'est facile, répondit le roi.

Il se fit faire un habit tout en toile, et se plaça au milieu de trois cents fagots ; mais quand ils furent allumés, il fut étouffé et brûla.

Alors la Belle aux clés d'or dit au jeune homme :

— C'est toi que je veux épouser.

Il était bien content, et il alla raconter à la jument blanche que la Belle aux clés d'or voulait se marier avec lui.

— Si tu veux l'épouser, lui dit-elle, il faut auparavant me tuer et couper mon cœur en deux morceaux.

— Non, répondit-il.

— Si, il faut que tu le fasses, je le veux.

Il tua la jument blanche, et, quand il eut coupé son cœur en deux morceaux, il en sortit une dame belle comme un jour qui lui dit :

— Tu aurais pu être heureux avec moi, mais tu es un ingrat ; maintenant tu seras malheureux toute ta vie.

Elle disparut et jamais il ne la revit. Il épousa la Belle aux clés d'or, mais il fut malheureux à faire pitié et il mourut dans la misère*.

---

* Ce conte, dit en 1880, par Auguste Macé, de Saint-Cast, mousse, âgé de quinze ans, a été publié dans le tome III des *Contes populaires de la Haute-Bretagne* paru chez Charpentier en 1882. Il associe les contes-types 314 (dont nous avons eu un bon exemple avec « Jean le Teignous » qui ouvre ce volume) et 531 (« La Belle aux cheveux d'or »), qui sont parmi les mieux représentés dans les collectes bretonnes : Paul Sébillot et François-Marie Luzel en ont recueilli huit versions chacun. On pourra comparer cette version avec celle de Luzel « Petit-Louis, fils d'un charbonnier et filleul d'un roi de France » (*Veillées bretonnes*, 1879, ou *Contes de Basse-Bretagne*, Éditions Ouest-France). Il s'agit d'un conte très ancien : *Le motif du cheveu d'or introduisant à la quête de la Belle se rencontre ainsi dans le conte égyptien des deux frères, au XIII*e *s. avant J. C., dans le* Tripitaka *chinois aux environs de l'an 500 de notre ère, puis au XII*e *s., dans une rédaction allemande de* Tristan et Yseult, précisent Paul Delarue et Marie-Louise Tenèze qui indiquent que *ce conte-type est répandu dans toute l'Europe, et du Caucase aux Philippines : quelques versions sont localisées sur le sol africain, et il a été porté par les colons français et espagnols dans le Nouveau Monde. Dans le contexte français, on est frappé par la très forte proportion des versions bretonnes (28 sur 51)* (*Le Conte populaire français*, Maisonneuve et Larose, 1997, p. 337).

LA DEMOISELLE EN BLANC

Il y avait une fois un petit garçon tout à fait pauvre qui allait ramasser du bois dans la forêt pour se chauffer. Un jour il rencontra un monsieur qui lui dit :

— Que fais-tu dans la forêt, petit gars ?

— Je cherche du bois mort, répondit-il ; car chez nous nous n'avons pas assez d'argent pour acheter de quoi nous chauffer.

— Si tu veux me promettre de venir me retrouver ici dans un mois, je te donnerai de l'argent, dit le monsieur.

Un mois après, le petit garçon retourna à l'endroit où il avait vu le monsieur ; mais il eut beau regarder de tous côtés, il ne le revit pas. Il se mit alors à chercher aux environs et arriva sur le bord d'un étang où trois demoiselles étaient venues pour se baigner. L'une était vêtue de blanc, l'autre de gris et la troisième avait un vêtement bleu. Il ôta bien poliment son bonnet pour leur souhaiter le bonjour, et leur demanda si elles n'avaient pas vu le monsieur qu'il cherchait. La demoiselle qui était habillée de blanc lui dit où il pourrait le trouver, et lui indiqua la route pour arriver à son château :

— Tu lui demanderas, dit-elle, s'il a besoin d'un domestique, et quand il aura accepté tes services, il voudra te donner à manger ; la première fois qu'il te présentera le plat, tu lui diras : « C'est moi qui suis ici pour vous servir. » La seconde fois tu lui répondras la même chose, mais d'un ton plus brusque, et la troisième fois, tu repousseras le plat qu'il t'offrira.

Le petit garçon ne tarda pas à arriver à la porte du château, où il vit le monsieur qui prenait le frais :

— Ah ! te voilà, petit gars, dit-il, qu'es-tu venu faire ici ?

— Voir si vous n'auriez pas besoin d'un domestique, monsieur.

— C'est toi qui ramassais l'autre jour du bois dans la forêt ; je te prends à mon service.

Il entra dans le château, et le petit garçon le suivit ; bientôt son maître lui présenta un plat de viandes :

— Merci, monsieur, dit le jeune garçon d'un air poli, c'est moi qui suis ici pour vous servir.

— Prends le plat, et ne te fais pas prier.

— Non, monsieur, répondit-il brusquement, c'est moi qui suis ici pour vous servir.

— Prends, te dis-je.

Le garçon cette fois jeta le plat par terre et le brisa.

— Ah ! dit le monsieur sans se fâcher, voilà le domestique que je cherche. Si tu veux faire trois choses que je te commanderai, tu auras une de mes filles.

*

*   *

Le lendemain, le maître du jeune garçon lui donna une hache en plomb, une scie en papier et une brouette en feuilles de chêne, puis lui dit qu'il fallait abattre dans sa journée un taillis de sept lieues de tour, et de plus il devait mettre le bois en cordes et en stères. Le jeune garçon se rendit au taillis, et commença sa besogne ; mais la hache en plomb se cassa au premier coup, la scie en papier ne résista pas davantage, et la brouette en feuilles de chêne fut écrasée par une petite branche qu'il posa dessus.

Quand il vit cela, il renonça à travailler davantage, et s'assit sur le gazon.

À midi, la demoiselle habillée de blanc qu'il avait vue sur le bord de l'étang vint lui apporter à manger.

— Ah ! malheureux, dit-elle, pourquoi restez-vous là à rien faire ? Si mon père vient, il vous tuera.

— Que voulez-vous que je fasse ? Je n'ai que de mauvais outils.

— Voici une baguette, dit la demoiselle, vous allez la prendre à la main et faire le tour du taillis en disant : « Que le bois tombe, et qu'il soit débité et arrangé en stères et en cordes. »

Le petit garçon fit comme la demoiselle en blanc lui avait commandé, et les arbres tombaient si fort que dans l'après-midi l'ouvrage fut achevé.

Au soir, le monsieur lui dit :

— As-tu accompli ta tâche ?

— Oui, monsieur, vous pouvez aller voir.

— C'est bien ; demain je te donnerai autre chose à faire.

Le lendemain matin, le monsieur dit à son domestique :

— Voici une butte, je veux que ce soir il y ait à la place un jardin bien planté d'arbres à fruits, et au milieu un étang poissonneux sur lequel nageront des canards. Voilà tes outils.

C'étaient une pioche en verre et une bêche en faïence ; le jeune garçon se mit à l'œuvre, mais au premier coup ses outils se brisèrent en mille pièces.

— Ce n'est pas la peine d'essayer davantage, se dit-il ; avec de pareils outils on ne peut rien faire.

À midi la demoiselle en blanc vint lui apporter son dîner :

— Ah ! malheureux, s'écria-t-elle, je vous retrouve encore les bras croisés. Si mon père vous voyait ainsi, il vous tuerait.

— Que voulez-vous que je fasse avec une pioche en verre et une bêche en faïence ?

— Tenez, dit la demoiselle, voici une baguette, vous allez faire le tour de la butte en disant : « Que la butte soit aplanie, et qu'à sa place il y ait un jardin planté d'arbres fruitiers, et au milieu un étang poissonneux sur lequel nageront des canards. »

Le jeune garçon prit la baguette, et ce qu'il demandait s'accomplit rapidement.

— Ton ouvrage est-il fait ? lui dit son maître.

— Oui, répondit-il.

— Demain tu en auras d'autre : sur la haute tour du château qui est en marbre poli, se trouvera une tourterelle que tu seras obligé d'aller chercher.

Mais le lendemain, le monsieur, qui pensait que la demoiselle en blanc avait aidé son domestique, lui dit d'aller à la ville pour chercher des provisions. Quand elle apprit cela, elle se retira dans sa chambre et se mit à pleurer ; ses sœurs vinrent la voir et lui dirent :

— Qu'avez-vous à verser des larmes ?

— C'est que mon père veut m'envoyer à la ville, et j'aimerais mieux rester ici.

— Ne pleurez plus, dirent-elles, nous irons à votre place, et notre père ne s'apercevra de rien.

À midi, elle trouva le jeune garçon assis au pied de la tour :

— Ah ! malheureux, s'écria-t-elle, tous les jours je vous trouve à rien faire ; vous savez bien pourtant que si votre maître vous voyait ainsi il vous tuerait.

— Je ne suis pas capable de monter à cette tour, répondit-il, elle est plus glissante qu'un verre.

— Je vais encore vous aider, dit la demoiselle ; vous allez prendre une chaudière, me couper en morceaux, et y mettre tous mes os sans exception ; c'est le seul moyen de réussir.

— Non, disait le jeune garçon, j'aimerais mieux mourir que de faire du mal à une aussi jolie demoiselle.

— Faites ce que je vous dis, répondit-elle, et ne vous inquiétez de rien.

Le jeune garçon finit par se laisser persuader, mais au lieu de mettre tous les os dans la chaudière, il garda l'os du petit doigt du pied gauche, et la demoiselle lui disait :

— Es-tu monté ?

— Non.

— Es-tu monté ?

— Non, pas encore.

— Es-tu monté ?

— Oui, je tiens la tourterelle par les pieds.

Quand le jeune garçon fut descendu, la demoiselle lui dit :

— As-tu bien mis tous mes os dans la chaudière ?

— Oui.

— Est-ce bien sûr ?

— Oui.

— Regarde bien si tu n'en as pas oublié.

— J'ai gardé un petit os, finit par dire le jeune garçon.

— Eh bien, dit-elle, conserve-le.

Alors elle prit sa baguette qui était à côté de la chaudière, et dès qu'elle eut touché ses os, ils se rejoignirent, et elle redevint telle qu'elle était auparavant.

— Maintenant, lui dit-elle, que les épreuves sont accomplies, mon père te donnera à choisir entre ses trois filles, et tu me reconnaîtras en regardant mon pied gauche.

Quand le jeune garçon rapporta la tourterelle à son maître, celui-ci lui dit :

— Je vais, suivant ma promesse, te donner à choisir entre mes trois filles.

Les trois demoiselles vinrent : elles étaient voilées, et leur père les avait fait s'habiller autrement que d'habitude ; mais le jeune garçon reconnut son pied auquel manquait un doigt à celle qui l'avait aidé : il alla à elle sans hésiter, et il l'épousa.

*

*   *

Cependant le monsieur n'était pas content du mariage ; le jour des noces, il fit dresser le lit des jeunes époux au-dessus d'un souterrain et le fit suspendre au plancher par quatre cordes. Quand les jeunes mariés furent couchés, le père de la jeune fille vint à la chambre et dit :

— Mon gendre, dors-tu ?

— Non.

— Mon gendre, dors-tu ? demanda-t-il quelque temps après.

— Non, pas encore.

Il s'en alla, et revint pour la troisième fois faire la même question ; le gendre, d'après le conseil de sa femme, fit semblant de dormir et ne répondit rien.

Quand son père fut parti, la fille en blanc dit à son mari :

— Ne perds pas de temps, cours à l'écurie, où tu prendras le cheval qui s'appelle Petit-Vent ; tu monteras dessus et tu t'enfuiras.

Peu après que le jeune garçon fut parti, le maître du château revint à la chambre et dit :

— Ma fille, dors-tu ?

— Non, mon père.

— Ma fille, dors-tu ? demanda-t-il encore.

— Non.

— Ma fille, dors-tu ?

Elle ne répondit rien, et le monsieur alla trouver sa femme et lui dit :

— Ils dorment ; viens avec moi, nous allons nous débarrasser d'eux.

Ils coupèrent les cordes et le lit tomba avec fracas dans le souterrain. Alors le maître du château, qui n'avait pas pris de lumière de peur de réveiller les jeunes mariés, se dit :

— Maintenant, les voilà tués et nous ne les reverrons plus.

Cependant la jeune mariée avait quitté le lit quand son père était allé chercher sa femme, et elle alla retrouver son mari :

— Ah ! malheureux, lui dit-elle, tu as pris Grand-Vent au lieu de monter Petit-Vent, comme je te l'avais recommandé. Cela sera cause de la mort de quelqu'un ; sauvons-nous au plus vite.

Tout en fuyant, elle disait à son mari :

— Ne vois-tu rien par-derrière ?

— Non.

— Ne vois-tu rien, lui demanda-t-elle un peu après ?

— Non, rien.

— Regarde encore : vois-tu quelque chose ?

— Oui, j'aperçois une grande fouée de feu.

Elle prit sa baguette et en frappa trois coups en disant :

— Que Grand-Vent se change en jardin, moi en poirier et mon mari en jardinier.

Le père et la mère des jeunes époux qui étaient à leur poursuite s'arrêtèrent près du jardin :

— N'avez-vous pas vu, dirent-ils au jardinier, un petit bonhomme à cheval qui passait par là ?

— Trois poires pour un sou ! répondit le jardinier.

— Ce n'est pas cela que je demande ; avez-vous vu passer un petit bonhomme ?

— Quatre pour un sou, parce que c'est vous, répliqua le jardinier.

— Est-il bête cet homme ! s'écrièrent-ils, et ils continuèrent leur poursuite.

Quand ils furent partis, la dame, son mari et Grand-Vent reprirent leur forme naturelle et continuèrent à fuir :

— Ne vois-tu rien ? disait la jeune mariée.

— Non.

— N'aperçois-tu rien venir ?

— Si, je vois une grande fouée de feu.

Aussitôt la dame joua de la baguette en disant :

— Grand-Vent va se mettre en église, moi en autel, et mon mari en prêtre.

Peu après, ceux qui poursuivaient les mariés entrèrent à l'église et dirent au prêtre :

— N'avez-vous pas vu passer par ici un petit bonhomme et une petite bonne femme ?

— *Dominus vobiscum*, répondit celui qui était à l'autel.

— Je vous demande si vous avez vu par ici un petit bonhomme et une petite bonne femme ?

— *Et cum spiritu tuo.*

— Est-il sot, ce prêtre ! murmura le seigneur.

Dès qu'il fut sorti de l'église, la baguette fit encore son office : Grand-Vent et ceux qui le montaient reprirent leur forme naturelle et continuèrent à fuir.

— Ne vois-tu rien venir ? dit la femme à son mari.

— Non.

— Ne vois-tu rien à présent ?

— Rien encore.

— Fais bien attention et regarde.

— Je vois comme un tourbillon de feu.

Aussitôt la dame frappa trois coups de sa baguette en disant :

— Que Grand-Vent soit une rivière, moi un bateau et mon mari un batelier.

Quand le seigneur et sa femme arrivèrent au bord de la rivière, ils dirent au batelier :

— Passeur, avez-vous vu par ici un petit bonhomme et une petite bonne femme ?

— Oui, répondit-il, je les ai passés il n'y a pas longtemps.

Aussitôt ils entrèrent dans le bateau, et quand ils furent au milieu de la rivière, le bateau chavira et le seigneur et sa femme furent noyés. La baguette joua encore une fois et Grand-Vent et ses cavaliers reprirent leur forme naturelle et revinrent au château tranquillement. Ils eurent toute la fortune du seigneur, et je ne sais ce qu'ils sont devenus depuis*.

* Ce conte, donné en 1879 par Françoise Dumont, d'Ercé, âgée de 20 ans, fille d'un tisserand, a été publié dans le tome I des *Contes populaires de la Haute-Bretagne* paru chez Charpentier en 1880. C'est une version plaisante du conte-type 313 (« La fille du diable ») particulièrement bien représentée dans la collecte de Paul Sébillot (on en répertorie au moins treize versions). Il est aussi présent dans la collecte de Luzel (voir « Le fils du marchand et le magicien » dans les *Contes de Basse-Bretagne*, Éditions Ouest-France, 2007).

LE CHÂTEAU SUSPENDU DANS LES AIRS

Il était une fois un pêcheur qui ne possédait pour tout bien qu'une petite cabane au bord de la mer, son bateau et ses filets. Il avait un fils qui allait avec lui à la pêche, et c'était un garçon de si bonne mine que, lorsqu'il passait, tout le monde se détournait pour le regarder. Il avait aussi trois filles presque du même âge et toutes les trois jolies.

Le pêcheur, qui était âgé, mourut ; son fils devint le chef de la famille, et tous les jours il allait à la pêche dans son bateau, afin de gagner de quoi donner à manger à toute sa maisonnée.

Un jour qu'il sortait de chez lui pour aller à la grève, il vit devant sa porte trois seigneurs qui lui demandèrent la permission d'entrer dans sa cabane pour s'y reposer quelques instants, car ils venaient de loin et étaient fatigués. Il y consentit très volontiers et il les reçut de son mieux. Ils s'assirent dans la cabane et ils furent si frappés de la beauté des sœurs qu'ils en devinrent tous les trois amoureux. Quelques jours après ils se marièrent avec elles, et après la noce les trois seigneurs, qui étaient le roi des Poissons, le roi des Oiseaux et le roi des Rats et des Souris, voulurent emmener avec eux leurs épousées. Avant de quitter leur beau-frère, ils lui firent chacun un présent : deux lui donnèrent de pesantes bourses pleines d'or, mais le cadeau du troisième était une vieille tabatière que le pêcheur mit dans la poche de sa vareuse, sans même avoir envie de l'ouvrir, car il pensait que son beau-frère avait voulu se moquer de lui.

Le pêcheur s'ennuya fort après le départ de ses sœurs, et comme il avait la bourse bien garnie, il quitta sa cabane, s'habilla comme un bourgeois cossu, et alla à Paris. Pendant deux ans il y mena joyeuse vie, car il ne manquait de rien, ayant de l'argent plein ses poches ; mais il finit par voir la fin de ses écus, et quand il n'eut plus rien que des dettes, ses amis lui tournèrent le dos, et il fut mis à la porte de sa maison. Il se souvint alors de son village où il avait une petite cabane, et il résolut d'y retourner pour recommencer à mener son métier de pêcheur. Mais quand il arriva à la petite anse où il avait laissé son bateau, il ne le vit plus, car Mistrau[1] l'avait enlevé, et il ne retrouva que son grappin et des bouts d'amarres à moitié pourris. Il entra dans sa cabane qui avait aussi bien souffert du vent et de l'hiver, et il se mit à fouiller dans les poches de sa vareuse pour voir s'il n'y découvrirait pas quelque pièce de cent sous ; mais il eut beau retourner les poches, il n'y avait pas même une pauvre pièce de deux sous : il n'y restait plus que la vieille tabatière que son beau-frère lui avait donnée. Il se mit à la regarder et fut sur le point de la jeter dans un coin, mais il pensa qu'elle contenait peut-être du tabac, et il l'ouvrit pour voir. Dès qu'il eut touché au couvercle, il entendit une petite voix qui disait :

— Maître, qu'y a-t-il pour votre service ?

— Ce qu'il y a pour mon service ? murmura le pêcheur bien ébahi d'ouïr parler sans voir personne, il y a beaucoup

1. Vent du nord.

de choses ; pour le moment, je voudrais bien une table avec un bon dîner dessus.

Aussitôt se dressa devant lui une table couverte de pain et de viandes ; il y avait aussi des bouteilles de vin, et même le café et l'eau-de-vie n'étaient pas oubliés. Le pêcheur, qui avait jeûné depuis quelques jours, mangea de bon appétit, puis quand il n'eut plus faim, il rouvrit sa tabatière et lui ordonna de le transporter dans la chambre où dormait la fille du roi. Aussitôt il s'éleva doucement au-dessus des nuages, comme s'il était porté sur les ailes des vents ; bientôt il fut déposé sur un lit bien souple, et il vit à côté de lui une princesse belle comme un jour et qui dormait si tranquillement qu'on entendait à peine son souffle. Le pêcheur resta en extase à la regarder, et au matin il rouvrit sa tabatière pour retourner à sa cabane avant le réveil de la princesse. Pendant trois jours, il se fit servir de bons repas, et pendant trois nuits il resta à regarder la fille du roi qui dormait ; plus il la regardait, plus elle lui plaisait ; mais il ne voulait point la réveiller, de peur de l'effrayer et de lui faire de la peine.

Cependant le père de la princesse fit publier à son de trompe dans tout son royaume et dans les pays voisins, que sa fille était en âge d'être mariée, et qu'il la donnerait à celui qui lui amènerait la plus grande quantité de grains ; car la récolte avait été mauvaise et ses sujets étaient menacés de la famine. De tous côtés on voyait sur les routes des chargements de grains, et des navires dont la cale était remplie de blé. Le jeune pêcheur fut content d'apprendre la promesse du roi ; car il pensait que grâce à sa tabatière, il pourrait peut-être devenir le mari de la princesse qui lui plaisait tant. Il ouvrit sa tabatière et lui demanda des charrettes chargées dc blé avec de vigoureux attelages et des charretiers pour les conduire, et tout cela en si grand nombre que personne ne pût en amener autant. Aussitôt, à perte de vue, les routes furent couvertes de chariots et le pêcheur les amena au roi, qui trouva qu'à lui seul il apportait plus de grain que tous les autres ensemble. Il fut déclaré vainqueur, et huit jours après il épousa la princesse qui n'en fut point marrie, parce qu'il était joli garçon.

Le lendemain de ses noces, il ouvrit sa tabatière, et lui demanda un beau château qui serait suspendu au ciel par quatre chaînes d'or au-dessus du palais de son beau-père. Aussitôt il vit dans le ciel un château suspendu par des chaînes d'or : il était si beau que jamais on n'avait vu son pareil, et il brillait comme s'il avait été tout en or. Quand le roi vit ce bel édifice qui reluisait au soleil, il demanda à son gendre ce que cela pouvait être.

— Sire, répondit le pêcheur, c'est mon château que mes ouvriers invisibles ont bâti cette nuit au bas de votre jardin. Si vous voulez venir le visiter vous verrez que rien n'y manque.

Le roi embrassa son gendre, car il était ravi de lui voir un aussi beau château, et, quand il l'eut visité de la cave au grenier, il lui proposa de faire une partie de chasse, et ils se mirent en route tous les deux.

Cependant un des anciens amoureux de la princesse entra au château suspendu par des chaînes d'or pour le visiter, et il aperçut dans un coin une vieille tabatière tout usée. Bien étonné de la voir en ce lieu, il voulut l'ouvrir pour savoir ce qu'il y avait dedans : aussitôt il entendit une petite voix qui disait :

— Maître, qu'y a-t-il pour votre service ?

— Ce qu'il y a pour mon service ? répondit le seigneur ; je veux que le château soit transporté à plus de quatre cent cinquante lieues d'ici.

À l'instant, il sentit le château remuer ; et il le vit passer au-dessus des grandes forêts et des vastes mers qu'il traversait en un clin d'œil. Enfin, il le vit s'arrêter au milieu d'un pays où, aussi loin que l'œil pouvait porter, on n'apercevait âme qui vive.

*

* *

En revenant de la chasse avec son beau-père, le jeune pêcheur arriva sur un tertre d'où il pensait qu'il apercevrait son château ; mais il fut bien surpris de ne plus le voir. Il tâta ses poches et vit qu'il avait oublié sa tabatière. Le roi, voyant que le château avait disparu, entra dans une grande colère, et il jura sa parole de roi que, si avant deux mois son gendre ne lui ramenait pas la princesse, il le ferait écarteler par quatre chevaux.

Le pêcheur était bien triste ; mais il pensa que ses beaux-frères pourraient lui aider, et il se mit en route pour aller les voir. Il commença par aller trouver le roi des Poissons ; en entrant au palais, il embrassa sa sœur qui était heureuse comme une princesse qu'elle était, et, ayant raconté son malheur à son beau-frère, il lui demanda s'il n'avait pas entendu parler d'un château suspendu au ciel par quatre chaînes d'or.

— Non, répondit le roi des Poissons, je n'en ai point eu connaissance ; mais attends, je pense que dans un instant je pourrai te dire où il est.

Il plongea dans la mer, et il assembla tous ses sujets, depuis la baleine jusqu'à la puce de mer, et il leur demanda s'ils n'avaient point vu un château suspendu par quatre chaînes d'or ; mais ils déclarèrent tous que c'était la première fois qu'ils en entendaient parler. Comme le roi finissait de les interroger, il vit arriver un vieux Marsouin qui avait essuyé bien des coups de feu, et bien des tempêtes :

— Et toi, Marsouin, lui demanda le roi, n'as-tu pas vu le château suspendu en l'air par quatre chaînes d'or ?

— Non, répondit-il, je ne l'ai pas vu ; mais comme je me jouais sur les vagues, j'ai rencontré un aigle qui m'a parlé d'un château suspendu par quatre chaînes d'or ; un mariage doit y être célébré dans huit jours, et on y amène tant de viandes pour les invités que l'aigle m'a dit que jamais il n'avait mangé autant.

Le roi des Poissons remercia le vieux Marsouin, puis il sortit de la mer et vint raconter à son beau-frère ce qu'il avait appris.

Le pêcheur le remercia, puis il partit aussitôt pour aller voir son autre beau-frère, le roi des Oiseaux. En arrivant à son palais, il embrassa sa sœur, et, ayant raconté ses aventures au roi des Oiseaux, il lui demanda s'il n'avait pas ouï parler d'un château suspendu au ciel par quatre chaînes d'or. Le roi assembla ses sujets, et leur demanda s'ils avaient vu le château ; l'aigle répondit :

— Oui, je l'ai vu ; il brille comme de l'or, et un mariage doit y être célébré dans huit jours ; ce sera une belle noce, car dès maintenant il y a tant de viandes de toutes sortes qu'hier j'ai pu en manger tant que j'ai voulu.

— Pourrais-tu, demanda le roi, transporter un homme jusque-là ?

— Oui, répondit l'aigle ; mais auparavant il faut que je mange beaucoup, car la route sera longue.

Pendant toute la nuit on servit des viandes à l'aigle, et il s'en reput jusqu'au jour. Le matin venu, il prit sur son dos le jeune pêcheur, et s'envola pour aller au château suspendu par des chaînes d'or.

Pendant plusieurs heures, l'aigle vola sur une grande mer, si grande qu'on n'y voyait ni terre, ni île, rien que le ciel et l'eau ; mais comme ses forces faiblissaient, il déposa le pêcheur sur un rocher que la marée venait de laisser à découvert, puis il partit à tire-d'aile pour le château des quatre chaînes d'or, afin de s'emplir à nouveau le ventre de viandes, et de pouvoir reprendre l'homme sur son dos.

Le pêcheur resta seul sur le rocher, et le temps lui sembla long, car l'aigle ne revenait point et il savait que la marée haute recouvrait le rocher. Cependant la mer montait, montait, et le pêcheur avait beau regarder de tous ses yeux, il ne voyait point revenir l'aigle. Il se mit debout sur la pointe la plus élevée du rocher ; bientôt l'eau vint l'y trouver, elle baigna ses pieds, puis son genou, elle atteignit sa taille, puis ses épaules, et il ne voyait rien venir. Au moment où la vague lui arrivait jusqu'au menton, l'aigle parut ; et l'ayant pris sur son dos, il le déposa dans la cour du château où les noces devaient être célébrées le lendemain.

*

*   *

La femme du pêcheur était à sa fenêtre : elle reconnut son mari et fut bien heureuse de le voir, car elle l'aimait bien, et c'était contre son gré qu'elle l'avait quitté. Elle trouva moyen de lui parler secrètement et lui dit :

— Le seigneur qui m'a enlevée ne quitte jamais la tabatière magique, et tous les soirs en se couchant, il la met sous son oreiller, de sorte qu'il est malaisé de la prendre sans l'éveiller. Il faut que l'aigle aille trouver le mari de ta troisième sœur qui commande aux rats et aux souris, afin qu'il ordonne à quelques-uns de ses sujets de venir ici. Quand le seigneur ronflera, une petite souris ira lui fourrer la queue dans sa bouche entrouverte ; alors il toussera, et pendant qu'il sera sur son séant, tu pourras rentrer en possession de la tabatière.

L'aigle se hâta d'aller au pays des rats et des souris, et il ne tarda pas à revenir, apportant sur son dos une petite souris qui avait la mine fine comme tout, et un gros rat à longue queue. La nuit suivante, dès que le seigneur, qui avant de se coucher avait placé sous son oreiller la tabatière magique, se mit à ronfler, la petite souris lui fourra sa queue dans la bouche ; mais elle n'était pas assez longue et, sans se réveiller, l'homme la lui serra si fort qu'elle crut qu'il la lui avait écourtée ; elle se mit à *cuiter*, et il desserra les dents : aussitôt elle courut raconter à la femme du pêcheur qu'elle n'avait pu réussir parce que sa queue était trop courte. Alors la dame ordonna au gros rat d'essayer à son tour ; il prit si bien ses mesures qu'il fourra sa queue jusque dans la gorge du seigneur. Celui-ci s'éveilla en sursaut, à moitié étranglé, et il se mit sur son séant, toussant et crachant comme s'il était prêt à rendre l'âme.

Pendant ce temps, le pêcheur, qui était caché auprès du lit, avait passé la main sous l'oreiller et s'était saisi de la tabatière. Il l'ouvrit aussitôt et entendit une petite voix qui lui disait :

— Maître, qu'y a-t-il pour votre service ?

— Je voudrais, répondit le pêcheur, que mon château soit de nouveau transporté dans le jardin de mon beau-père, à la place où il se trouvait avant que ce scélérat m'eût enlevé ma tabatière.

À l'instant il sentit que le château était soulevé et transporté dans les airs ; il le vit passer au-dessus des vastes mers et des grandes forêts qu'il traversait en un clin d'œil, et bientôt il fut posé immobile dans le jardin du roi, en face de son palais.

Le roi, qui s'éveillait en ce moment, se mit à la fenêtre et revoyant le château suspendu par quatre chaînes d'or entre le ciel et la terre, il se frotta les yeux, croyant qu'il avait la berlue ; mais il vit venir son gendre et sa fille qui l'embrassèrent et lui racontèrent ce qui était arrivé.

Il en fut bien joyeux, et pour punir celui qui s'était emparé de la tabatière magique, il le fit écarteler par quatre chevaux. Il y eut de grandes réjouissances pour célébrer le retour de la princesse, et le pêcheur vécut heureux avec elle ; mais il avait soin, de peur d'un nouvel accident, de porter toujours avec lui la tabatière enchantée*.

---

* Conté, en 1881, par Élie Ménard, de Plévenon, « Le château suspendu dans les airs » est paru dans le tome III des *Contes populaires de la Haute-Bretagne* et a été repris par Paul Sébillot dans ses *Contes de terre et de mer* et dans ses *Contes des provinces françaises*. Il s'agit d'une version du conte-type 552 (« Les filles mariées à des animaux ») complétée par le conte-type 560 (« L'anneau magique ») et de l'unique version du conte-type 552 recueillie en Haute-Bretagne (Luzel n'en a recueilli lui-même, sous le titre « Le lièvre argenté », qu'une version très altérée).

LA PRINCESSE AUX PÊCHES

Au temps des contes d'autrefois, vivait un roi qui n'avait qu'une fille : à la naissance de la princesse, une fée prédit qu'elle aurait pour mari un homme qui lui apporterait un panier de pêches, les plus belles qui fussent dans le royaume. Dès son enfance, la fille du roi se fit remarquer par un goût prononcé pour ce fruit, qu'elle préférait à tous les autres.

Quand elle fut en âge de se marier, le roi fit publier partout qu'il donnerait sa fille en mariage à celui qui apporterait la plus belle pannerée de pêches, et qui accomplirait ensuite trois épreuves difficiles.

Non loin du château se trouvait une grande ferme dont le jardin contenait des pêches des plus belles espèces, et à vingt lieues à la ronde il n'y en avait pas de mieux soignées.

Quand le seigneur auquel appartenait la ferme eut connaissance de la promesse du roi, il ordonna qu'on lui cueillît un panier des pêches les plus veloutées, les mieux en point et les plus appétissantes ; il prit soin lui-même de les envelopper dans des feuilles de vigne pour les préserver de tout ce qui aurait pu les meurtrir et altérer leur beauté.

Comme il se rendait au château du roi, vêtu de ses habits du dimanche et le panier au bras, il rencontra sur sa route une vieille femme habillée comme une mendiante, qui lui dit :

— Que portez-vous avec tant de précautions, mon beau seigneur ?

— Des cornes, la vieille, répondit le noble d'un ton arrogant.

— Ainsi soit-il, dit la bonne femme.

Le seigneur arriva au palais, et fut introduit en présence du roi auquel il fit, en lui offrant son présent, une gracieuse révérence. Il souriait complaisamment en se regardant dans une glace, et il pensait que le roi allait le complimenter. Mais quand on ouvrit le panier, au lieu d'y trouver des pêches appétissantes et fraîches, on y vit des cornes de bouc qui sentaient si mauvais que chacun se bouchait le nez. Le roi crut que le seigneur avait voulu se moquer de lui, et il le chassa de sa cour avec défense de jamais y reparaître.

Le lendemain, le fils de la fermière se mit en route à son tour après avoir cueilli d'autres pêches qui avaient mûri dans la nuit ; sur le bord du chemin il rencontra aussi la vieille femme qui lui demanda :

— Qu'y a-t-il dans votre panier, mon joli garçon ?

— Des crottes de brebis, répondit-il insolemment.

— Ainsi soit comme vous l'avez dit.

Quand le gars ouvrit son panier pour montrer ses pêches au roi, il ne contenait plus que des crottes de brebis, et le prince, encore plus fâché que la veille, ordonna à ses domestiques de mettre à la porte ce malappris, et de le traiter de manière à lui ôter l'envie de jouer de pareils tours à son seigneur. Le jeune homme revint à la ferme tout penaud et les épaules meurtries des coups qu'il avait reçus, car les gens du roi n'y allaient pas de main morte.

Il y avait à la ferme un petit garçon qui gardait les vaches, et dont chacun se moquait parce qu'il n'avait point de défense, et qu'on le croyait innocent. Il vint demander à la fermière la permission de cueillir des pêches : mais elle partit d'un grand éclat de rire dès qu'elle l'entendit parler.

— Ah ! dit-elle, voici le restant de mon écu ; je pense que ce garçon est fou de vouloir prétendre à la fille du roi, alors que son seigneur et mon gars n'ont pu y réussir.

— Laissez-moi tenter l'aventure, ma bourgeoise, repartit le berger : j'ai comme une idée que cela ne tournera point aussi mal que vous le croyez.

— Eh bien ! j'y consens, mais si tu es maltraité, personne ne te plaindra, car tu as été averti.

Le pâtour cueillit des pêches qu'il choisit une à une, leur fit un matelas de mousse et de feuilles pour empêcher qu'elles fussent meurtries, et vêtu de ses habits des dimanches, il se mit en route son panier au bras, en marchant d'un pas posé.

La vieille mendiante vint aussi lui demander ce qu'il avait dans son panier pour le porter comme un saint sacrement.

— Des pêches, ma bonne femme : elles sont pour la fille du roi, mais comme j'en ai plusieurs douzaines, si vous avez envie d'en manger, je vous en donnerai quelques-unes avec plaisir.

— Tu es bien honnête, mon garçon ; j'accepte, et comme tu t'es montré bienveillant à l'égard d'une pauvre vieille chercheuse de pain, je vais te faire à mon tour un présent. Voici une petite baguette blanche qui te procurera ce que tu désireras ; mais prends bien garde à tes souhaits, car son pouvoir est limité et tu ne pourras t'en servir que trois fois. Va, et si tu sais te conduire, tu épouseras la fille du roi.

Avant de quitter la bonne femme, le jeune gars la remercia de sa bonté, puis, continuant sa route, il arriva au palais du roi. Quand celui-ci vit venir ce jeune pâtour qui n'était pas des mieux habillés, il crut avoir affaire comme les jours précédents à un mauvais plaisant, et il refusa d'abord de l'admettre en sa présence ; mais on lui dit que le jeune gars avait l'air doux et poli, et il ordonna de l'introduire, en jurant que s'il avait l'audace de lui jouer une farce, il l'en ferait repentir pendant toute sa vie. Mais quand il eut soulevé le couvercle du panier, il aperçut les pêches les plus belles qu'il eût encore vues.

Il était si content qu'il appela la princesse pour les lui montrer : elle était faite au tour, et le berger la regardait avec admiration, et ne pouvait en détacher ses yeux.

Le roi, qui remarqua les regards du jeune garçon, lui dit :

— Je vois que ma fille te plaît ; tu as apporté des pêches superbes, et je ne pense pas qu'il y en ait au monde de plus belles ; mais il te reste à accomplir les épreuves que je t'indiquerai, et qui me feront voir si c'est toi que les fées ont destiné à devenir mon gendre. Pour aujourd'hui, il faut que tu te procures une charrette qui n'ait point été fabriquée par un charron ; tu y attelleras des chevaux qui n'auront jamais mangé d'herbe ; et tu m'amèneras les hommes qui se rencontreront sur ta route avant le coucher du soleil.

*

* *

Le pâtour sortit après avoir salué respectueusement le roi et jeté un regard à la princesse ; quand il fut un peu éloigné du château, il frappa avec sa baguette sur le bois d'un échalier, en souhaitant qu'il fût transformé en une charrette légère, ce qui s'accomplit à la minute. Il aperçut dans le haut d'un châtaignier deux écureuils qui grignotaient des châtaignes ; il donna deux coups sur le tronc de l'arbre et désira deux chevaux avec leur harnais et tout ce qu'il fallait pour les conduire. Les deux écureuils descendirent et, quand ils arrivèrent auprès de la charrette, c'étaient deux beaux chevaux roux bien harnachés, et il se hâta de les atteler.

Il monta dans la charrette que les chevaux se mirent à traîner d'un pas rapide, sans qu'il eût besoin de se servir du fouet, car ils obéissaient à la voix.

Le premier homme qu'il rencontra essayait de changer de place une église qu'il trouvait trop rapprochée d'une bouse de vache ; il suait à grosses gouttes, mais il était déjà parvenu à déranger l'énorme édifice. Le jeune gars l'invita poliment à monter dans sa charrette, et il accepta son offre sans se faire prier.

Un peu plus loin, le pâtour vit un homme couché par terre, et qui approchait l'oreille du sol comme pour écouter.

— Que fais-tu là ? lui demanda-t-il.

— J'entends l'avoine qui lève.

— Viens avec moi.

L'homme sauta lestement dans la charrette, et le jeune gars, continuant son voyage, aperçut un autre homme qui se gonflait les joues et soufflait comme on fait quand on trouve la soupe trop chaude :

— Pourquoi souffles-tu ainsi, l'ami ?

— C'est pour faire tourner les ailes du moulin de mon meunier qui est à sept lieues d'ici.

— Viens avec nous, lui dit-il.

Le souffleur accepta de prendre place à côté des autres. Comme on arrivait à une côte rapide, le jeune garçon laissa ses chevaux la monter au pas ; il vit un homme qui crachait par terre, et son crachat se transformait en verglas, puis un autre voyageur qui portait sur son dos un bissac dont l'une des poches enfermait la nuit et l'autre le jour ; tous les deux consentirent à monter dans la charrette, et le bignet se disait avec joie que les talents divers de tous ces gens pourraient lui être d'un grand secours si le roi lui imposait quelque nouvelle épreuve.

Il rencontra enfin un guerrier dont le sabre pouvait trancher à sept lieues de distance ; il l'invita à se joindre à ceux qui étaient déjà dans la charrette, et, comme à ce moment le soleil allait se coucher, il fit reprendre à son attelage le chemin du château, où, dès son arrivée, il présenta au roi les gens qu'il avait recueillis sur la route.

— C'est bien, dit le prince, je suis content de toi : demain tu auras encore autre chose à faire. J'enverrai à une ville éloignée d'ici des pigeons, en donnant l'ordre de les faire repartir dès leur arrivée ; un peu plus tard, je lâcherai une seconde volée de pigeons qui iront au même endroit, et il faudra, pour que je te tienne quitte de cette seconde épreuve, que les derniers partis soient ici les premiers.

Le lendemain, dès qu'il fut jour, le bignet se mit en route avec sa charrette où montèrent les gens qu'il avait recueillis la veille. Bientôt, il vit passer au-dessus de sa tête les pigeons que le roi avait lâchés ; un peu après, la seconde bande traversa les airs.

Quand elle fut hors de vue, il ordonna à celui qui entendait l'avoine lever, de se coucher par terre, et de lui dire si les oiseaux étaient en route pour revenir.

L'homme écouta quelque temps, puis il dit :

— Ils sont partis et j'entends le bruit de leurs ailes : la première bande a trois lieues d'avance sur la seconde.

Alors le jeune gars commanda à celui dont le souffle faisait tourner les moulins, d'enfler sa bouche et de souffler : le premier *volier* de pigeons fut repoussé à quatre lieues en arrière, et ceux qui étaient partis les derniers, ayant alors sur les autres une avance d'une lieue, furent les premiers arrivés au pigeonnier du château.

Le roi félicita le berger de son nouveau succès, et lui indiqua la troisième épreuve.

— Demain, dit-il, une bataille se livrera dans une grande plaine, entre mes troupes et celles de mes ennemis qui sont bien supérieures en force : il faudra que grâce à toi mon armée soit victorieuse.

Dès que parurent les premières lueurs du jour, l'amoureux de la princesse attela sa charrette, et, accompagné de ses gens, arriva sur le champ de bataille, au moment où les deux armées se rangeaient pour engager le combat.

Par son ordre, celui dont le crachat produisait du verglas se mit à cracher sur le terrain qui se trouvait devant la cavalerie ennemie, et il le rendit si glissant que les chevaux tombaient pêle-mêle par terre et ne pouvaient avancer.

L'homme au bissac fit sortir la nuit qu'il tenait enfermée dans un des côtés de sa besace, et enveloppa les ennemis d'une obscurité si profonde que c'est à peine s'ils apercevaient la pointe de leurs lances ; l'armée du roi était en pleine lumière, et le guerrier dont l'épée tranchait à sept lieues de distance coupait les ennemis par le milieu du corps, faisait voler les têtes et les bras, et en peu d'instants la grande armée des adversaires du roi fut détruite.

Quand le pâtour vit que cette troisième épreuve était accomplie, il commanda à sa baguette de lui donner le costume et l'air d'un seigneur. Il se hâta de revenir au château du roi, et il avait si bonne mine que la princesse le trouva fort à son goût et ne fit aucune difficulté de l'épouser.

Il y eut de grandes noces à l'occasion de ce mariage : peu après le roi mourut, et son gendre qui lui succéda régna heureusement pendant de longues années, au grand contentement de ses sujets*.

* Conté en 1878, par Jean Bouchery, de Dourdain, « La princesse aux pêches » est parue dans le tome I des *Contes populaires de la Haute-Bretagne* et a été repris par Paul Sébillot dans ses *Contes de terre et de mer*. Il s'agit d'une version du conte-type 513 (« Le bateau qui va sur terre comme sur mer ») commençant par le conte-type 570 (« Le troupeau de lapins ») dont Paul Sébillot a recueilli quatre autres versions (voir notamment « Jean de l'Ours » dans sa *Littérature orale de la Haute-Bretagne*).

LE ROI DES CRAPAUDS ET LA REINE DES GRENOUILLES

Au temps jadis il y avait au Moulin de la Mer, en la paroisse de Matignon, un meunier qui fut obligé de cesser d'habiter la maison auprès de son moulin : toutes les nuits les crapauds et les grenouilles venaient se battre sur le bord de l'étang, et ils faisaient un tel vacarme qu'il était impossible de fermer l'œil dans le voisinage.

Cela dura dix-huit mois, et comme le bruit s'en répandit dans le pays, il venait des gens de très loin pour voir la bataille des Crapauds et des Grenouilles.

Parmi ceux qui vinrent alors au Moulin de la Mer se trouvait un homme qui comprenait le langage des crapauds et des grenouilles ; il dit au meunier :

— Si vous voulez, je vous débarrasserai des grenouilles et des crapauds qui vous empêchent de dormir la nuit dans votre moulin.

— Ah ! répondit le meunier, j'en serais bien aise : combien me demandez-vous pour cela ?

— Cent francs, dit l'homme.

— Si vous pouvez m'en débarrasser, ce n'est pas cent francs, c'est mille francs que je vous donnerai.

Le meunier emmena l'homme au moulin ; quand vint le soir, les grenouilles commencèrent à coasser dans l'étang, et les crapauds descendaient la montagne en faisant entendre leur cri ; ils se battirent, et le combat avait lieu partout, sur la chaussée, dans l'étang, dans la cour du moulin, et jusque dans la maison.

L'homme qui entendait le langage des bêtes ne disait rien et écoutait. Quand le combat fut terminé, il dit au meunier :

— Savez-vous la cause de cette bataille ?

— Non.

— C'est une guerre qu'il y a entre les Crapauds et les Grenouilles ; le roi des Crapauds est devenu amoureux de la reine des Grenouilles et l'a demandée en mariage ; mais elle a refusé, et c'est pour cela qu'a lieu tout ce carnage. Mais demain, si vous voulez, je prendrai la reine des Grenouilles.

— Comment ferez-vous ?

— Peu vous importe ; avez-vous un filet un peu grand ?

Le meunier lui donna un filet grand comme un carrelet ; l'homme qui entendait le langage des bêtes le graissa avec une pommade qu'il avait dans une petite bouteille, puis il tendit son carrelet, et la reine des Grenouilles vint s'y prendre. Elle pesait plus de dix livres et elle était toute verte : elle avait les yeux comme des verres de montre et les pattes aussi grosses que les mains d'un homme de grande taille. Ils furent bien étonnés de la voir, et le meunier en eut peur.

La reine des Grenouilles dit à l'homme qui avait tendu le carrelet :

— Ah ! pêcheur, pourquoi ton filet m'a-t-il prise ?

— Parce que je voulais t'avoir en ma puissance, répondit-il.

— Qui t'a dévoilé le secret que tu as ?

— C'est le père Lampoudrie.

— Ah ! s'écria-t-elle, c'est mon grand ennemi ; mais prends garde, si tu ne me mets pas à aller, le moulin n'aura plus jamais d'eau.

— Avant de t'en aller, dit le meunier qui n'avait pas encore parlé, il faut que tu me promettes de faire cesser la guerre ; il y a trop longtemps que tu me fais du tort, et que toutes les nuits tu m'empêches de dormir.

— Pourquoi, reprit l'autre homme, n'épouses-tu pas le roi des Crapauds ?

— Jamais, s'écria-t-elle, je ne consentirai à me marier avec lui : il est trop laid.

— Je vais t'emporter chez moi, dit le meunier.

— Si tu me laisses une heure sans eau, dit la Grenouille, je mourrai, et jamais ton moulin ne moudra plus.

Le meunier apporta une grande cuve pleine d'eau et y mit la Grenouille.

Quand vint le soir, voilà les grenouilles qui se mettent à coasser, les crapauds à descendre la montagne, et le combat recommença ; dès que la reine des Grenouilles aperçut le roi des Crapauds, elle fit un saut de plus de dix pieds et s'élança sur son ennemi ; pendant toute la nuit il y eut encore un grand carnage de Crapauds et de Grenouilles, et la bataille ne cessa qu'avec le jour.

Le lendemain, l'homme qui comprenait le langage des animaux revint au moulin ; il graissa de nouveau son filet, et la reine des Grenouilles vint s'y prendre ; mais cette fois elle fut obligée de promettre d'épouser le roi des Crapauds, pour faire cesser la guerre. On alla chercher le roi des Crapauds qui arriva tout joyeux de cette bonne nouvelle.

Quand elle le vit, elle lui dit :

— Ah ! Crapaud, comment veux-tu que je t'épouse, toi qui es si laid !

— Si je suis laid, répondit-il, je ramasse le venin de la terre et je purifie l'eau qui te nourrit[1].

La reine des Grenouilles promit au roi des Crapauds de se marier avec lui le lendemain :

— Ah ! disait-elle, depuis que la guerre dure, j'ai déjà perdu plus de dix mille grenouilles.

— Et moi, répondit le Crapaud, plus de vingt mille de mes sujets sont morts à la guerre.

Ils invitèrent à leur noce le meunier et la meunière, en leur disant :

— Après la noce, nous vous donnerons une récompense.

Le lendemain soir, le roi des Crapauds arriva le premier sur le bord de l'étang accompagné de tous ses sujets ; il s'était fait beau pour le mariage : il avait les yeux rouges et le corps couvert de boutons gros comme des œufs de poule ; c'était là sa beauté et il avait mis son plus bel habit. La reine des Grenouilles se présenta à son tour, qui était bien belle aussi : elle avait mis sa plus belle robe verte et ses yeux étaient gros comme des verres de montre, et toutes les grenouilles chantaient parce que la guerre était finie.

Le repas eut lieu au bord de l'étang ; il y avait des mets et des friandises à la mode des Crapauds et des Grenouilles : une table était dressée pour le meunier, la meunière et l'homme qui entendait le langage des bêtes, et il y avait dessus tout ce qu'on peut désirer de meilleur comme nourriture et comme boisson.

Quand le repas fut terminé, les Crapauds invitèrent les Grenouilles à danser, et la danse dura jusqu'au matin. Lorsqu'elle fut terminée, le Crapaud dit au meunier :

— C'est toi qui es cause que j'ai épousé la reine des Grenouilles ; pour ta récompense, je chasserai de sur tes terres

1. Les crapauds passent pour prendre le mauvais air.

tous les *v'lins*[2], je les empêcherai de ravager tes champs, et tu auras toujours de bonnes récoltes.

La reine des Grenouilles lui dit :

— Meunier, pour te récompenser de m'avoir laissé la vie, tu auras toujours de l'eau dans ton étang et du blé dans ton moulin, et je vais te découvrir un trésor qui a été caché, il y a deux cents ans, par un autre meunier.

Le roi des Crapauds et la reine des Grenouilles lui montrèrent le trésor, puis ils s'en allèrent ensemble : depuis ce temps le meunier fit toujours de bonnes affaires, et il ne revit plus jamais le roi des Crapauds et la reine des Grenouilles[3]*.

2. Reptiles.

3. Conté en 1880, par Rose Renaud, de Saint-Cast. Elle tient ce conte de Marie-Jeanne Carfantan, âgée de quarante-cinq ans, femme de Mathurin Renault, laboureur à Saint-Cast. Marie-Jeanne Carfantan, née et élevée à Henanbihen, canton de Matignon, avait appris ce conte de son grand-père.

* « Le roi des crapauds et la reine des grenouilles » est paru dans le tome II des *Contes populaires de la Haute-Bretagne* (*Contes des marins*) et a été repris dans les *Cuentos bretones*.

JEAN DES MERVEILLES

Il était une fois un petit garçon qui n'avait plus ni père ni mère, rien que sa vieille grand-mère. Elle n'était pas bien riche, mais elle l'éleva tout de même de son mieux. Elle l'envoya à l'école quand il fut en âge d'y aller ; il y apprenait tout ce qu'il voulait, car il avait bonne volonté ; c'était le modèle de la classe, et il écrivait aussi bien que son maître.

Un jour qu'il y avait une assemblée dans un bourg des environs, sa grand-mère lui dit d'y aller se divertir avec les autres, et elle lui donna des pièces de deux sous pour acheter ce qui lui plairait.

Il se mit en route avec ses camarades ; à un moment où il s'était un peu éloigné des autres, ils virent sur le bord du chemin une pauvre vieille bonne femme qui était assise sur la banquette et avait l'air d'une chercheuse de pain ; mais, au lieu d'avoir pitié d'elle, les petits garçons se mirent à l'appeler sorcière et à lui jeter de la boue, si bien que la vieille ne savait où se fourrer.

En accourant pour rejoindre les autres, Jean vit ce qu'ils faisaient.

— N'avez-vous pas honte, s'écria-t-il, de jeter de la boue à une personne qui ne vous dit rien ? Laissez-la tranquille, ou vous aurez affaire à moi.

Il aida la vieille à se relever et lui dit :

— Ils vous ont fait mal, pauvre vieille grand-mère ?

— Oui, répondit-elle ; toi, tu es meilleur qu'eux, tu seras récompensé et eux punis.

Le voilà qui continue sa route avec les autres ; en arrivant à l'assemblée, ils rencontrèrent une marchande de fruits et ils lui achetèrent des noix qu'ils se mirent à manger. Jean en ouvrit une avec son couteau, et quand il eut tiré ce qu'il y avait dans la coque, il la jeta.

— Que fais-tu ? dit la marchande ; tu jettes la coque de noix ?

— Oui, répondit-il ; j'ai mangé ce qu'il y avait dedans et elle n'est plus bonne à rien.

— Ramasse-la, dit la marchande, tu pourras lui commander ce que tu voudras, quand même ce serait d'être invisible.

Jean mit la coque de noix dans sa poche, et il continua à se promener dans l'assemblée avec ses camarades. Ils s'amusèrent de leur mieux ; mais pour s'en revenir chez eux, il fallait traverser une rivière ; pendant qu'ils étaient à se divertir, elle avait débordé et était devenue comme un lac. Ils s'arrêtèrent sur le bord, bien embarrassés comment la traverser.

Jean pensa tout à coup à sa coque de noix. Il faut, se dit-il, que je sache si la marchande s'est moquée de moi :

— Coque de noix, deviens un beau navire, et envoie un canot pour nous passer tous.

Aussitôt il vit un navire ; un canot prit à son bord Jean et ses compagnons, et ils passèrent rapidement de l'autre côté du lac.

— Coque de noix, dit Jean, reviens à ton état naturel.

Il la ramassa dans sa poche, et quand il fut rentré à la maison, il raconta à sa grand-mère qu'il avait une coque de noix qui prenait toutes les formes qu'on voulait.

— Ah ! mon pauvre petit gars, dit la vieille qui était un peu avare ; si cela est vrai, commande-lui de se changer en un coffre plein d'or.

— Coque de noix, commanda Jean, deviens un coffre rempli d'or.

Aussitôt, au lieu de la coque de noix, il y eut dans la cabane un coffre rempli d'or ; la grand-mère en souleva le couvercle et vit qu'il était plein de louis tout neufs ; elle en prit un dans sa main ; mais elle ne put parvenir à en tirer un second ; les pièces d'or semblaient collées l'une à l'autre, et elle mouilla sa chemise sans pouvoir en ramener une seule, ce dont elle était bien marrie. Jean prit aussi une pièce qu'il mit dans sa poche ; mais il ne put en tirer une seconde.

La nuit venue, ils se couchèrent ; mais la bonne femme ne put fermer l'œil ; à chaque instant elle croyait entendre des voleurs qui venaient pour enlever le coffre. Le lendemain, elle dit à Jean des Merveilles :

— Je vais t'acheter un pistolet ; tu veilleras cette nuit, et moi je dormirai un peu.

La nuit venue, Jean se mit à monter la garde ; mais sa grand-mère à peine endormie se réveilla en sursaut et s'écria :

— As-tu tué le voleur ?

— Non, grand-mère ; il n'est venu personne.

— Ah ! dit-elle, j'avais pourtant cru en entendre un rouler par terre.

Tous les jours ils prenaient chacun une pièce d'or ; mais ils ne pouvaient en avoir une seconde.

*

* *

Cependant Jean des Merveilles entendit parler de la fille du roi qui avait été enlevée et transportée dans une île de la mer ; le roi promettait de la donner en mariage à celui qui réussirait à la délivrer ; beaucoup de navires étaient partis pour tenter l'aventure, mais aucun n'était revenu.

Jean dit à sa grand-mère :

— Je voudrais bien aller délivrer la fille du roi ; je pense que je pourrai le faire à l'aide de ma coque de noix, et cela nous vaudrait mieux que ce coffre plein d'or où nous ne pouvons prendre qu'une pièce à la fois.

La grand-mère y consentit, et Jean dit :

— Coffre d'or, redeviens coque de noix.

Cela s'accomplit à la minute ; Jean ramassa la coque dans sa poche, et quand il arriva sur le bord de la mer, il la mit à l'eau et dit :

— Coque de noix, deviens un beau navire bien mâté, bien gréé, avec deux batteries, et des canonniers et des gabiers qui m'obéissent à la parole.

Aussitôt il vit un beau navire avec deux rangées de canons, qui masquait ses voiles comme pour attendre quelqu'un, et près du rivage, il y avait une baleinière toute dorée. Jean s'y embarqua, et aussitôt les hommes qui la montaient se mirent à nager aussi bien que les meilleurs canotiers de la flotte. Quand il arriva à bord du navire, l'équipage était rangé sur la lisse pour le recevoir ; aucun des hommes ne parlait ; mais ils lui obéissaient à la minute.

Il leur ordonna de conduire le vaisseau où la princesse était prisonnière ; aussitôt le navire déploya ses voiles et se mit en route, avant, tribord et bâbord, et il marchait comme le vent. Ils furent trois jours sans voir aucune terre ; le quatrième, ils aperçurent une île à perte de vue, et ils mirent le cap dessus. Comme Jean des Merveilles en approchait, il vit un navire, deux navires, trois navires ; il en compta jusqu'à quinze qui étaient auprès de l'île ; l'un d'eux s'avança vers lui. Il commanda la manœuvre à ses hommes ; mais, comme son navire n'avait pas hissé son pavillon, le corsaire qui venait à sa rencontre tira deux coups à blanc, puis un troisième à boulet.

— Ah ! commanda Jean des Merveilles, chargez la moitié des canons avec des boulets et l'autre moitié avec de la mitraille, et puis feu partout.

Mais ses hommes ne bougeaient pas, et il était si en colère que, de rage, il se serait bien roulé par terre. Le corsaire arriva et ses hommes sautèrent à l'abordage ; mais les matelots de Jean les laissaient monter à bord sans même essayer de leur résister.

Quand il vit cela, il songea à son pouvoir et dit :

— Coque de noix, deviens un petit navire où il y ait seulement place pour moi, et tire-moi de ce mauvais pas.

Aussitôt il se trouva dans une petite chaloupe, et les matelots qui étaient à bord se noyèrent ; au même instant, le chef des corsaires, qui était l'ennemi de la fée qui avait donné la coque de noix à Jean des Merveilles, fut changé en un gros chat noir qui lui dit :

— Tu as cent ans à être prince, et moi cent ans à rester chat.

Jean des Merveilles aborda l'île ; il délivra la princesse, et ordonna à son petit bateau de se changer en un beau navire. Il monta à bord avec la princesse, et fit un heureux voyage ; quand il arriva à Paris, le roi fut bien content de le voir et lui donna sa fille en mariage.

Il y eut à cette occasion des noces si copieuses que le lendemain sur toutes les routes on voyait des invités égaillés sur les *mètres* (tas) de pierres et ronflant comme des bienheureux*.

* Conté en 1880, par Joseph Macé, de Saint-Cast, mousse, âgé de treize ans, publié dans les *Contes populaires de la Basse-Bretagne*, tome III.

LES PETITES COUDÉES

Il était une fois un roi et une reine qui avaient deux filles ; l'une se nommait Aurore et l'autre Crépuscule. Aurore, qui était la plus jolie, avait toutes les préférences de ses parents et ils l'aimaient bien mieux que sa sœur.

Quand les deux princesses furent grandes et en âge de se marier, le roi et la reine donnèrent un bal magnifique où furent invités tous les princes et les seigneurs des environs. Au commencement de la soirée tous les jeunes gens demandaient à danser avec Aurore parce qu'elle était la plus belle ; comme elle n'était point aimable, ils ne dansaient qu'une fois avec elle ; mais ils ne pouvaient se lasser de la société de Crépuscule, qui avait tant de grâce et d'esprit qu'à la fin du bal chacun s'empressait autour d'elle, et la belle Aurore restait presque seule.

Le roi fut fâché de cette préférence, et il résolut de se débarrasser cette nuit même de Crépuscule, afin que ses galants fussent obligés de courtiser Aurore. À la fin du bal, il la fit venir et lui dit :

— Ma fille, vous allez partir à l'instant pour aller voir votre marraine la fée.

— Mais, mon père, répondit-elle ; il est nuit noire, je vais avoir peur toute seule par les chemins, et je suis lassée. Permettez-moi d'attendre à demain.

— Non, dit le roi, il faut que vous partiez tout de suite ; je vais vous donner pour la route un panier de provisions, et un de mes écuyers vous escortera.

Crépuscule monta à cheval, et l'écuyer l'accompagna.

*

* *

Quand ils eurent fait un bon bout de chemin, Crépuscule, qui était fatiguée d'avoir dansé, dit à son conducteur :

— Je voudrais bien dormir un peu, car je n'en puis plus.

Elle descendit de cheval, et comme ils étaient dans une forêt, l'écuyer ramassa de la mousse pour faire un lit à la princesse, et il mit sous sa tête le panier aux provisions pour lui servir d'oreiller.

Quand elle fut bien endormie, l'écuyer, auquel le roi avait ordonné d'égarer sa fille, monta à cheval et s'enfuit au galop.

En se réveillant, Crépuscule fut bien surprise de se trouver seule au milieu de la forêt ; elle appela son conducteur, mais il était bien loin et ne pouvait entendre ses cris. Pendant toute la journée elle essaya de retrouver sa route, mais le soir arriva avant qu'elle fût parvenue à sortir de la forêt. Quand elle avait faim, elle mangeait les provisions de son panier, et à la tombée de la nuit, elle monta dans un arbre pour voir si elle n'apercevrait pas quelque lumière ; mais elle ne vit rien, et, de peur des bêtes féroces, elle resta dans l'arbre jusqu'au jour.

Le lendemain elle marcha encore pour essayer de sortir de la forêt, mais elle ne put en trouver le bout ; au soir elle monta de nouveau dans un arbre pour tâcher de découvrir au loin quelque lumière ; mais elle n'en vit point, et, plus désolée encore que la veille, elle passa la nuit sur l'arbre.

*
* *

En s'éveillant le matin, elle aperçut tout au loin quelque chose qui brillait ; elle prit son panier et se mit en route ; plus elle approchait, plus cela devenait brillant ; cela paraissait comme un feu d'artifice de toutes couleurs et si éclatant qu'elle avait peine à le regarder.

Elle finit par arriver auprès d'un beau château en cristal ; elle resta émerveillée à le considérer et elle s'écria :

— Ah ! le beau château !

Elle frappa à la porte ; mais personne ne vint lui ouvrir ; elle frappa une seconde fois et ne vit rien ; mais la troisième fois elle entendit un petit bruit et de petites voix qui parlaient comme une musique.

À travers la porte de cristal, elle vit venir douze petites Coudées – c'étaient de mignonnes petites personnes qui n'étaient pas plus hautes que le coude. Six petites Coudées soulevèrent la clenche[1] et six autres tirèrent la porte en dedans pour l'ouvrir.

— Laissez-moi entrer dans votre château, leur dit Crépuscule ; je suis la fille d'un roi, et je me suis égarée dans la forêt.

1. Le loquet.

— Entrez, répondirent les petites Coudées, et venez demander à notre maîtresse la permission de rester chez elle.

Elles lui firent traverser une longue suite d'appartements, et l'amenèrent devant leur maîtresse ; c'était une belle Chatte blanche qui lui dit :

— Je veux bien vous recevoir dans mon château, mais à la condition que vous ne chercherez pas à en sortir et que jamais vous ne me désobéirez.

— Je le promets, répondit Crépuscule.

La Chatte blanche, qui pensait que la princesse devait avoir faim, donna l'ordre de servir un repas, et les petites Coudées allèrent chercher tout ce qu'il fallait pour manger : il y en avait quatre qui soutenaient un plat sur leurs épaules, trois qui portaient une bouteille de vin, et deux qui apportaient un verre. Et auprès de la Chatte blanche, il y avait beaucoup d'autres petites Coudées qui attendaient ses ordres.

Crépuscule se mit à table, et quand elle eut mangé tout à son aise, la Chatte blanche lui demanda si elle se trouvait bien.

— Ah ! oui, madame, répondit-elle.

— Hé bien, tous les jours vous serez servie ainsi ; maintenant, je vais vous montrer mon jardin.

Elle la conduisit dans un vaste enclos où se trouvaient les arbres les plus beaux qu'on pût voir et des fleurs de toute espèce :

— Vous voyez, dit la Chatte blanche, que mon jardin est grand ; vous pourrez vous promener partout à votre guise et y cueillir des fleurs et des fruits ; seulement je vous défends d'approcher de la pièce d'eau qu'on voit là-bas. Si vous me désobéissiez, je le saurais, et vous ne tarderiez pas à vous en repentir.

Crépuscule assura qu'elle s'en garderait bien, et tous les jours elle se promenait dans le jardin.

*

* *

Parfois pourtant elle ne pouvait s'empêcher de regarder du côté de la pièce d'eau, et la pensée même que c'était un endroit interdit lui donnait envie d'y aller ; mais elle n'osait.

Un jour que la Chatte blanche était en voyage, Crépuscule descendit au jardin suivant sa coutume, et en s'y promenant, elle se trouva, sans trop y avoir pensé, à peu de distance de la pièce d'eau.

— Ah ! se dit-elle, je vais la voir aujourd'hui puisque j'en suis si près ; il n'y a ici que les petites Coudées qui sont occupées dans le château, et la Chatte blanche n'en saura rien.

Elle s'approcha de la pièce d'eau, et dès qu'elle fut sur le bord elle vit des feuilles de nénuphar qui remuaient ; un serpent vert sortit de l'eau et vint se mettre à côté d'elle.

Elle eut peur et se recula ; mais le Serpent lui dit d'une voix douce :

— Belle princesse, avez-vous peur de moi ? Soyez sans crainte, je ne vous ferai point de mal. Je vous en prie, ne vous en allez pas et restez à me parler : il y a si longtemps que je n'ai pu causer avec personne !

Crépuscule fut rassurée par ces paroles : elle resta, et même longtemps, à parler avec le Serpent. Elle s'aperçut enfin qu'il était temps de partir, et elle lui dit :

— Adieu, Serpent vert, il faut que je rentre ; je ne suis que trop restée avec vous.

Le Serpent la supplia de revenir une autre fois, et quand elle eut disparu, il se replongea dans son étang.

Au moment où Crépuscule rentrait au château de cristal, la Chatte blanche se montra devant elle :

— D'où venez-vous, mademoiselle ? lui demanda-t-elle.

— De me promener dans le jardin, répondit Crépuscule.

— Oui, dit la Chatte blanche, vous venez du jardin ; mais, malgré ma défense, vous êtes allée sur le bord de la pièce d'eau. Pour votre punition on va vous plonger dans un bain de lait bouillant.

Aussitôt les petites Coudées accoururent ; en un clin d'œil elles déshabillèrent la pauvre Crépuscule, et la mirent dans un bain de lait bouillant qui la cuisit bien fort ; mais elles ne l'y laissèrent pas longtemps, et quand elle en fut retirée, elles la soignèrent de leur mieux et elle ne tarda pas à être guérie.

Crépuscule avait de nouveau promis à la Chatte blanche de ne plus retourner à l'étang ; mais malgré elle, elle pensait souvent au Serpent vert ; un jour que la Chatte blanche n'était pas au château, elle ne put résister à l'envie de le revoir, et elle alla sur le bord de la pièce d'eau. Elle vit le Serpent vert qui était étendu sur l'herbe ; il avait bien maigri, et il lui dit d'une voix dolente :

— Belle princesse, je croyais que vous m'aviez abandonné, et j'en avais bien du chagrin.

— Non, répondit Crépuscule, je pensais souvent à vous, mais j'ai été si punie de vous avoir vu que je n'osais revenir.

Elle s'oublia encore à causer avec le Serpent, et quand elle rentra au château, la Chatte blanche se présenta devant elle, et lui dit d'une voix irritée :

— Vous m'avez encore désobéi, malgré vos promesses ; cette fois-ci vous allez être plongée dans de l'huile bouillante.

Les petites Coudées déshabillèrent Crépuscule et la mirent jusqu'au cou dans un bain d'huile bouillante, puis elles la portèrent dans sa chambre et la soignèrent de leur mieux.

Cette fois elle fut longtemps à se guérir : un jour qu'elle était seule, elle entendit un frôlement, et elle vit paraître devant elle le Serpent vert, plus maigre encore que d'habitude.

— Je suis bien malade, lui dit-il, mais si vous vouliez m'épouser, je guérirais.

Crépuscule aimait bien le Serpent vert, mais elle ne pouvait se décider à le prendre pour mari.

Tous les jours il venait la voir et lui demandait si elle consentait à l'épouser ; mais tous les jours elle refusait.

Il finit par ne plus venir, car il était trop malade pour se traîner jusqu'au château. Alors Crépuscule, qui était guérie, se décida à retourner au bord de la pièce d'eau, malgré les menaces que la Chatte blanche lui avait faites. Elle vit son pauvre Serpent vert qui était mourant et pouvait à peine remuer ; elle eut tant de pitié de le trouver en cet état qu'elle lui dit :

— Je vous épouserai quand vous voudrez, si cela peut vous guérir.

Aussitôt le Serpent vert cessa d'être malade ; Crépuscule revint au château, tremblant d'être punie ; mais quand la Chatte blanche la vit, elle ne lui adressa pas même un reproche.

*

* *

La Chatte blanche ordonna aux petites Coudées de tout préparer pour la noce. Il y en avait des centaines, hommes et femmes, dans le château de cristal, et elles s'y employèrent de leur mieux.

On invita beaucoup de monde, des rois et des reines et parmi eux les parents de Crépuscule et la belle Aurore. Le jour du mariage Crépuscule avait une robe couleur de la voûte du ciel et une couronne d'étoiles que le Serpent lui avait donnée. Elle se mit en route dans ce beau costume pour se rendre à la chapelle, et le Serpent vert rampait à côté d'elle. Tous les invités disaient :

— Quel dommage qu'une aussi belle princesse ait un serpent pour mari !

Cependant, on entra à la chapelle, et l'évêque qui devait bénir le mariage demanda au Serpent s'il consentait à épouser la princesse ; il s'empressa de dire oui. L'évêque demanda ensuite à Crépuscule si elle voulait prendre le Serpent vert pour son légitime époux.

— Oui, répondit-elle.

Dès qu'elle eut prononcé cette parole, au lieu du Serpent qui était à ses côtés, se montra le plus beau prince que l'on pût voir ; les petites Coudées qui assistaient au mariage reprirent aussitôt leur taille naturelle, et la Chatte blanche devint une belle princesse.

Elle avait été métamorphosée en même temps que les petites Coudées qui étaient des seigneurs et des dames, et le Serpent vert était un roi puissant qu'une fée avait condamné à rester sous cette forme jusqu'à ce qu'il eût trouvé une jeune fille qui voulût bien se marier avec lui.

Il y eut de grandes réjouissances au château de cristal, des repas superbes et un bal où chacun se divertit et dansa de son mieux.

La belle Aurore trouva un mari parmi les princes qui avaient été métamorphosés en petites Coudées ; tout le monde fut content, et Crépuscule et son mari n'eurent que du bonheur jusqu'à la fin de leurs jours[2].

2. Conté en 1880, par madame veuve Louis Texier, de Loudéac, qui dans son enfance a entendu conter « Les petites Coudées » à sa bonne, paysanne illettrée des environs de Trévé, partie française des Côtes-du-Nord.

* Cette version du conte-type 425 (« La recherche de l'époux disparu ») a été publiée dans le tome II des *Contes populaires de la Haute-Bretagne* et reprise dans les *Contes de terre et de mer* ; il existe une autre jolie version de ce conte dans les *Contes des landes et des grèves* (« La fiancée du lion »), mais il a semblé préférable de choisir « Les petites Coudées », qui montre à quel point les contes populaires peuvent être influencés par les contes des livres (on sent ici l'influence du « Serpentin vert » de Madame d'Aulnoy) ; il en va de même pour plusieurs contes de fées des houles, également marqués par les *Contes de ma mère l'Oye*. Ce conte-type peu représenté dans la collecte de Sébillot est, en revanche, l'un des plus fréquents dans la collecte de Luzel (on pourra lire « L'homme-crapaud » dans les *Contes de Basse-Bretagne*, parus aux Éditions Ouest-France, 2007).

LES SOULIERS ROUGES

Il y avait une fois une femme qui avait deux enfants, un garçon et une fille. Elle possédait de jolis souliers rouges et chacun des enfants aurait bien voulu les avoir : elle les envoya ramasser du bois et leur dit que le premier arrivé aurait les souliers rouges.

Le petit garçon ne pouvait ramasser les branches mortes aussi vite que sa sœur : il lui prit son fagot, et l'attacha avec une corde au pied d'un arbre ; puis il arriva à la maison, montra le bois qu'il avait apporté et demanda la récompense promise. Sa mère ouvrit un coffre et lui dit de prendre les souliers rouges qui étaient dedans.

— Je ne les trouve pas, dit le petit garçon.

— Cherche jusque dans le fond.

Comme il se penchait, elle rabattit le dessus du coffre et coupa le petit gars en deux ; puis elle le mit dans la marmite à soupe.

Quand la petite fille fut de retour, elle demanda où était son frère.

— Dans le jardin, répondit la mère.

Mais la petite fille eut beau le chercher, elle ne le trouva pas, et rentra à la maison où sa mère lui dit de souffler le feu sous la marmite.

Il sortait de la marmite une petite voix qui disait :

Petit feu !
Sœu, sœu !
Petit feu !

Quand la mère trempa la soupe, la petite fille vit les doigts et la tête de son frère qui étaient dans le plat, et elle ne voulait pas manger, mais sa mère l'y força en la frappant.

La petite fille rencontra ensuite la Bonne Vierge qui lui dit :

— Ramasse tous les petits os que tu trouveras, et je t'en ferai un joli petit pigeon blanc.

Elle les apporta à la Bonne Vierge, et quand le pigeon blanc fut fait, elle le mit à s'envoler.

— Descends, mon petit pigeon blanc, lui dit sa sœur.

— Nenni, tu me brûlerais, répondit-il.

— Oh ! non, je te caresserai bien.

— Tends ton tablier, ma petite sœur, et je vais te le remplir de bonbons.

Quand le père fut de retour, la petite fille dit :

— Maman, la chèvre est dans les choux.

Le père sortit et la mère aussi, et il leur tomba sur la tête des pierres qui les tuèrent.

Et le pigeon répétait :

— Nous sommes sauvés, ma mère est damnée[1]*.

---

1. Conté en 1879 par J.-M. Hervé, de Pluduno. Le conte « Les souliers rouges » est l'un de ceux qu'on dit le plus volontiers aux enfants ; j'en ai recueilli quatre variantes assez différentes du présent récit.

* Ce conte est paru dans le premier tome des *Contes populaires de la Haute-Bretagne*, Charpentier, 1880. Cette version du conte-type 720 (« Ma mère m'a tué, mon père m'a mangé ») a été préférée aux deux autres versions publiées par Paul Sébillot : elle est caractéristique de la forme prise en Bretagne par ce conte, très répandu en France et dans toute l'Europe.

POINT-DU-JOUR

Il était une fois un veuvier[1] qui avait trois enfants : deux filles et un petit garçon ; il aimait bien ses deux filles, leur donnait de beaux habits et tout ce qu'il leur plaisait ; mais souvent il frappait le petit garçon qui se nommait Point-du-Jour, et parfois il l'envoyait se coucher sans souper ; ses sœurs ne le traitaient pas mieux, et il avait beau faire toute la besogne de la maison, il ne recevait que des coups de pied pour récompense.

Un jour il se dit :

— Je ne saurais être plus malheureux que je ne le suis, je veux aller chercher des aventures.

Le voilà parti ; il marcha toute la journée, et, quand arriva le soir, il se trouvait dans une forêt ; mais il s'éleva un orage terrible, la pluie tombait à torrents, le vent soufflait, un éclair n'attendait pas l'autre ; il se cacha dans le creux d'un rocher, mourant de peur. Le vent était si violent qu'il déracinait les arbres ; il y en eut un qui tomba auprès de lui, et un nid de fauvettes, qui était construit sur une branche, roula par terre avec les petits qui étaient dedans et

1. Veuf.

n'avaient pas encore de plumes ; le père et la mère volaient autour d'eux en poussant de petits cris, et ils essayaient en vain de leur porter secours.

Point-du-Jour en eut pitié et se dit :

— Voilà de pauvres petits oisillons qui sont perdus s'ils restent par terre ; leurs parents les abandonneront, et ils seront mangés par les éperviers.

Il sortit de son rocher, et, avec un peu de ficelle qu'il avait dans sa poche, il refit le nid de son mieux, puis il ramassa les petits, les essuya et les mit tout doucement dans leur nid. Les deux fauvettes étaient si contentes qu'en signe de joie elles venaient se frotter contre sa figure comme si elles avaient voulu l'embrasser. Il monta dans un arbre et plaça le nid entre deux branches où il était bien caché.

La fauvette lui dit :

— Mon pauvre petit Point-du-Jour, tu as vraiment bon cœur ; sans toi mes oisillons seraient morts ou auraient été mangés par les éperviers ; prends une des plumes de ma queue et ramasse-la, tu verras qu'elle te portera chance.

Point-du-Jour arracha une des plumes de la fauvette, et la ramassa soigneusement, puis il se remit en route. Au bout de quelque temps, il vit un lézard qui était sous une pierre, et qui faisait tous ses efforts pour s'en retirer ; auprès de lui un autre lézard allait et venait et essayait aussi de le dégager.

— Ah ! pauvre bête, dit Point-du-Jour, comme tu souffres !

Il ôta la pierre qui l'écrasait ; mais le lézard ne pouvait se traîner, Point-du-Jour avait une petite bouteille d'eau-de-vie : il en mit une goutte dans la bouche du lézard qui aussitôt commença à marcher.

— Au revoir, Point-du-Jour, lui dit-il, ton bon cœur sera récompensé.

*
* *

Voilà Point-du-Jour qui partit à l'aventure ; quand il eut cheminé toute la journée, il monta dans un arbre pour tâcher de découvrir un endroit où passer la nuit ; il aperçut une lumière, et se mit à marcher de ce côté. Il arriva auprès d'une maison, et frappa à la porte.

— Qui est là ? lui dit une voix.

— C'est un pauvre petit malheureux qui ne sait où coucher ; ma bonne mère, ayez le bon cœur de me loger.

Il leva les yeux sur la femme qui était venue lui ouvrir : elle était hideuse à voir, ses yeux étaient de travers, et elle avait des dents longues comme la main.

— Mon pauvre petit gars, lui dit-elle, ne restez pas ici ; ceux qui sont entrés dans cette maison n'en sont jamais sortis vivants.

— Tant pis, répondit Point-du-Jour, je ne sais où aller ; autant mourir ici qu'ailleurs.

Elle le fit entrer et le cacha sous un lit. Peu après on entendit un grand bruit, c'était l'ogre qui rentrait et qui cria :

— Je sens la chair fraîche.

— Non, répondit la femme, c'est une tête de veau qui cuit dans la marmite.

— Je sens la chair fraîche, te dis-je ; si tu ne me dis pas ce que c'est, je vais te manger.

— Eh bien ! répondit-elle, j'ai ramassé un petit garçon qui est venu demander à coucher ; il est mignon comme tout, mais si maigre, si maigre qu'avant de le manger, il faudra le mettre à engraisser. Il est caché sous le lit.

L'ogre se baissa et prit Point-du-Jour dans le creux de sa main :

— Le joli petit oiseau, dit-il ; il a des plumes dorées sur la tête (c'étaient les cheveux blonds du petit gars).

Point-du-Jour se mit à crier, car il avait peur.

— Chante-t-il bien ! dit l'ogre ; j'en ferai tout de même une gibelotte.

Pour le mieux écouter, il l'approcha de son oreille ; elle était si grande que Point-du-Jour crut voir la gueule d'un puits.

L'ogre le posa sur un lit, et lui dit :

— Dors bien, petit oiseau.

Et pour l'engraisser il ordonna à sa servante de lui donner de la nourriture autant qu'il voudrait.

Le huitième jour il devait être mangé ; le matin il était couché, et il pleurait en pensant qu'avant la fin de la journée il allait être dévoré. Un lézard vint lui chatouiller l'oreille et lui dit :

— Te souviens-tu du jour où tu m'as retiré de dessous la pierre qui m'écrasait ?

— Oui, répondit Point-du-Jour.

— Eh bien, dit le lézard ; si tu veux me croire, tu seras délivré. L'ogre va te prendre dans sa main, et te porter auprès de son puits merveilleux ; car c'est là qu'il lave ceux qu'il mange après les avoir saignés ; tu y jetteras la plume de l'oiseau, et tu lui diras : « Laissez-moi, avant de mourir, regarder votre merveilleux puits. » Il y consentira ; tu te laisseras choir dedans, et, quand tu auras touché le fond, tu te trouveras dans un monde nouveau.

L'ogre vint prendre Point-du-Jour, et le porta auprès du puits ; alors le petit gars lui cria :

— Avant de mourir, permettez-moi de regarder votre merveilleux puits.

— Tu as raison, Point-du-Jour, répondit l'ogre ; tu es malin ; je n'avais pas pensé à te le montrer ; viens voir mon merveilleux puits ; c'est avec son eau que tu seras lavé quand je t'aurai saigné et écorché.

Il posa Point-du-Jour sur le bord ; mais Point-du-Jour s'y laissa tomber ; il alla jusqu'au fond, et, quand il y fut arrivé, il se trouva dans un monde nouveau, où il y avait de belles prairies, des montagnes et des villages.

L'ogre était en colère, et il s'écriait :

— Il faut que j'aie quelque ennemi qui ait conté cela à Point-du-Jour ; sur soixante-dix hommes que j'ai attrapés, voici le seul qui m'échappe. C'est toi, cria-t-il à sa servante, qui le lui as dit ! Je vais te manger à sa place.

Et il lui montrait les dents en criant qu'il allait la dévorer ; mais je pense qu'il ne le fit pas, parce qu'elle était trop vieille et trop vilaine.

*

* *

Point-du-Jour errait à l'aventure ; il ne savait pas trop où il se trouvait, mais il lui semblait qu'il n'était pas loin de l'endroit où demeuraient ses parents. Il vit venir un lézard qui lui dit :

— Te rappelles-tu que je t'ai délivré de l'ogre parce que tu m'avais tiré de sous la pierre qui m'écrasait ? Voici encore une petite boîte ; il ne faudra pas l'ouvrir avant d'être chez toi ; c'est du bonbon qu'il y a dedans.

À peine se fut-il remis en route qu'il vit une fauvette qui volait auprès de lui :

— Te souviens-tu, lui dit-elle, du jour où tu as ramassé mes petits qui étaient tombés par terre ?

— Oui, répondit-il.

— Voici un œuf que je te donne ; quand tu auras besoin de vêtements, tu n'auras qu'à le casser, tu y trouveras la plus belle toilette que tu aies jamais vue.

Un peu plus loin il vit une colombe blanche.

— Point-du-Jour, lui dit-elle, tu as tiré de peine un lézard et des fauvettes.

— Oui, répondit-il.

— C'étaient mes sœurs ; pour te récompenser, voici un petit talisman ; tout ce que tu lui demanderas te sera accordé.

Point-du-Jour remercia la colombe et se remit en route ; il arriva à la maison de son père. Quand ses deux sœurs le virent, elles s'écrièrent :

— Ah ! voici ce petit propre à rien qui revient ; est-ce qu'il n'aurait pas mieux fait de rester où il était, puisqu'il s'était sauvé ?

Elles se mirent à le frapper, et il leur disait :

— Laissez-moi tranquille, mes sœurs, j'ai faim.

— Est-ce que tu n'as pas trouvé à manger dans ta tournée ? lui répondirent-elles en continuant de le battre.

— Tenez, leur dit-il, voici une petite boîte qu'on m'a donnée ; je vous en fais cadeau, à condition que vous ne me battrez plus et que vous me couperez un morceau de pain.

Elles ouvrirent la petite boîte ; mais il en sortit de gros crapauds qui sautaient autour des méchantes sœurs et ouvraient la gueule pour les manger.

Elles supplièrent Point-du-Jour de les faire rentrer dans la boîte ; mais, quand ils y furent, elles se mirent à le frapper de plus belle.

— Coquin, lui disaient-elles, c'est toi qui as été chercher ces vilains crapauds pour nous faire peur.

— Tenez, leur dit-il en montrant l'œuf, voici un œuf qui m'a été donné, et qui contient, à ce qu'on m'a dit, de belles toilettes, je vous en fais cadeau si voulez être bonnes avec moi.

Elles cassèrent l'œuf ; mais il en sortit un serpent qui s'élançait sur les méchantes sœurs comme pour les dévorer.

Elles le supplièrent encore de faire rentrer le serpent dans l'œuf ; mais, dès qu'il y fut, elles voulaient tuer Point-du-Jour.

Il leur dit :

— Laissez-moi essayer mon talisman.

Il le mit sur la table, et aussitôt elle fut couverte d'or.

Alors les sœurs se mirent à l'embrasser, et elles lui disaient :

— Ah ! mon petit Point-du-Jour, comme tu es gentil !

Peu de temps après les deux méchantes sœurs moururent : Point-du-Jour resta seul, et vécut toujours heureux.

Et ni, ni,
Mon petit conte est fini*.

---

* Conté en 1880 par Joseph Macé, de Saint-Cast, mousse, âgé de treize ans, « Point-du-jour » est paru dans le tome II des *Contes populaires de la Haute-Bretagne* et a été repris par Paul Sébillot dans ses *Contes de terre et de mer* et dans ses *Cuentos bretones*.

LÉGENDES CHRÉTIENNES

I.

LA MORT EN VOYAGE

INTRODUCTION

En Bretagne, aussi bien dans les pays de langue française que dans ceux de langue celtique, la Mort n'est point une abstraction, un mot qui désigne la cessation de la vie ; c'est un véritable personnage, une sorte de divinité secondaire. Elle est toujours en mouvement pour exécuter les ordres du Dieu suprême qui lui a imposé une tâche quotidienne ; elle semble éprouver en certains cas une sorte de joie méchante dans l'accomplissement de sa besogne funèbre, et les paysans lui mettraient volontiers dans la bouche l'exclamation triomphante que l'artiste inconnu qui a sculpté la danse macabre de la Roche Maurice (Finistère) a gravée au-dessous de l'image de la Mort : « Je vous tue tous ! »

*Cette croyance à l'anthropomorphisme de la Mort est mieux conservée en Basse-Bretagne que dans la partie française de la péninsule : elle y a un nom qui lui est particulier, c'est l'*Ankou, *littéralement : l'angoisse ; ce nom est masculin, et la Mort est une divinité mâle. En Haute-Bretagne, la Mort personnifiée n'a point en général de nom propre, et comme elle est femme, elle est presque toujours marraine ; une seule fois, dans un des contes qui suivent,* *je l'ai entendue nommer Compère La Mort ; et alors, comme en Basse-Bretagne, elle était parrain. Ces personnifications de la Mort ne sont point particulières à la Bretagne ni même à l'Europe ; on les retrouve chez des peuplades de civilisation rudimentaire.* [...]

La Mort voyage toujours sur la terre, sans prendre de repos ; elle est quelquefois visible, mais la plupart du temps elle se glisse furtivement, et on ne s'aperçoit de sa visite qu'après qu'elle a frappé. Plusieurs dictons de la Haute-Bretagne font assez clairement allusion à la croyance au passage de la Mort ; s'il y a un décès, « la Mort a passé par là ». Lorsqu'une personne, malgré tous les soins qui lui ont été donnés, vient à mourir, les paysans disent : « Il n'y avait rien à faire, la Mort y était ». À un étranger qui arrive dans une maison où quelqu'un vient d'expirer, on dit : « La Mort est chez nous ».

On se la figure généralement décharnée, couverte d'un suaire terreux, et armée d'une faux, comme dans les Danses macabres ; bien des gens n'oseraient rester seuls auprès d'un mourant au moment où il expire, de peur de voir entrer cette lugubre apparition. Cette forme de squelette n'est pas toutefois invariable : au moins dans les légendes, la Mort ressemble assez, suivant le sexe qu'on lui attribue, à un homme ou à une femme.

Comme la Mort est pressée et qu'elle a de longues routes à parcourir, elle est souvent montée sur la Charrette Moulinoire, qui va comme le vent, et fait entendre un bruit analogue à celui d'un essieu mal graissé. Bien des gens affirment l'avoir entendue, surtout à l'entrée de la nuit, quelques-uns même l'ont vue, à ce qu'ils assurent. Parfois, comme si la Mort voulait s'assurer si l'heure de faucher est venue, la charrette passe, une quinzaine à l'avance à la porte de ceux qui « sont pour mourir ». Souvent le char est rempli des trépassés qui sont décédés dans la journée ; quelquefois alors le conducteur est, non la Mort, mais le Diable.

Cette mission de transporter les morts au lieu où ils doivent recevoir leur récompense ou leur punition semble plus spécialement réservée à une autre Charrette de la Mort qui se nomme la Grand-Cherrée, (la Grande Charretée)[1].

Dans les légendes qui suivent, la Mort se promène comme une personne ordinaire, généralement à pied, quelquefois montée sur un cheval. Elle a les mêmes passions que les hommes, et elle semble même parfois compatissante aux pauvres gens : en certains cas, elle joue presque le rôle d'une fée ou d'un saint descendu sur la terre pour y voyager. Si sa puissance est grande, son intelligence paraît bornée, témoin les ruses assez grossières auxquelles elle se laisse prendre, aussi bien dans les légendes relatives à ses voyages que dans certaines versions de la légende du bonhomme Misère[2]. *À ce point de vue elle joue un rôle de dupe analogue à celui du diable, auquel les contes populaires attribuent une dose de naïveté peu ordinaire*.*

---

1. Pour les détails et les similaires français, voir mes *Traditions et superstitions de la Haute-Bretagne* t. I, p. 208, et mes *Contes des paysans,* n. 53.

2. Cf. l'*Histoire nouvelle et divertissante du bonhomme Misère*. Troyes s. d. – Sébillot, *Littérature orale de la Haute-Bretagne*, p. 175.

* Ce texte introductif et les contes qui suivent ont été publiés par Paul Sébillot dans l'*Archivio per lo studio delle tradizioni popolari*, volume IV, 1884.

I

LE VRAI JUSTE

Il y avait une fois un homme pauvre qui ne pouvait trouver personne pour nommer son enfant nouveau-né. Il se mit en route pour chercher un parrain et une marraine, et, après avoir marché quelque temps, il rencontra sur le grand chemin le Bon Dieu qui lui dit :

— Où allez-vous, mon ami ? Vous avez la mine triste.

— Ah ! répondit l'homme ; il vient de me naître un petit garçon, et nous sommes si pauvres que personne dans le pays n'a consenti à le nommer, c'est pourquoi je cherche des âmes charitables pour l'assister à son baptême.

— Voulez-vous, demanda le Bon Dieu, que je sois le parrain de votre enfant ?

— Oui, répondit l'homme ; mais auparavant je voudrais savoir comment vous vous appelez, car je veux pour mon petit gars un parrain juste.

— Je me nomme le Bon Dieu.

— Oh ! puisque c'est vous qu'on appelle le Bon Dieu, vous ne serez pas le parrain de mon enfant ; car vous n'êtes pas juste : vous faites mourir de bons travailleurs qui gagnent du pain à leur famille, vous faites mourir des mères dont les enfants marchent à peine tout seuls, et vous laissez vivre des gens qui n'ont jamais fait que de la honte et du chagrin à leurs parents. Vous tuez des jeunes hommes dans la force de l'âge, et vous oubliez des vieux qui ne sont plus bons à rien. Vous n'êtes pas juste.

L'homme laissa le Bon Dieu continuer sa promenade, et il se remit en route : un peu plus loin, il rencontra saint Jean qui voyageait aussi sur terre. Le saint lui demanda où il allait.

— Je cherche, répondit-il, des âmes charitables pour nommer mon petit garçon.

— Voulez-vous que je sois son parrain ?

— Oui, volontiers, répondit l'homme, mais auparavant dites-moi qui vous êtes, car je veux pour mon petit gars un parrain juste.

— Je me nomme saint Jean.

— Oh ! puisque c'est vous qu'on appelle saint Jean, vous ne serez pas le parrain de mon enfant ; car vous êtes le complice du Bon Dieu, et le Bon Dieu n'est pas juste.

L'homme continua sa route, et un peu plus loin il rencontra saint Pierre qui lui demanda où il allait.

— Je cherche, répondit-il, des âmes charitables pour nommer mon petit garçon.

— Voulez-vous que je sois son parrain ?

— Oui, volontiers, répondit l'homme, mais auparavant dites-moi qui vous êtes, car je veux pour mon petit gars un parrain juste.

— Je me nomme saint Pierre.

— Ah ! puisque c'est vous qu'on appelle saint Pierre, vous ne nommerez pas mon enfant, car vous n'êtes pas juste : vous avez renié votre maître trois fois, et depuis que vous êtes portier du Paradis, vous ouvrez plus volontiers votre porte aux riches qui ont de l'argent pour se faire dire des prières qu'aux pauvres qui n'ont pas avec quoi payer des prières. Vous n'êtes pas juste.

L'homme se remit en route, et, après avoir encore cheminé quelque temps, il rencontra la Mort qui lui demanda où il allait.

— Je cherche, répondit-il, un parrain et une marraine pour nommer mon petit garçon.

— Voulez-vous que je sois sa marraine ?

— Oui, volontiers, mais auparavant dites-moi qui vous êtes, car je veux pour mon petit gars une marraine juste.

— Je me nomme la Mort.

— En ce cas, je veux bien que vous soyez la marraine de mon enfant ; car vous au moins, vous êtes juste : vous prenez les riches aussi bien que les pauvres, les jeunes aussi bien que les vieux. Vous êtes juste.

Et la Mort fut la marraine de l'enfant du bonhomme[1]*.

---

1. Conté en 1883, par J.-M. Comault, du Gouray.

Dans le conte de Luzel intitulé « L'homme juste » (*Légendes chrétiennes de la Basse-Bretagne*, t. I, p. 335), les épisodes ci-dessus se retrouvent en grande partie ; saint Jean toutefois n'y figure pas ; le récit breton, beaucoup plus développé que celui-ci, se continue après le baptême. Dans son commentaire Luzel cite comme similaires trois contes allemands des collections Grimm, S. W. Wolf, Proule, un conte hongrois de Gaal Hier, un conte provençal (*Armana prouvençau,* 1876), un conte sicilien du recueil Gonzenbach – où la Mort est aussi marraine –, enfin un conte littéraire de Gueulette dans les *Mille et un quarts d'heures*. G. Grimm cite aussi dans ses commentaires une farce allemande de Jacques Avras, du commencement du XVIIe siècle, et un petit poème allemand de Hans Sachs (1553).

Cette donnée, qui rappelle celle de certains fabliaux, devait être populaire au Moyen Âge, et il est vraisemblable qu'en cherchant bien, on en trouverait les traces.

Aux références ci-dessus, il faut ajouter *La Morti e sè figghiozu,* conte de Pitré, n° CIX, et Bernoni, *Tradiz. pop. venez. El giusto.* Cf. aussi sur le rôle de la Mort, Grimm, *D. M.*, ch. XXVII.

* On pourra comparer cette version avec la version de Basse-Bretagne recueillie par Luzel (*Contes de Basse-Bretagne*, Éditions Ouest-France) en la replaçant dans l'ensemble de la collecte.

II

LE COMPÈRE DE LA MORT

Il y avait une fois un homme qui n'était pas riche, et il ne pouvait trouver de parrain pour un fils qui venait de lui naître. Comme il s'en allait par les chemins pour en chercher un il rencontra la Mort qui lui dit :

— Tu as la mine chagrin, bonhomme : que cherches-tu ?

— Un parrain pour mon enfant qui vient de naître ; mais je n'en trouve point.

— Si tu veux, je nommerai ton fils : je suis le Compère la Mort ; mon nom n'est pas joli ; mais je puis faire du bien à ta famille et enrichir mon filleul.

Le bonhomme accepta, et Compère la Mort devint parrain de son fils ; après le baptême, il dit au père :

— Voici comment tu pourras t'enrichir. Il faut te faire médecin. Il te sera facile, quand tu iras en visite, de savoir si le malade doit guérir ou succomber. S'il est pour mourir, tu me verras au chevet du lit ; si au contraire, son heure n'est pas encore venue, je me tiendrai au pied. Aussi tu ne te tromperas jamais, et comme tu auras bien vite la réputation d'un habile homme, tu gagneras de l'argent autant que tu en voudras.

Le Compère de la Mort se mit médecin, et, comme il disait toujours sans se tromper si le malade devait guérir, il ne tarda pas à être connu. On venait de tous côtés le chercher, et il emportait chaque fois de bonnes pièces d'argent.

Cependant le roi tomba malade, et, comme il avait entendu parler du médecin qui ne se trompait jamais, il l'envoya chercher, lui promettant une riche récompense s'il le guérissait. Le bonhomme vint au palais, et, en entrant dans la chambre où gisait le roi, il vit Compère la Mort qui se tenait au chevet de son lit. Il en était bien marri, car il aurait bien voulu guérir le roi, et toucher la grosse somme qui lui avait été promise. Il se gratta l'oreille, puis, après un moment de réflexion, il ordonna de prendre le roi, et de lui placer la tête où il avait auparavant les pieds. De cette façon la Mort se trouva au bas du lit au lieu d'être au chevet, et le roi fut guéri.

En sortant du palais, les poches remplies d'or, le bonhomme rencontra son compère qui lui dit :

— Tu m'as trahi, et tu m'as fait tort, compère ; mais tu vas mourir.

— Non, répondit le bonhomme, je me cacherai si bien que tu ne pourras me trouver.

— Je t'atteindrai partout où tu seras ; il n'y a nul endroit où je ne puisse pénétrer.

— Bah ! dit le bonhomme en tirant de sa poche une petite bouteille ; si j'étais caché là-dedans, est-ce que vous iriez m'y chercher ?

— Oui, certes, répondit la Mort.

— Non, compère, cela, je ne le croirai jamais.

— Hé bien, tu vas voir.

Compère la Mort se fit tout petit et entra dans la bouteille ; mais aussitôt le bonhomme qui tenait un bouchon tout prêt boucha la bouteille et la mit dans sa poche. Il rentra ensuite chez lui, et la ramassa dans son armoire ; mais il réfléchit et pensa que quelqu'un pourrait la déboucher ou la casser par mégarde. Il alla creuser dans son jardin un trou, y mit la bouteille et la recouvrit de terre.

Pendant que Compère la Mort était emprisonné, personne ne mourait ; le roi se portait comme un charme, et le bonhomme aussi. Cela dura quelque temps ; mais un jour les cochons entrèrent dans le jardin, et s'étant mis à gratter la terre avec leur groin, ils découvrirent la bouteille et firent sauter le bouchon avec leurs dents.

Alors Compère la Mort sortit, et il recommença à voyager sur terre. Cette fois il frappa son compère et le roi, et il leur fallut tous les deux mourir[2].

III

LA MORT ET LE BONHOMME

Il y avait une fois un homme qui était très vieux, et la Mort fut envoyée pour le chercher. Il s'attendait à la voir venir, car, autrefois on savait à quel jour et à quelle heure on devait mourir. Le bonhomme boucha de son mieux les portes et les fenêtres de sa maison, mais il oublia la cheminée.

Quand vint l'heure où la Mort devait passer, le bonhomme fut très inquiet, car bien qu'il fût le plus âgé de sa paroisse, il n'avait pas envie de mourir. Toutefois, il pensait que la Mort ne pourrait entrer chez lui, et que, comme elle avait bien d'autre besogne, elle serait obligée de s'en retourner sans l'emmener.

Comme il y songeait, il vit la Mort qui descendait par la cheminée. Elle vint se planter devant lui, la faux à la main.

---

2. Conté en 1881, par J. Lucienne, de Trébry. La première partie de ce conte, plus longuement développée, se retrouve dans « L'Ankou et son compère », (*Légendes chrétiennes de la Basse-Bretagne*, t. I, p. 346) ; à partir du moment où la Mort rencontre son compère au sortir du palais du roi, chacun des deux récits suit une voie différente. Misère (*Contes des paysans*, p. 52) se sert pour faire entrer Plâtus et ses diables dans sa blague à tabac, d'une ruse analogue à celle employée par le compère de la Mort. Dans le récit qui suit, on retrouve une ruse semblable.

Il eut bien peur, mais il se mit à causer avec elle, pour essayer de gagner du temps.

— Par où êtes-vous entrée ? lui demanda-t-il.

— Par la cheminée, répondit la Mort.

— Vous n'êtes donc pas bien grosse, pour avoir passé par une si petite route ?

— Non, dit-elle, je ne suis pas grosse quand je veux, car je puis prendre toutes les formes.

— Bah ! s'écria le bonhomme ; est-ce que vous pourriez vous fourrer dans *cette met-là*[3] ?

— Mais oui.

— Mettez-vous-y donc un peu pour voir, car si je ne le vois de mes yeux, je ne le croirai jamais.

La Mort se rapetissa et entra dans la met ; dès qu'elle y fut, le bonhomme ferma vivement le couvercle et s'assit dessus, de sorte que la Mort se trouva prise.

— Laisse-moi partir, dit-elle, ou tu t'en repentiras.

— Non, répondit le bonhomme, car si je te laissais soulever ce couvercle, tu me tuerais avec ta faux.

— Hé ! bien, dit la Mort, je t'accorde encore dix ans de vie.

— Non, je ne te tiens pas quitte pour si peu ; il me faut cent ans, ou tu ne sortiras d'ici qu'au jour du Jugement.

— Cent ans soit, dit la Mort, qui était pressée d'achever sa journée.

Le bonhomme vécut cent ans ; il était vieux, vieux comme tout ; mais il n'avait pas encore envie de mourir. Aussi, le jour où la centième année fut accomplie, il boucha avec plus de soin encore que la première fois toutes les ouvertures de la maison ; il n'oublia pas la cheminée, ni même le trou au chat.

---

3. Huche.

Mais la Mort entra par le trou de la serrure et se planta devant lui.

— Tiens, dit le bonhomme, par où êtes-vous donc entrée ?

— Par le trou de la serrure.

— Vous êtes donc bien petite ; mais est-ce que vous pourriez vous fourrer dans cette bouteille ?

— Facilement, dit la Mort.

Elle se rapetissa et entra dans la bouteille, qui était si petite qu'on n'y aurait pas mis pour un sou d'eau-de-vie. Le bonhomme se hâta de la boucher ; et la Mort lui dit :

— Vilain bonhomme, tu m'as encore prise ; je t'avais pourtant accordé cent années de grâce. Laisse-moi partir.

— Non, vous resterez ici, ou bien vous me donnerez encore cent années à vivre.

La Mort, qui était pressée d'aller faucher, lui accorda encore ce délai ; elle repartit en voyage, et je ne sais si au bout des cent ans elle revint le chercher[4].

IV

LES DEUX HAIES

Il y avait une fois deux laboureurs qui étaient à *hayer* un champ[5] ; l'un faisait son talus de son mieux avec des pierres et de la terre ; mais l'autre se contentait d'entasser des fougères. Un homme qui passait par là leur

4. Conté en 1882 par J.-M. Comault, du Gouray.

On trouvera dans le conte ci-après un autre exemple de la croyance en vertu de laquelle les hommes savaient jadis le jour de leur mort.

5. Entourer de clôtures.

demanda pourquoi ils travaillaient d'une manière si différente.

— Oh ! dit celui qui bouchait sa brèche avec de la fougère, il n'en chaut[6] guère comment hayer, nous mourrons demain.

Le lendemain les deux hommes étaient à attendre la Mort : un beau chien blanc vint chercher celui qui avait bien travaillé jusqu'au dernier jour ; mais l'autre homme, qui n'avait point persévéré jusqu'à la fin, fut emporté par un vilain chien noir, et sans doute ils furent récompensés, chacun suivant son mérite[7].

V

LA MORT À L'ÉGLISE

Il y avait une fois une femme qui s'en allait la nuit de Noël à la messe de minuit. Sur son chemin elle rencontra un cheval sur lequel était montée une femme dont elle ne voyait pas la figure, parce qu'elle était encapuchonnée. La femme, voyant que le cheval ne marchait pas très vite, hâta le pas pour l'attraper, et quand elle fut sur la route auprès de lui, elle se mit à geindre comme si elle était rendue de fatigue, et elle disait :

6. Il importe peu.

7. Dans une légende parallèle, mais encore plus courte, recueillie par M. Cerquand (*Légendes du pays basque*, n° IV), c'est Jésus-Christ lui-même qui demande à l'homme pourquoi il *haye* si mal. Cf. sur ce thème une note de M. Reinhold Kœhler dans l'*Archivio*, t. I, p. 70. M. Millien a aussi recueilli en Nivernais une version de ce petit conte. Le chien noir figure assez fréquemment dans les légendes où il représente le diable ; le chien blanc, qui joue ici le rôle du bon ange, se rencontre beaucoup moins souvent.

— Ah ! mon Dieu, quel temps ! Il n'y a pas moyen de marcher !

— Eh bien ! ma brave femme, lui dit celle qui était sur le cheval, montez avec moi, puisque vous êtes lassée.

— Je ne demande pas mieux, répondit la femme.

Elle monta en croupe sur le cheval ; mais dès qu'elle eut touché la cavalière, elle s'écria :

— Comment, vous êtes froide comme la Mort.

— Ce n'est pas étonnant, ma brave femme, c'est moi qui suis la Mort.

Le bonne femme fut saisie de frayeur, et elle fit un grand nombre de signes de croix en se recommandant à tous les saints du Paradis. Toutefois, elle s'enhardit et dit à sa compagne :

— Où allez-vous comme cela ?

— À la messe, répondit la Mort ; et vous ?

— Je vais aussi à la messe ; mais puisque vous êtes la Mort, pourquoi y allez-vous ?

— Vous verrez pourquoi, répondit la Mort ; regardez-moi quand je serai entrée à l'église ; il n'y aura que vous seule à me voir ; tous ceux que je toucherai avec cette petite baguette sont pour mourir dans l'année qui vient.

Tout en devisant ainsi, le cheval s'arrêta devant l'église, et les deux femmes en descendirent ; mais personne, si ce n'est la fermière qui était montée en croupe derrière elle, ne voyait la Mort. Pendant la messe, la femme la regarda avec attention, et elle la vit toucher de sa baguette plusieurs personnes, et même quelques amis et voisins. Mais la Mort continuait à se promener au milieu des assistants, effleurant de sa baguette tantôt l'une tantôt l'autre, sans regarder au sexe ni à l'âge ; quand la femme la vit étendre sa baguette vers son propre père, elle ne put s'empêcher de crier :

— Ah ! pour l'amour de Dieu, ne touchez pas celui-là !

Mais la Mort n'écouta pas sa voix et laissa tomber sa baguette ; puis, quand elle eut achevé sa tournée, elle disparut. Le père de la femme mourut dans l'année, et moururent aussi tous ceux qu'elle avait marqués.

On dit que maintenant encore tous les ans, le jour de Noël, la Mort vient à l'église désigner ceux qui doivent mourir l'année qui vient[8].

8. Conté en 1881 par J.-M. Comault, du Gouray. En Grèce (Maury, *La Magie*, p. 291), on raconte que lorsqu'une épidémie éclate, le génie de la Mort a été rencontré monté sur un cheval funèbre et répandant autour de lui la désolation.

Dans le pays de Tréguier, on croit, d'après une note que me communique M. Galabert, que dans la nuit de la Toussaint une voix se fait entendre dans le cimetière ou dans l'église, proclamant les noms de ceux de la paroisse qui doivent mourir dans l'année. Un homme qui se moquait de cette croyance y alla par bravade et le premier nom qu'il entendit fut le sien. Épouvanté, il rentra chez lui et le lendemain on le trouva mort dans son lit. En Belgique celui qui se rend au portail de l'église le jour de la Saint Marc entre minuit et une heure voit les esprits de ceux qui mourront dans l'année (Reinsberg-Duringsfeld, *Traditions de la Belgique*, t. I).

Une autre tradition bretonne (La Villemarqué, *Barzaz Breiz*. « La peste d'Elliant ») rapporte que la peste, au moment où éclata cette épidémie, entra dans l'église, invisible comme la Mort, et toucha de sa baguette tous ceux qui devaient être atteints par le fléau.

II.

FIGURES DU DIABLE
ET VOYAGES EN ENFER

JEAN SANS PEUR

Il était une fois un garçon qui demeurait avec sa mère dans une petite maison bâtie sur le bord de la forêt.

Dès son enfance, il se montra hardi, et quand il arriva à l'âge d'homme, on lui donna le surnom de Jean sans Peur, parce qu'il avait coutume de dire que rien n'était capable de l'effrayer : il ne redoutait aucun vivant, car il se sentait assez fort pour tenir tête aux plus robustes, et il n'était guère porté à s'émouvoir des lutins, des revenants et des choses surprenantes qu'on peut voir la nuit.

Plusieurs fois, ses voisins avaient essayé de le mettre à l'épreuve, mais ils avaient beau imaginer des apparitions, lui, sans se laisser troubler, marchait droit vers le mauvais plaisant qui se hâtait de s'enfuir.

Un soir, il partit seul pour aller chercher au bourg des remèdes et une bouteille de vin, afin de réconforter sa mère qui était malade. Plusieurs garçons de son âge résolurent de voir si vraiment il méritait son nom : l'un d'eux se coucha, assez loin des maisons, près d'un échalier que Jean devait franchir avant de rentrer chez lui, car c'était là que passait la route la plus courte, et il n'y avait point d'autre sentier. On enveloppa le gars d'un drap blanc, et on plaça trois cierges à chacun de ses côtés comme on fait aux morts qui sont prêts à être portés en terre.

En voyant cette apparition que personne du pays n'aurait osé regarder en face, Jean ne s'arrêta pas, et s'avançant vers l'échalier, il s'écria :

— Si vous croyez me faire peur, vous vous trompez : hâtez-vous de vous éloigner ou de me dire votre nom, sinon je vous cognerai de la belle façon avec mon bâton à marotte.

— Ne frappe pas, Jean, dit en dépouillant son linceul blanc le prétendu mort qui craignait pour ses épaules ; ne frappe pas, je suis Pélo, ton voisin, et j'ai eu tort de vouloir te faire une farce.

Cependant Jean se lassa de rester dans son pays à labourer la terre, et il se sentit pris de l'envie d'aller à la recherche des aventures, pensant bien qu'il trouverait par le monde des occasions de montrer son courage et peut-être de faire fortune.

— Je veux voyager, ma mère, dit-il un jour ; je sens que ma place n'est point ici.

— Tu es un sot : reste avec moi, tu seras tranquille et personne ne te contrariera. Ne sais-tu pas que pierre qui roule n'amasse pas mousse ?

— Je suis résolu à parcourir le monde : aucun homme n'a pu jusqu'ici se vanter de m'avoir vu trembler, et je ne pense pas que jamais on puisse me faire peur.

— Eh bien ! puisque tu es décidé à quitter la maison de ton père, je vais te donner un conseil dont tu te trouveras bien si tu consens à le suivre : ne voyage jamais que d'un soleil à l'autre, et ne manque pas de t'arrêter pour te coucher quand le jour fera place à la nuit.

Jean embrassa sa mère qui pleura en le voyant partir, et il emmena un âne pour porter son bagage qui n'était pas des plus lourds.

*

* *

Il marcha tout le jour ; quand vint la nuit, il s'étendit dans le creux d'un fossé sur un tas de feuilles mortes, et ne s'éveilla qu'en entendant les oiseaux gazouiller dans les branches au-dessus de sa tête.

À la fin de la seconde journée, comme il cherchait un endroit où se reposer, il aperçut, aux dernières lueurs du soleil qui disparaissait derrières les arbres, une petite chapelle ; elle n'était pas fort éloignée, mais quand il y arriva, la nuit était tout à fait tombée. Il attacha son âne à un arbre, et entra dans la chapelle.

Elle était toute délabrée, les fenêtres n'avaient plus de vitraux, et la porte fermait mal ; mais Jean n'était pas difficile, et il pensa qu'il dormirait encore mieux là que dans le creux d'un fossé ou sous les arbres.

On avait pendu à la grande poutre qui traversait le petit édifice, à la naissance de la voûte en bois, trois hommes dont les pieds touchaient presque à terre, et à cause de l'obscurité, Jean ne les aperçut pas. Il alla se coucher sur une dalle de pierre, se fit un oreiller de son bissac, plaça son bâton à la portée de sa main et se prépara à dormir.

Mais au moment où il commençait à fermer les yeux, le vent qui soufflait à travers les fenêtres sans vitraux choqua les pendus l'un contre l'autre avec un si grand bruit qu'il aurait réveillé le dormeur le plus obstiné.

Jean se leva et dit :

— Je vais bien vous faire rester tranquille, moi.

Et d'un coup de bâton, il fit tomber par terre l'un des pendus.

Il n'entendait plus rien et allait se recoucher quand survint une autre rafale, qui poussa l'un contre l'autre les deux pendus qui restaient. Jean en frappa encore un avec tant de force qu'il roula sur le pavé de la chapelle.

Il alla se coucher pour là troisième fois, pensant que désormais il pourrait reposer tranquillement ; mais le vent souffla encore et le dernier pendu heurta le mur du pied.

— Comment, vaurien, s'écria Jean en colère, tu es tout seul maintenant et tu ne peux rester en repos ! Je vais me lever et te traiter comme tes camarades.

— Ne me frappez pas, dit le pendu, qui, par une permission du ciel, recouvra la parole, écoutez-moi plutôt, si vous avez un peu de charité. Nous avons été tous les trois étranglés ici par le bourreau pour avoir volé les trésors de l'église : ils sont cachés sous une pierre tombale qui est dans le bas de la chapelle à côté du bénitier. Si vous avez assez de courage pour les prendre et les restituer au prêtre, nous pourrons au moins espérer d'obtenir la miséricorde de Dieu.

— Bien, dit Jean, reste tranquille : dès demain, je ferai ce que tu désires, et ce ne sera pas encore cette fois-là que j'aurai peur.

Il dormit paisiblement, et le jour arrivé, il souleva la pierre qui recouvrait le trésor volé et alla le porter au prêtre auquel il raconta de point en point son aventure.

Celui-ci fut grandement réjoui de retrouver le trésor qu'il croyait perdu ; et il promit de dire des messes pour le repos de l'âme des pendus ; il remercia Jean sans Peur et voulut le récompenser. Jean refusa l'argent que le recteur lui proposait, mais le pria de lui faire cadeau de son étole : avec elle, pensait-il, et avec mon bâton à marotte, je pourrai courir le monde sans craindre ni les diables ni les gens.

— Je ne puis vous donner mon étole, dit le prêtre ; c'est un objet sacré avec lequel il ne faut pas jouer.

— Aussi n'est-ce point pour me moquer de cette chose sainte que je vous la demande, c'est pour repousser les embûches du démon, et détruire les enchantements.

Ces paroles décidèrent le prêtre à confier son étole à Jean sans Peur qui la serra précieusement et se remit en route.

*

* *

Jean marcha encore toute la journée et, vers le soir, il aperçut au bout d'une grande avenue un château qui paraissait des plus beaux ; en se dirigeant de ce côté, il arriva à une maison plus petite et qui n'était pas fort éloignée de l'habitation principale. Il demanda à des gens qui étaient à la porte si les habitants du château consentiraient à le loger.

— C'est, lui répondit-on, une maison fort belle ; mais personne ne peut y rester la nuit à cause des lutins : tous ceux qui ont essayé d'y coucher ont disparu ou ont été trouvés morts le lendemain.

— Avec votre permission, dit Jean en s'adressant à celui qui paraissait le maître, j'irai voir si je puis y dormir cette nuit. Je ne sais encore ce que c'est que la peur, et je pense que je ne l'apprendrai pas cette fois-ci. Mais prêtez-moi un des grands sabres que je vois accrochés à la muraille, afin que je puisse me défendre si je suis attaqué.

Jean entra dans le château, et après avoir parcouru beaucoup de pièces sans voir personne, il arriva à une cuisine où il y avait une table de chêne couverte de pains, d'écuelles, de plats et d'assiettes. Le manteau de la cheminée était à la mode d'autrefois, et une douzaine de personnes auraient pu s'y chauffer à l'aise ; sur le feu il vit une marmite qui bouillait et une casserole où cuisait de la viande.

Il prit le morceau de pain et se mit à le découper en menues tranches qu'il plaça dans une écuelle : au moment où il soulevait le couvercle de la marmite pour tremper sa soupe, il entendit une voix rude qui disait :

— Trempe quatre soupes.

— Si cela me fait plaisir, répondit Jean sans s'émouvoir ; parlez plus poliment.

— Eh bien ! je vous prie de préparer quatre écuellées.

— Volontiers, mais à la condition que vous viendrez les manger et me tenir compagnie.

Il entendit ensuite un grand bruit de ferraille qui retentissait dans la cheminée, et il vit plusieurs bouts de chaînes qui pendaient.

— Avez-vous bientôt fini votre tapage, s'écria Jean ; laissez tomber tout à fait les chaînes dont vous me montrez le bout : ce n'est pas encore avec cela que vous parviendrez à m'effrayer.

Les chaînes descendirent sur le feu avec un grand fracas, et presque aussitôt trois diables arrivèrent par le même chemin, c'est-à-dire par la route de la fumée. Ils étaient vêtus comme des messieurs, mais leurs longues queues dépassaient leurs habits.

— Le souper n'est pas encore cuit à point, dit l'un d'eux en découvrant la casserole ; si vous voulez, nous allons jouer aux cartes en attendant que tout soit prêt.

Les diables s'attablèrent, et le plus jeune laissa tomber à terre une des cartes de son jeu.

— Relève ma carte, dit-il à Jean.

— Tu pourrais parler mieux et faire la besogne toi-même : me prends-tu pour ton domestique ?

Comme le jeune diable se baissait pour ramasser sa carte, Jean sans Peur lui passa adroitement l'étole du prêtre autour du cou, et à cette vue, les autres démons s'enfuirent, laissant leur camarade se tirer d'affaire comme il pourrait.

Le petit diable se démenait aussi fort que s'il avait été dans une cuve d'eau bénite, et il suppliait Jean de le délivrer de l'étole qui le brûlait comme un collier de fer rouge.

— Ah ! répondait Jean, te voilà bien attrapé, toi qui croyais prendre les autres ; mais avant que je te permette de t'en aller, dis-moi pourquoi tu voulais que je ramasse ta carte ?

— Pour te pousser dans un puits qui est sous la table.

— Bien obligé ; mais je ne suis pas rancuneux, et je consens à te débarrasser de ton collier, si tu veux signer de ton sang un écrit par lequel tu me donneras le château et tout ce qu'il contient. Tu t'engageras à n'y jamais revenir, ni toi ni aucun des tiens.

Le jeune diable se fit une petite incision au bras, et ne tarda pas à remettre à Jean un parchemin bien en règle. Quand il fut délivré de l'étole, il sautait comme un poulain qui sort de l'écurie ; il était si joyeux qu'avant de s'en aller, il indiqua au jeune gars une cachette placée sous l'escalier et où se trouvait une barrique remplie de pièces d'or.

Jean reposa bien tranquillement tout le reste de la nuit ; le seigneur auquel appartenait le château hanté récompensa magnifiquement Jean sans Peur ; il voulut même le garder avec lui, mais, après être resté quelques jours à se divertir, le gars s'ennuya de cette vie oisive, et il reprit le cours de ses voyages.

*

*   *

Un jour il entra dans une ville dont tous les habitants étaient vêtus de noir et avaient la mine triste.

— Pourquoi, demanda-t-il, chacun porte-t-il des habits de deuil ?

— On voit bien que vous êtes étranger, car sans cela vous sauriez que demain la Bête à sept têtes doit venir dévorer la fille du roi. Si quelqu'un peut tuer le monstre et délivrer la princesse, il deviendra son mari ; mais quoiqu'elle soit belle comme un jour d'été, personne ne s'est encore présenté pour être son défenseur, car la Bête lance un feu qui consume tout.

— Je tenterai l'aventure, dit Jean, car je ne sais encore ce que c'est que la peur.

On le mena au roi, qui à la vue d'un homme aussi courageux reprit quelque espérance. Il ordonna qu'on eût bien soin de lui, et promit, s'il réussissait, de lui donner sa fille en mariage.

Le lendemain, Jean fut conduit à l'endroit où la princesse était déjà et elle pleurait en attendant la mort.

Bientôt Jean aperçut le monstre qui arrivait en sifflant et dont les sept têtes cornues lançaient des flammes : d'une main il prit son étole, de l'autre il dégaina son sabre, et s'avança hardiment à la rencontre de la Bête. Le feu ne le brûlait point à cause de l'étole qui était bénie, et au moment où les sept têtes s'allongeaient pour le dévorer, il en trancha quatre d'un seul coup de sabre, puis, sans s'arrêter, il frappa une seconde fois avec tant d'adresse et de bonheur que les trois autres tombèrent à terre à côté du corps de la Bête.

Elle ne tarda pas à expirer ; quand elle fut bien morte, Jean coupa ses sept langues qu'il mit dans un mouchoir marqué de son nom, et la fille du roi retourna à la ville où tout le monde fut bien réjoui de voir que la Bête à sept têtes ne l'avait pas dévorée.

*

* *

Comme le soir était venu pendant que Jean reprenait le chemin de la ville, il n'oublia pas le conseil de sa mère, et il se coucha à l'endroit où la nuit le surprit. Fatigué des travaux de la veille, il resta endormi bien après le lever du soleil, et une hirondelle vint en rasant la terre lui effleurer la figure du bout de son aile. Il se réveilla brusquement en frissonnant un peu, et apercevant l'oiseau qui fuyait, il s'écria :

— Ah ! je ne savais pas jusqu'à présent si la Peur était à plume ou à poil ; mais je vois maintenant qu'elle est à plume.

Ce fut la seule fois de sa vie où il éprouva un commencement de crainte, et encore, il dormait plus qu'à moitié quand cela lui arriva.

Il prit le chemin de la ville, et en entrant dans le palais du roi qui était tout en fête, il apprit qu'on allait marier la princesse avec celui qui l'avait délivrée et qui était assis à côté du roi. C'était un homme qui, passant près de l'endroit où gisait la Bête morte, avait coupé les sept têtes et les avait apportées en disant que c'était lui qui avait tué le monstre.

— Attendez, cria Jean, cet homme est un affronteur : il n'y a pas de bête sans langue : regardez si les langues sont encore dans les bouches de la Bête.

On vit qu'elles avaient été coupées, et Jean montra le mouchoir marqué où se trouvaient encore les sept langues toutes sanglantes.

Le roi, irrité contre celui qui l'avait trompé, le fit écarteler par quatre chevaux. Il embrassa Jean sans Peur et le fit revêtir de beaux habits qui lui donnèrent une mine de prince. Il épousa la fille du roi, et à cette occasion ils firent les plus belles noces dont on ait jamais entendu parler dans le pays : les petits cochons couraient par les rues tout rôtis, tout bouillis, la fourchette sur le dos, et en coupait qui voulait, et moi qui étais au repas, on me donna un grand coup de pied dans le derrière, et ils me mirent à m'en aller au soir[1*].

1. Conté par Jean Bouchery, de Dourdain (Ille-et-vilaine).

* « Jean sans Peur » est paru dans le premier volume de *Contes populaires de la Haute-Bretagne* et a été repris par Paul Sébillot dans ses *Contes de terre et de mer* et ses *Cuentos bretones.* Cette version du conte-type 326 (prolongée par le conte-type 300) offre une bonne illustration d'un conte-type particulièrement bien représenté dans la collecte de Paul Sébillot.

LE VIEUX MILITAIRE

Il y avait une fois un soldat qui avait fait dix-sept ans de service. Au bout de ce temps, il fut congédié et se mit en route pour retourner à son pays natal.

Tout en cheminant, il se rappelait ce qu'il avait vu au régiment, et il pensait surtout à certain capitaine, dur pour ses hommes, et qui l'avait maintes fois fait coucher à la salle de police. « Ah ! le méchant capitaine, disait-il, il était méchant, oui, méchant comme le diable ! »

Un peu plus loin, il rencontra un beau monsieur qui se mit à faire route avec lui, et lui demanda où il allait :

— Je viens de quitter le service, répondit-il, et je retourne au pays, pour tâcher d'y gagner ma vie, car je n'ai pas fait fortune au régiment.

— Hé bien ! dit le monsieur, voulez-vous venir domestique chez moi ?

— Je veux bien, mais quelle besogne aurai-je à faire ?

— Ah ! elle ne sera pas difficile ; vous n'aurez pas grand ouvrage, il vous suffira d'avoir soin d'entretenir le feu sous mes chaudières.

— Marché fait, dit le vieux soldat, voilà une besogne qui me va.

Il suivit le monsieur qui le mena dans une grande maison, et lui montra une multitude de chaudières sous lesquelles flambait un grand feu ; il lui expliqua son service, lui montra où était le bois, puis il le laissa seul. Le soldat se trouvait content de son nouveau service, ses repas lui étaient servis à l'heure, sans qu'il vît personne, et même le café et le tabac n'étaient pas oubliés. Il n'avait qu'à souhaiter une chose pour la trouver aussitôt auprès de lui.

Un jour qu'il venait de mettre sous une chaudière une grande brassée de bois, et qu'il allait recommencer à souffler pour attiser la flamme, il entendit une voix qui disait :

— Soldat, modère le feu ! Soldat, modère le feu !

— Tiens, pensa-t-il, je crois que c'est la voix de mon ancien capitaine. Est-ce qu'il serait à rôtir dans cette chaudière ? Ma foi, il ne l'aurait pas volé.

Son maître lui avait défendu de regarder dans les chaudières ; malgré cela, il souleva le couvercle de celle d'où la voix était partie, et vit son ancien capitaine qui était plié en deux.

— Ah ! lui dit-il, te voilà, capitaine, tu es récompensé de nous avoir tant fait souffrir au régiment ; au lieu de mettre une bûche sous ta chaudière, je vais en mettre deux et souffler ferme.

— Pauvre soldat, dit le capitaine, tu ne sais pas où tu es ; ton maître, c'est le diable, et si tu ne sors pas d'ici, il t'arrivera malheur. Va-t'en au plus vite, et, ce soir, quand ton maître va revenir, tu lui diras que tu ne te plais pas à son service et que tu veux partir. Il t'engagera à rester et te promettra de doubler tes gages ; mais tiens ferme et déclare-lui que tu veux le quitter. À la fin, le diable y consentira, il t'ouvrira un coffre plein d'or et t'invitera à remplir tes poches de louis d'or, mais il ne faudra pas te laisser tenter, car si tu te baissais pour puiser dans le coffre, il tomberait sur toi un grand couteau qui te couperait le cou. Tu lui diras : « Mon maître, depuis que je suis à votre service, j'ai usé toutes mes culottes, et je ne voudrais pas m'en aller tout nu ; pour mon paiement, je vous demande les culottes de cuir qui sont dans la cheminée. » Il ne voudra pas d'abord te les donner ; mais il finira tout de même par y consentir.

Quand le diable revint à la maison, le vieux soldat lui dit qu'il s'ennuyait d'être toujours à faire du feu sous les chaudières, et qu'il voulait s'en retourner dans son pays. Le diable lui proposa de doubler ses gages et de lui donner sa fortune au bout de quelque temps ; mais le soldat ne voulut rien entendre, et déclara qu'il voulait partir.

— Hé bien ! puisque tu t'obstines à me quitter, voilà de l'or plein ce coffre, mets-en tant que tu voudras dans tes poches.

— Non, répondit-il, je ne veux point d'or ; au pays, je gagnerai ma vie comme je pourrai, mais je ne voudrais point m'en retourner tout nu : depuis que j'attise le feu ici, j'ai usé toutes mes culottes ; donnez-moi pour mes gages les vieilles culottes de cuir qui sont dans la cheminée.

Le diable ne voulut point d'abord, mais il finit tout de même par lui donner les culottes, en lui disant :

— Tu as parlé à plus fin que toi ; mais c'est égal, tu m'as rendu service, je te revaudrai cela si l'occasion s'en présente.

Le vieux soldat partit ; au soir, il entra dans une auberge et se fit servir à souper. Quand il fut pour payer, il mit la main dans la poche de ses culottes de cuir ; mais, au lieu d'y trouver sa petite bourse, il en tirait des poignées d'or.

L'hôtesse, qui regardait cela, avait bien envie des culottes ; elle fit rester le vieux soldat à coucher, puis, quand il fut endormi, elle lui prit ses culottes et se mit à tout bousculer dans la maison en criant : « Au meurtre ! Au viol ! »

Les gendarmes arrivèrent, et elle raconta que le vieux soldat lui avait pris tout son argent, et qu'il avait voulu la violer.

Dans ce temps-là, la justice était sévère et le vieux soldat fut condamné à mort[1*].

1. Le manuscrit de la fin de ce conte, que j'ai recueilli en Ille-et-Vilaine il y a une vingtaine d'années, s'est égaré, et je ne me rappelle plus comment il se termine. Il est probable que, comme dans les similaires, le diable arrivait et sauvait du supplice celui auquel il voulait du bien.

* Ce conte a été publié dans la *Revue des traditions populaires* en 1901. Bien qu'il soit inachevé, il est donné par Paul Delarue et Marie-Louise Tenèze comme modèle du conte-type 475 (« Le chauffeur du diable ») tel qu'on le trouve dans le domaine français, où il n'est pas très fréquent. On doit à Paul Sébillot six des dix versions bretonnes recueillies, et ces dix versions représentent plus de la moitié du corpus français : ce conte européen étant particulièrement caractéristique des pays scandinaves, on ne peut que constater une nouvelle fois à quel point le répertoire breton a tendance à se rapprocher du répertoire scandinave. On pourra comparer ce conte avec « Koadalan », conte publié par Luzel en 1870 (*Contes retrouvés*, tome I, Presses universitaires de Rennes/Terre de Brume).

LE REÇU

Un propriétaire était mort subitement, et n'avait point eu le temps de donner à son fermier un reçu de la somme que celui-ci avait payée.

Les héritiers la lui réclamèrent, et comme le défunt était un homme soigneux, que rien n'était porté sur ses registres, et que le fermier ne pouvait montrer aucune pièce justifiant le paiement de son fermage, il se voyait forcé de payer une seconde fois, et cela le chagrinait fort.

Comme il s'en revenait le soir tout soucieux, il rencontra sur la route un étranger avec lequel il chemina pendant quelque temps, et il finit par lui raconter le sujet de son chagrin.

L'autre lui dit :

— Je sais où est votre maître, et je vais vous mener à lui si vous avez le courage de vous confier à moi. Mais quand vous serez en sa présence, n'acceptez ni le premier ni le second reçu qu'il vous fera, mais seulement le troisième qui seul sera le bon. Si vous voulez aller où est votre maître, posez votre pied sur le mien, et tenez-vous ferme et sans crainte.

Le fermier fit ce qui lui avait été proposé ; l'étranger l'enleva jusqu'au ciel, et le déposa dans une chambre où il aperçut son maître qui paraissait semblable à ce qu'il était de son vivant.

— Mon maître, dit-il, ne vous souvenez-vous pas que je vous ai l'autre jour payé mes fermages ?

— Si, je me le rappelle parfaitement, et je regrette de n'avoir pas eu le temps de te signer une quittance.

— Mais je suis venu en chercher une, et j'espère que vous voudrez bien me la donner.

— Volontiers, dit le maître en s'asseyant à une table.

Il se mit à écrire ; et quelques instants après, il lui tendit un reçu. Le fermier refusa de le prendre, et dit qu'il en désirait un autre ; quand le second fut fait, il le refusa également ; mais il accepta le troisième, et remercia « son bourgeois » de le lui avoir donné.

— Je suis content, dit-il, en regardant l'appartement, de voir que vous êtes bien ici, et j'en suis aise, car vous avez toujours été bon pour nous.

— Hélas ! répondit-il, je ne dois pas demeurer longtemps ici, et voici l'heure où j'en dois sortir.

À ces mots, il se leva et s'enveloppa d'un manteau rouge ; une porte s'ouvrit par laquelle on voyait un immense brasier qui s'étendait à perte de vue, et dans lequel son maître disparut à ses yeux.

Le lendemain, le fermier put montrer à ses nouveaux propriétaires la quittance qui lui avait été donnée par le défunt, et qui était parfaitement en règle. Mais il avait éprouvé une telle émotion dans cette terrible nuit, que jamais personne ne put le faire sourire, et il mourut peu d'années après*.

---

* Conté en 1878, par Jean Bouchery, de Dourdain (Ille-et-Vilaine), Cette version du conte-type 756 C, publiée dans le tome II des *Contes populaires de la Haute-Bretagne*, est donnée par Paul Delarue et Marie-Louise Tenèze comme modèle du type. *Ce qu'il importe ici de noter*, précisent-ils, *c'est que ce récit est volontiers raconté comme histoire vraie, celui auquel l'aventure est arrivée pouvant être nommément désigné et présenté comme connu. [...] Ce que le narrateur rapporte essentiellement, c'est un témoignage sur l'Enfer ou le Purgatoire, cet autre Monde qui, s'il donne d'abord l'illusion du bien-être, apparaît finalement comme un séjour de supplice, auquel le feu a toujours part. [...] Cinq versions sur neuf proviennent de Bretagne. Le récit est représenté par plus de vingt versions, semble-t-il, dans le catalogue des contes irlandais (Le Conte populaire français*, p. 183-4).

LE FAUTEUIL EN ENFER

Il était une fois un homme qui avait une nombreuse famille, et comme il était pauvre, il avait bien du mal à la nourrir. Un jour qu'il n'y avait presque plus de pain à la maison, il rencontra un monsieur qui lui dit :

— D'où viens-tu ? Tu as la mine affligée.

— Je viens du moulin chercher de la farine pour faire du pain à mes petits enfants ; il n'y en a guère, et pourtant voilà tout ce qui nous reste.

— Voudrais-tu bien, demanda le monsieur, avoir du pain pour ta famille et de l'argent ?

— Oui ; mais comment faire ?

— C'est facile ; promets-moi seulement que s'il te vient un enfant, à l'âge de sept ans il m'appartiendra.

L'homme pensa que sa femme était déjà âgée, et que, comme depuis sept ans elle n'avait pas eu d'enfant, il était peu probable qu'elle en eût d'autres. Il accepta l'offre que lui faisait le monsieur – c'était le diable –, et à partir de ce moment, il ne manqua ni de pain ni d'argent.

Cinq ou six ans après, sa femme eut un petit garçon qui était joli comme un cœur ; il ne pleurait jamais et il était plus fort et plus avancé que tous ceux de son âge. Mais son père se désolait en pensant qu'il serait obligé de le donner au diable quand il aurait sept ans, il se demandait comment il pourrait bien le tirer des griffes de Grippi[1].

Il alla trouver son recteur et lui raconta la promesse qu'il avait faite au diable.

— Ah ! mon ami, lui dit le recteur ; je n'y peux rien ; allez voir l'évêque et vous verrez ce qu'il vous dira.

Le bonhomme vint raconter à l'évêque qu'il avait promis au diable de lui donner son enfant quand il aurait l'âge de sept ans :

— Je n'y vois aucun remède, répondit l'évêque ; il n'y a qu'une seule personne qui puisse vous tirer de ce mauvais pas ; mais il n'est pas facile de la trouver, car elle demeure dans une forêt gardée par toutes sortes de bêtes, et c'est au milieu qu'est le château du monsieur qui peut arracher votre enfant au diable.

Le bonhomme revint à la maison, bien marri, et raconta ce que lui avaient répondu le recteur et l'évêque.

L'enfant, qui avait sept ans moins quelques semaines, dit :

— C'est moi qui irai trouver le monsieur qui peut me délivrer.

Il se mit en route, traversa la forêt et arriva sans accident au château où demeurait le monsieur.

— Comment, lui dit le monsieur, tu n'as pas été mangé par les bêtes féroces ?

— Non, répondit l'enfant, je n'en ai seulement pas vu la queue d'une.

— C'est singulier, dit le monsieur ; que veux-tu ?

L'enfant lui raconta que son père l'avait vendu au diable, et que l'évêque disait que seul le monsieur pouvait le délivrer.

1. Surnom du diable.

— Tu vas te cacher derrière moi, sous ma lévite[2], dit le monsieur, et quand le diable viendra, tu te tiendras tranquille, sans souffler mot.

Bientôt le diable arriva au château, et il demanda au monsieur :

— Qu'y a-t-il de nouveau ?

— Rien, compère ; mais j'ai une demande à vous faire, je pense que vous ne me la refuserez pas.

— Qu'est-ce ?

— Pas grand-chose ; signez-moi un papier par lequel vous vous obligez à m'accorder ce que je vous demanderai.

Le diable signa le papier, et le petit garçon sortit de dessous la lévite où il s'était caché.

— Voilà, dit le monsieur, ce que je vous demande, c'est de renoncer à cet enfant.

— Ah ! s'écria le diable, c'est dommage, car dans quelques jours il allait être à moi ; mais gardez-le, puisque j'ai promis.

Le diable s'en alla, et le petit garçon resta au château. Un jour, le monsieur lui dit :

— Je t'ai tiré des griffes du diable ; mais je suis dans les siennes ; il faudra que je sache s'il n'y a aucun moyen de me sauver ; tu m'aideras comme je t'ai aidé.

— Volontiers, répondit l'enfant.

Quand le diable revint au château, le monsieur lui dit :

— Voici un petit garçon qui a bonne envie de visiter l'enfer ; ne voudriez-vous pas le lui montrer ?

— C'est facile, répondit le diable ; s'il veut venir avec moi ; il n'aura aucun mal, et je le ramènerai ici.

---

2. Redingote.

Le diable fit voir l'enfer au petit garçon ; il vit tous les brasiers, les diables avec leurs fourches, et quand il fut arrivé tout au fond, le diable lui montra un fauteuil.

— Tiens, lui dit-il, voilà le fauteuil de ton maître.

— Il est joli, répondit l'enfant.

— Approche un peu, mais pas trop près.

L'enfant vit que le fauteuil brûlait, et il dit :

— Il ne sera pas bien ici, et je pense qu'il voudrait bien ne pas y venir.

— Oui, dit le diable, mais il y viendra sûrement.

— N'y a-t-il aucun moyen pour lui d'y échapper ?

— Si, il y en a un ; mais je ne crois pas que jamais il veuille le faire.

— Quel est-il donc ?

— Je peux bien te le dire ; car il ne le fera pas, sûrement ; il faudrait qu'il se fasse écorcher tout vif avec un couteau de bois, mais sûrement il ne le voudra pas.

Le petit garçon revint au château et raconta au monsieur qu'il avait vu son fauteuil en enfer.

— N'y a-t-il aucun remède ?

— Si, il y en a un ; c'est de vous faire écorcher vif avec un couteau de bois ; mais vous ne le voudrez pas, cela vous ferait trop de mal.

— Si, je le veux bien, et c'est toi qui vas m'écorcher.

Le petit garçon l'écorcha avec un couteau de bois, et tous les deux furent sauvés*.

---

* Conté en 1881, par Joseph Bagot, de Mézières (Ille-et-Vilaine), journalier, âgé de 45 ans. *Revue de Bretagne, de Vendée et d'Anjou*, t. VI, 1891, p. 70-72. Cette version du conte-type 756 B (« Le pacte avec le diable ») est particulièrement intéressante à comparer avec les nombreuses versions recueillies par Luzel en Basse-Bretagne (voir notamment « L'enfant qui avait été donné au diable », in *Contes de Basse-Bretagne*, Éditions Ouest-France). Neuf des quatorze versions de ce conte recueillies en France proviennent de Bretagne et l'on a émis l'hypothèse qu'il avait pu y trouver naissance.

L'ENFANT VENDU AU DIABLE

Il y avait une fois un homme qui voulait se marier ; il allait voir les filles, et il leur plaisait assez parce qu'il était joli garçon. Mais quand il s'avisait d'en demander quelqu'une à ses parents, ceux-ci le refusaient parce qu'il était pauvre comme Job.

Un jour qu'il se promenait en pensant à son malheureux sort, il vit tout à coup devant lui un monsieur tout noir qui lui dit :

— Qu'avez-vous, brave homme, pour cheminer d'un air si triste ?

— Ah ! monsieur, c'est que je voudrais bien me marier, mais on me refuse partout parce que je n'ai pas d'argent.

— Si vous voulez me donner votre fils aîné quand il aura quatre ans, dit le monsieur tout noir, je vous donnerai assez d'argent pour épouser la plus riche fermière de ce pays.

— Je veux bien, répondit l'homme ; car je pense que vous ne lui ferez aucun mal.

Le monsieur, qui était le diable, lui remit une bourse bien garnie, et le garçon loua une ferme, acheta un mobilier et se maria à la fille qui lui plaisait.

Son premier enfant était un garçon joli comme le jour ; tant qu'il fut petit son père ne pensa pas à la promesse qu'il avait faite, mais quand le petit garçon approcha de ses quatre ans, il se rappela sa promesse, et il ne faisait que pleurer et se lamenter. Sa femme lui demanda pourquoi il ne faisait que pleurer.

— Hélas ! lui dit-il, j'ai promis notre fils au diable. Il doit venir le chercher quand il aura accompli ses quatre ans, et voilà que le terme approche.

La femme se mit aussi à pleurer, plus fort que son mari, et le petit garçon vint lui demander à son tour pourquoi elle avait du chagrin.

— Ah ! mon fils, c'est que ton père t'a promis au diable, et quand tu auras quatre ans, il doit venir te chercher.

Le petit garçon ne répondit rien ; mais le lendemain, pendant que sa mère était à boulanger, il lui dit :

— Maman, tu me feras une fériole* pour moi tout seul.

— Oui, oui, mon petit gars, lui répondit la mère.

Quand il eut la fériole, il quitta la maison, et se mit à marcher le plus vite qu'il pouvait. Sur son chemin, il rencontra une petite bonne femme qui lui demanda où il allait.

— Je m'échappe, dit-il ; papa m'a vendu au diable, et je veux aller loin, bien loin, pour qu'il ne puisse me trouver.

— Veux-tu me donner un peu de ta fériole !

— Elle n'est pas grosse, dit-il en la regardant, mais prenez tout de même ce qu'il vous plaira.

La petite bonne femme en prit un morceau gros comme le doigt, puis elle rendit la fériole au petit gars, et lui dit :

— Tiens, mon petit gars, voici une petite bouteille d'eau ; quand le diable te tiendra sur son dos, tu lui en jetteras des gouttes avec cette petite plume ; mais il faudra l'épargner, et jeter le reste sur le chef des diables.

* Miche de pain.

Le petit gars remercia la femme, qui était la Bonne Vierge, et le jour où il eut ses quatre ans, un des diables lui cria :

— Un tel, es-tu prêt ?

— Oui, répondit l'enfant.

— Hé bien ! monte sur mon dos.

L'enfant grimpa sur le dos du diable, et se mit à jeter avec sa plume des gouttes de l'eau que lui avait donnée la Bonne Vierge. Le diable ne cessait de crier.

— Ah ! que tu pèses, petit gars, ah ! que tu pèses !

Enfin ils arrivèrent à la porte de l'enfer où le chef des diables était à l'attendre ; quand l'enfant le vit, il lui jeta à la figure presque tout le reste de son eau, et le grand diable ordonna à l'autre de rapporter l'enfant où il l'avait pris.

Le diable ne se le fit pas redire deux fois, et il partit pour aller le reporter ; mais comme l'enfant ne cessait de l'arroser avec l'eau, il criait encore : Oh ! que tu pèses ! Oh ! que tu pèses ! Et il fut bien aise de le déposer devant la maison de ses parents*.

* Contée en 1882 par J.-M. Comault, du Gouray (Côtes-du-Nord), cette version du conte-type 811 A (« L'enfant promis au diable et sauvé ») est parue dans la *Revue de Bretagne, de Vendée et d'Anjou*, t. VI, 2e série, 1891.

FÉES ET SIRÈNES, LUTINS ET CHATS-SORCIERS

I.

FÉES DES HOULES*

---

* Pour un panorama de la vie des fées des houles, voir *La Douce Vie des fées des eaux*, Babel/Actes Sud, « Entre terre et mer, les fées des houles » (p. 130-187). Voir aussi l'introduction de Paul Sébillot à ses *Contes populaires de la Haute-Bretagne*, où il insiste sur *le nombre, l'importance et l'originalité de ces contes particuliers au bord de la mer.*

INTRODUCTION

Sur le littoral de la Manche, depuis Cancale jusqu'à la limite du français et du breton, à Tréveneuc, on racontait encore, il y a une vingtaine d'années, nombre de légendes qui se rattachaient très nettement aux cavernes des falaises, auxquelles on donne le nom de « houles », ou, plus rarement, de « goules ».

Quoiqu'elles fussent déjà à la période d'effacement, bien des gens les connaissaient alors ; les mieux conservées de beaucoup étaient celles que m'ont dites des femmes très âgées, qui sont, pour la plupart, mortes aujourd'hui. Plusieurs, qui étaient nées au siècle dernier, pensaient que les fées des houles avaient réellement existé : l'une d'elles affirmait les avoir vues étant enfant. Elles croyaient que ces cavernes n'avaient cessé qu'à une époque toute récente d'être habitées par une race de personnages surnaturels qui jadis se montraient assez souvent aux habitants du rivage, et avaient même parfois une réelle influence sur leur vie. […]

Sur toute cette côte, les cavernes à peine ébauchées de la baie de la Fresnaye et de l'embouchure de l'Arguenon étaient la demeure des fées aussi bien que les grottes incomparables qui s'ouvrent, parfois grandioses comme des cathédrales, dans les hautes falaises de grès rouge du cap Fréhel ; si on s'étonnait de la petitesse de certaines, les vieilles gens disaient qu'elles n'avaient pas toujours été ainsi ; quelque cataclysme les avait ruinées, ou elles s'étaient effondrées quand elles avaient cessé d'être habitées ; ainsi l'entrée de la houle de la Teignouse fut presque bouchée par un écroulement qui survint la nuit où les fées et les féetauds[1] *la quittèrent pour aller en Angleterre.*

Quand on pénétrait dans ces houles, on y voyait des bancs, des tables, des berceaux, tout un ménage de pierre qui avait servi ou qui servait encore à leurs mystérieux habitants. Les plus considérables ne se composaient pas seulement de la partie que l'on peut visiter à marée basse ; ce n'était pour ainsi dire que l'antichambre ; elles se prolongeaient bien avant dans les terres, jusque sous les bourgs d'où l'on entendait chanter les coqs des fées[2] *; l'une d'elles aboutissait à Notre-Dame de Lamballe, à quarante kilomètres de son entrée. Suivant quelques récits, quand on avait franchi une sorte de tunnel, on se trouvait dans un monde pareil au nôtre, qui avait son ciel, son soleil, sa terre et ses arbres, et où l'on voyait de beaux châteaux au bout de longues avenues.*

Mais, le plus habituellement, ces demeures ne comprenaient que la caverne elle-même. Quand on en avait passé l'entrée, que fermait parfois une voûte de pierre gardée par une vieille portière couverte de varechs, et fort laide, on se

---

1. Dans mes précédents ouvrages, j'ai orthographié *faitauds* les maris des fées ; je crois plus rationnel d'écrire ce mot en conservant le radical *fée*.

2. La grotte du Chat à Piriac conduit, si l'on en croit la tradition populaire, à plus d'une lieue dans les terres ; elle doit son nom à un chat qui, jeté dans cette grotte, et forcé d'en sortir par la mer qui en fermait l'entrée, a repassé près du village de Camsillion.

trouvait en présence des fées : c'étaient de belles personnes, vêtues comme des dames ou des Bonnes Vierges. Les féetauds ou fées mâles, leurs frères ou leurs maris, vivaient à côté d'elles, moins nombreux, semble-t-il, et inférieurs en puissance. Quelquefois on voyait encore d'autres personnages, les fions, qui étaient de si petite taille que leurs épées n'étaient guère plus longues que des épingles à piécettes ; ils remplissaient les fonctions de pages ou même de domestiques ; il n'y avait pas de fions femelles, du moins dans les houles.

À part leur pouvoir surnaturel, les fées et les féetauds vivaient à peu près comme des seigneurs, ou tout au moins comme des propriétaires aisés : les femmes boulangeaient et cuisaient leur pain, elles filaient, faisaient leur lessive, et on les voyait étendre au soleil, sur la lande du Cap ou sur les rochers du rivage, du linge si bien blanchi que l'on dit encore en proverbe : « blanc comme le linge des fées » ; seulement il disparaissait dès qu'en s'en approchant on avait remué les paupières. Les bonnes dames possédaient aussi des animaux domestiques qui, parfois invisibles, allaient pâturer dans les champs des hommes ; elles prenaient même des bergères pour les garder.

La nuit, tout le monde pouvait voir les fées ; mais en jour, ce privilège n'était donné qu'à un petit nombre de personnes ; celles qui avaient eu les yeux frottés avec des pommades magiques les reconnaissaient sous leurs déguisements. Grâce à ce mystérieux onguent, les fées pouvaient se rendre invisibles ou se transformer : quelques-unes en profitaient pour voler. Elles semblaient d'ailleurs considérer que certains larcins leur étaient permis : si elles prenaient des huîtres dans les parcs, si elles enlevaient du poisson ou du bétail, elles indemnisaient largement, par des dons variés, ceux qui se plaignaient, ou elles favorisaient ceux qui les laissaient faire sans rien dire.

En général elles se montraient secourables : les mauvaises fées, et on les nommait ainsi, étaient une exception ; les autres s'appelaient « les bonnes dames » ou « nos bonnes mères les fées » ; c'était la reconnaissance et non la crainte qui leur faisait donner ces noms affectueux.

Les contes relatent largement leurs bienfaits : des enfants guéris du croup, des blessures cicatrisées, le don d'objets inépuisables, ou inusables, à la condition de n'en point parler, parfois même l'octroi d'une partie de leur puissance à ceux qu'elles avaient pris en affection, et surtout aux gens dont elles étaient marraines. Quelquefois elles les emmenaient, et ils demeuraient dans les grottes où vingt ans leur paraissaient un jour.

Les fées ne vieillissaient point, et elles n'étaient pas exposées aux maladies ordinaires : toutefois quand elles étaient en mal d'enfant, elles avaient recours aux bons offices des sages-femmes du voisinage. Elles étaient immortelles jusqu'au jour où on leur mettait du sel dans la bouche ; celles qui se faisaient baptiser devenaient sujettes à la maladie et à la mort, parce que dans la cérémonie du baptême le sel avait touché leurs lèvres. Une plus grande quantité de sel pouvait les faire périr aussitôt ; d'après deux contes, elles meurent toutes à la fois, parce que, pour se venger de l'une d'elles, quelqu'un, la voyant dormir la bouche ouverte, la lui remplit de gros sel.

L'opinion générale des vieilles gens est qu'elles vivent encore, mais qu'elles ont quitté le pays ; elles y reviendront quand nous serons au « siècle visible » ; le siècle actuel est le « siècle invisible » et c'est quand il a commencé qu'elles ont abandonné leurs demeures.

Ces légendes s'attachent à des grottes qui n'existaient pas avant que la mer eût profondément modifié, il y a environ mille ans, toute cette partie du littoral ; elles sont probablement très anciennes et on les racontait peut-être avant cette époque en leur donnant pour théâtre des houles que la mer a emportées, en même temps les falaises où elles étaient creusées. Quant à leur conservation sur les divers points de nos côtes où naguère elles étaient bien connues, elle pourrait bien tenir à une cause qui n'a rien de poétique : en raison du voisinage des îles anglo-normandes, la contrebande a été autrefois très active dans ces parages ; il est possible que les intéressés aient, de leur mieux, entretenu ces vieilles croyances, et raconté les gestes des fées pour ne pas être dérangés par les douaniers quand ils cachaient leurs marchandises dans les houles, souvent d'un accès assez difficile, où leurs compères allaient les chercher la nuit, pour aller les vendre dans l'intérieur des terres.

Dans cette hypothèse, qui me semble assez plausible, les traités de commerce qui, sur cette côte, ont à peu près complètement fait cesser la fraude, auraient aussi, par une conséquence assez inattendue, amené l'effacement graduel de ce groupe légendaire.*

---

* *Légendes locales de la Haute-Bretagne*, Nantes, Société des bibliophiles bretons, 1899, pp. 39-42.

LA HOULE-AUX-FÉES

Un soir que la mère Milie, qui était sage-femme de son état, était assise sur un tabouret dans le coin de son foyer, elle entendit cogner à son huis.

Elle débarra la porte et vit entrer chez elle une vieille femme qui lui dit d'aller avec elle auprès de Saint-Lunaire assister une créature qui était en mal d'enfant. Milie répondit qu'elle voulait bien : elle prit ses souliers, mit sur son dos un petit devantier[1] rapport au froid ; elle couvrit son feu et suivit la vieille qui cheminait devant elle, marchant par les sentiers comme en plein jour.

Il y avait déjà un bout de temps qu'elles étaient parties quand Milie entendit le bruit de la mer menant ramage contre les roches des falaises.

— Eioù qu'ous menez ? dit Milie. Voul'ous me faire aller diqu'à la Goule-ès-Fées ousque n'en dit qu'on vaït des fions d'aut'fais ?

— Vère, Milie, dit la vieille, j'allons directement là. Prends ma main ; tu n'as que faire d'avaï poû ; je n'veux

1. Devantier : tablier.

point te défalaiser. Sieus-ma et tu renras service à iune de tes semblabes[2].

Milie aurait bien voulu être encore chez elle au coin de son foyer ou dans son lit ; mais elle était forcée d'aller où l'autre la menait et marchait sur le bord des falaises comme sur une route tracée.

Elles finirent par arriver à la Houle-aux-Fées qui est une grotte escarabe[3], quasiment aussi grande que celle à Poulifée ou la Salle-à-Margot que les messieurs vont voir quand le temps est beau, et qui sont au bas des falaises de Fréhel. Elle vit sur un lit une femme toute jeune, avec plusieurs personnes alentour d'elle. Elle lui porta secours et bientôt reçut un beau petit gars, bien costaud, qui pesait bien sept livres trois quarts, soit autant dire huit livres moins le quart.

Les autres femmes donnèrent à Milie une boîte où il y avait une sorte d'onguent quasi pareil, respect de vous, à de la graisse de porc, et elles lui dirent de frotter l'enfant, puis de bien s'essuyer les mains après ça, sans quoi il pourrait lui arriver malheur.

Elle frotta la garçaille[4] et, sans faire mine de rien, se grattant un œil, s'en mit un peu dans le coin. Elle n'avait pas plus tôt fait ça qu'elle vit tout changé autour d'elle. La grotte était belle comme une église à la mi-août, les femmes étaient attifées comme des *princeresses*, et Milie n'avait rien vu de si beau ni à Saint-Malo chez les bourgeois, ni dans les châteaux de Ploubalay, Pleurtuit ou Saint-Briac. Elle voyait à l'entour d'elle toutes sortes de petits fions, pas

---

2. Où me menez-vous ? dit Milie. Voulez-vous me faire aller jusqu'à la Houle-aux-Fées où l'on dit qu'on voyait des fées autrefois ?

— Oui, Milie, dit la vieille, c'est là qu'on va justement. Prends ma main ; tu n'as pas besoin d'avoir peur ; je ne veux pas te jeter à bas de la falaise. Suis-moi et tu rendras service à une de tes semblables.

3. Escarabe : gigantesque.

4. Garçaille : gamin et aussi parfois marmaille.

plus gros que le pouce, habillés comme des messieurs cossus et portant au côté des épées qui n'étaient pas plus longues que des épilles à piécettes[5].

Elle était tout ébahie mais ne dit rien et frotta l'enfant jusqu'au moment où les fées lui dirent de finir. Elles lui donnèrent une bonne boursée d'argent et la ramenèrent, bien contente, jusqu'à chez elle.

Depuis ce temps-là, elle voyait par les sentes, par les clos et un peu partout toutes sortes de fions, mais elle ne faisait mine de rien. Un jour qu'elle était à la foire de Saint-Briac, où les marchands de cochons de Trémereuc et Pluduno viennent vendre leurs petits cochons et leurs verrats, elle vit les fées qui se livraient à toutes sortes de petits jeux pour tromper le pauvre monde et lui voler sa pauvre argent. Elle ne dit encore rien ce coup-là mais, l'après-midi, à un moment où il y avait foule au Carrousé comme autour des marchands qui vendent des saucisses de Plancoët et des échaudés, elle vit une des fées qui mettait sa main dans la poche du devantier d'une femme en coiffe. Elle protesta et cria à la voleuse ! Mais la fée se tourna vers elle et, d'un doigt, lui arracha l'œil si vivement qu'elle ne s'en avisa que déjà devenue borgneuse*.

5. Des épilles à piécettes : des épingles à tête de verre servant à agrafer sur la poitrine la bavette du tablier qui était la pièce décorative du costume.

* On trouvera en annexe la version originale de ce conte sous le titre « La Goule-ès-Fées ». Nous en avons donné une traduction en conservant les dialogues, les Fées gallèses parlant patois, au contraire des fées normandes et de leurs cousines, les fées de Guernesey.

Ce conte est intéressant en raison de sa place dans la collecte (c'est, après « La Houle Cosseu », le deuxième conte de ce type recueilli par Paul Sébillot, en 1867, auprès d'un camarade de la région de Dinan. Il est non moins remarquable que le folkloriste débutant ait éprouvé le désir de le traduire en « patois du littoral » pour garder quelque chose du charme qu'avait le récit dans la bouche de son camarade. Il ne parut qu'en 1880, dans le premier volume donné par Sébillot aux éditions Maisonneuve, *Littérature orale de la Haute-Bretagne*. Il s'explique à ce sujet dans ses *Notes pour servir à l'histoire du folk-lore en France*, que l'on trouvera en annexe.

LA HOULE DU CHÂTELET

Il y avait une fois à Saint-Cast un laboureur qui s'appelait Marc Bourdais ; mais, suivant l'usage du pays, il avait une *signorie*[1], et on le nommait communément le bonhomme Maraud. Un jour qu'il était à charruer auprès de la pointe du Châtelet, il entendit corner, et le son de la trompe semblait venir de dessous terre. Il dit à son domestique qui touchait les chevaux :

— Entends-tu, gars ?

— Oui, répondit-il, c'est le *corne*[2] des fées.

— Crie-leur de nous apporter une gâche de pain.

Le domestique s'arrêta, et cria de toute sa force, mais bien gentiment :

— Apportez-nous, s'il vous plaît, une gâche.

Puis il se remit à la besogne, et son maître et lui continuèrent leur sillon commencé ; quand ils l'eurent achevé, ils trouvèrent au bout un beau pain enveloppé dans une serviette bien blanche :

— En mangerons-je, de la gâche aux fées ? demanda le bonhomme Maraud.

1. Sobriquet.
2. La trompette.

— Oui, répondit le domestique, elle est trop belle pour ne pas lui faire honneur en la goûtant.

— Commence par l'entamer, toi, dit Maraud ; je ne veux pas en manger le premier.

Ils coupèrent chacun une tranche dans le pain des fées qui était tout beurré, et bon comme un gâteau ; ils le trouvèrent à leur goût, puis ils eurent soif, et crièrent :

— Apportez-nous maintenant à boire, s'il vous plaît.

Aussitôt voilà un pot de cidre et un verre qui se présentent devant eux :

— Ma foi, dit le bonhomme, nous avons goûté à la gâche, et elle était bien bonne ; m'est avis que le cidre ne nous fera point de mal.

Ils remplirent le verre ; le cidre était clair et de belle couleur, et ils déclarèrent tous les deux que jamais ils n'en n'avaient bu d'aussi agréable.

Quand ils revinrent le soir chez eux, ils racontèrent à leurs voisins qu'ils avaient mangé du pain apporté par les fées et qu'ils avaient bu de leur cidre ; mais beaucoup hochaient la tête en les entendant et leur disaient :

— Vous allez en mourir, mes pauvres gens.

Ils ne furent pourtant point malades, et, quelques jours après, ils retournèrent labourer auprès de la pointe du Châtelet. Comme ils y arrivaient, ils sentirent l'odeur de galettes de blé noir toutes chaudes.

— Ah ! dit le bonhomme Maraud ; les fées sont aujourd'hui à faire de la galette ; si tu leur en demandais un peu ?

— Ma foi, répondit le domestique, priez-les de vous en donner, j'ai peur de les ennuyer.

Le bonhomme, qui était un vieux farceur, se mit à crier :

— Apporte-moi de la galette ; et il m'en faut de la meilleure !

Quand ils furent rendus au bout du sillon qu'ils traçaient, ils trouvèrent deux galettes de belle apparence.

— Nous allons les manger, dit le bonhomme, elles ont une mine qui fait plaisir à voir.

Mais, quand ils les coupèrent, ils s'aperçurent qu'elles étaient remplies de poils, que les fées y avaient mis parce que Maraud ne leur avait pas parlé poliment :

— Vieille sorcière, s'écria le bonhomme ; si tu te moques de moi, j'en ai autant à ton service ; viens prendre ta galette et la remporte.

Ils commencèrent un autre sillon, et, quand il fut achevé, les galettes remplies de poils avaient disparu.

*
* *

Il y avait au village de la Baillie une femme qui était restée veuve avec sept enfants, et elle avait bien du mal à leur gagner du pain. Elle entendit parler de ce qui était arrivé au bonhomme Maraud ; et elle y songeait souvent. Un jour qu'elle était sur la grève à ramasser des *coques*[3], elle pensait en elle-même :

— Comment ferais-je bien pour empêcher mes pauvres enfants de mourir de faim ? Si j'allais à la houle des fées, peut-être qu'elles me donneraient du pain ; elles en ont déjà donné à d'autres qui n'en avaient pas aussi besoin que moi.

Quand elle eut rempli son sac de coques, elle le posa sur un rocher et courut à l'entrée de la houle où elle frappa. Elle vit venir une vieille portière qui tenait à la main un trousseau de clefs ; elle était couverte de *bernis*[4] et de

3. Bucardes comestibles.
4. Patelles.

moules, et était moussue comme un rocher : elle paraissait avoir plus de mille ans.

— Que veux-tu, ma pauvre femme ? lui demanda-t-elle.

— Un peu de pain, s'il vous plaît, pour mes petits enfants.

— Je ne suis pas la maîtresse ici, répondit la vieille, je ne suis que portière, et il y a plus de cent ans que j'y demeure ; mais reviens demain, je te promets de parler pour toi.

La femme s'en retourna ; elle alla à Matignon vendre ses coques, et en retira assez d'argent pour donner à souper à toute sa maisonnée.

Le lendemain, elle revint à la grève, et, quand elle y eut ramassé autant de coques que la veille, elle se présenta à l'entrée de la houle, où elle vit la vieille portière :

— Hé bien, madame, lui dit-elle, avez-vous parlé pour moi ?

— Oui, répondit-elle, voici une tourte de pain que je te donne et celle qui te l'envoie veut te parler.

— Menez-moi à elle, dit la pêcheuse, je serai bien aise de la remercier.

— Pas aujourd'hui, répondit la vieille portière des fées ; mais reviens demain à la même heure et tu la verras.

En donnant le pain à la pêcheuse, la fée ne lui avait pas défendu d'en parler, et ne lui avait pas recommandé de ne le partager avec personne. Aussi, en rentrant à son village, la femme rencontra ses voisines, et, toute joyeuse, elle le leur montra.

— Regardez, dit-elle, la belle gâche de pain que m'ont donnée les fées !

Le soir, tous les gens de la Baillie vinrent la voir, et comme chacun voulait goûter le pain, il ne dura pas longtemps.

Le lendemain, la femme n'alla pas ramasser de coques, pensant que les fées lui feraient un autre présent. À la même heure que la veille, elle retourna à la grotte : la vieille portière qui avait sur le dos des bernis et des moules lui ouvrit la porte, et aussitôt parut une belle dame qui lui dit :

— Hé bien ! femme, as-tu trouvé mon pain à ton goût ?

— Oui, madame, et je vous en remercie de tout mon cœur.

— Il n'a pas duré longtemps, dit la fée.

— C'est vrai ; tous les enfants et les voisins en ont goûté, et il a été vite fini.

— Je vais t'en donner un autre, dit la fée, mais il faudra bien le cacher, dès que tu seras rentrée, afin que personne n'en ait connaissance ; s'il n'y a que ceux de ta maison à en manger, il ne diminuera point et restera toujours frais ; mais prends bien garde d'en couper le moindre morceau pour un étranger, car il disparaîtrait comme celui d'hier. J'ai quatre vaches, et j'ai besoin d'une pâtoure pour les mener aux champs : promets-moi qu'une de tes filles viendra les garder tous les jours, et rien ne te manquera.

— Mais, madame, lui demanda la femme, où sont vos vaches ? Je ne les ai jamais vues. Où l'enfant ira-t-elle les prendre ?

— Elle se rendra tous les matins, à huit heures, dans un champ où elle les gardera toute la journée, et le soir on viendra les chercher.

À partir du lendemain, l'aînée des filles de la veuve, qui avait douze ans, venait tous les matins prendre les vaches des fées ; elles pâturaient, tantôt dans un champ, tantôt dans un autre, et quand les voisins voyaient la petite fille assise une gaule à la main sur l'herbe des forières[5], ou se lever pour crier après son troupeau, ils lui disaient :

---

5. Espace non cultivé entre les talus plantés d'arbres et la partie ensemencée des champs.

— Que fais-tu là, petite ?

— Je garde les vaches des fées, répondait-elle.

— Les vaches des fées ? Où sont-elles donc ! On ne les voit point.

Ils en riaient, et pensaient qu'elle était devenue innocente. Mais elle continuait à garder son troupeau, et tous les jours, à l'heure des repas, les fées lui apportaient à manger.

*

* *

Un soir, la belle dame de la houle vint elle-même chercher les vaches et elle dit à la petite pâtoure :

— Serais-tu contente d'être la marraine de mon enfant ?

— Ah ! oui, madame, répondit la jeune fille.

— N'en parle à personne, pas même à ta mère : si tu bavardais, je ne t'apporterais plus à manger ici ; je t'avertirai quand il faudra venir.

La petite fille se garda bien de dire à ses parents qu'elle avait vu la fée, et elle continua à aller aux champs comme de coutume. Quelque temps après, une des fées vint lui dire de se préparer à venir nommer l'enfant.

— À quelle heure faudra-t-il aller ? demanda la fille.

— Demain, tu n'auras pas à garder tes vaches ; tu arriveras ici à midi, et on viendra te chercher.

La pâtoure était une petite fille jolie comme tout ; elle s'arrangea de son mieux, et le lendemain à midi, quand elle se présenta à la porte de la houle, elle se recula en voyant la vieille portière qui avait sur le dos des bernis et des moules ; mais la vieille lui dit :

— N'aie pas peur, mon enfant ; laisse-toi conduire par moi, je ne te ferai pas de mal.

Mais comme la pâtoure n'osait avancer, une autre fée, qui était jeune et jolie, vint la prendre par la main, et la fit entrer dans la houle.

Elle fut marraine d'une petite fille, et quand elle sortit de la houle, sa filleule était déjà grande ; elle croyait n'y être restée que deux jours, et elle y était demeurée dix ans.

Ses parents avaient cru qu'elle était tombée des falaises ou qu'elle s'était noyée ; mais ils l'avaient cherchée partout sans trouver d'elle aucune trace.

Les fées avaient demandé à sa mère une autre de ses filles pour garder leurs vaches, et c'était elle qui était pâtoure à la place de sa sœur.

Quand la jeune fille sortit de la houle, elle retourna à la Baillie. En la voyant, sa mère lui dit :

— D'où viens-tu, malheureuse ? Nous te croyions noyée.

— Ne me grondez pas, répondit-elle, je suis partie il y a deux jours pour nommer l'enfant de la dame pour qui je garde les vaches, et je suis revenue dès que j'ai pu.

— Depuis deux jours ! s'écria la mère, tu as été dix ans. Regarde comme tu es grande à présent.

La jeune fille se regarda et vit qu'elle était devenue femme ; ses frères et ses sœurs, qui étaient tout petits quand elle était partie, avaient si grandi et si changé qu'elle avait peine à les reconnaître.

Elle se mit à tricoter une paire de bas pour sa filleule, et, quand elle l'eut terminée, elle alla la porter à la houle. La vieille fée qui avait sur le dos des bernis et des moules vint lui ouvrir, et elle resta encore cinq ans avec les fées, pensant n'avoir passé qu'un jour avec elles.

Quand elle voulut s'en aller, sa filleule lui donna une bourse, et lui dit :

— Ma marraine, voici une bourse dont je vous fais présent pour vous souvenir de moi ; elle est pleine d'or : à chaque fois que vous y prendrez une pièce, il en viendra une autre à la place ; mais si un autre que vous puisait dans la bourse, elle perdrait aussitôt toute sa vertu.

Lorsque la jeune fille revint à la Baillie, sa mère était morte depuis longtemps, ses frères étaient embarqués, et ses sœurs avaient quitté le village pour entrer en service ou se marier, et elle resta seule à la maison.

Comme elle était jolie et avenante, il ne manqua pas de galants pour lui faire la cour, et elle en choisit un pour se marier avec lui. Elle ne put s'empêcher de lui parler de la bourse que les fées lui avaient donnée, mais, dès qu'il y eut pris une pièce d'or, elle s'épuisa comme une bourse ordinaire.

Et je ne sais pas si la jeune fille est depuis retournée voir les fées de la Houle du Châtelet[6*].

6. Conté en 1880, par Rachel Quémat, femme Durand, de Saint-Cast, âgée de cinquante-cinq ans environ.

La Houle (grotte) du Châtelet est dans la baie de la Fresnaye, un peu au-dessus du petit port de la Ville-Norme, et à peu de distance de la Houle de la Corbière.

* « La Houle du Châtelet » a été placée par Sébillot en tête du chapitre qu'il consacre aux fées des houles dans le tome II de ses *Contes populaires de la Haute-Bretagne*. Il l'a repris dans ses *Contes de terre et de mer*.

LA MORT DES FÉES

Autrefois, au temps de nos bonnes mères les fées, les houles de Poulifée, du Jâs, de Crémus et de Château-Serin leur servaient de retraites.

Mais la plus belle et la plus grande de toutes ces grottes de Plévenon est celle de Poulifée, et l'on assure que personne n'a encore pu en atteindre le fond. Ceux qui l'ont visitée disent qu'on y voit des chambres parfaitement meublées, avec des sièges et des tables de pierre, des escaliers commodes, et même des chapelles très bien ornées.

Au temps où les fées y faisaient leur demeure, elles en sortaient souvent pour venir se promener sur terre, et maintes fois les pêcheurs les ont vues danser des rondes au clair de lune sur les landes de Fréhel.

Les bonnes dames de Poulifée prenaient plaisir à rendre service aux gens du pays. Les femmes et les jeunes filles connaissaient leur humeur obligeante : aussi, quand elles allaient faire paître leurs moutons sur les bruyères du Cap, elles descendaient les sentiers de la falaise, et déposaient à l'entrée de la houle leur quenouille chargée de filasse, leur fuseau et un morceau de pain, puis elles s'en allaient, et, le soir, quand elles venaient chercher leur quenouille, elle était toute filée, et le fil était plus régulier et plus beau que celui des meilleures filandières du pays. Mais elles ne retrouvaient plus le pain, parce que les dames de la houle l'avaient pris pour leur salaire.

Souvent aussi les bonnes fées mettaient à sécher au soleil sur la lande de Fréhel du linge de toute espèce, des draps, des chemises, des serviettes plus fines que les meilleures toiles de Quintin : ceux qui parvenaient à aller sans remuer les paupières jusqu'à l'endroit où la buée des fées était étendue avaient la permission de ramasser tout ce qu'ils pouvaient emporter. Mais, dès qu'on avait remué les paupières, on ne voyait plus rien : tous les beaux linges blancs avaient disparu avec la rapidité d'un enchantement.

Il y avait certaines familles qu'elles favorisaient : elles leur faisaient des présents et consentaient volontiers à être les marraines de leurs enfants. Elles prenaient soin de leurs filleuls et ils pouvaient venir les consulter quand ils avaient besoin d'un conseil.

Une femme de Plévenon, qui avait vu disparaître de chez elle une somme d'argent, vint à la houle de Poulifée pour demander à sa marraine qui la lui avait volée. La fée montra à sa filleule, qui se nommait Jeannette, un miroir et lui dit :

— Regarde, ma fille, voilà l'auteur du vol.

Jeannette jeta les yeux sur la glace, et elle vit son mari qui était à l'auberge, en train de boire et de se divertir en compagnie de plusieurs de ses camarades. La pauvre femme en fut toute saisie, et, comme elle ne pouvait pas croire que son mari fût coupable, elle dit :

— Je vois bien mon homme ; mais, marraine, cela ne prouve pas qu'il ait volé mon argent : il lui arrive souvent de boire et de se divertir, même quand il n'a pas un sou dans sa poche.

La fée montra à Jeannette une seconde glace où elle vit distinctement la figure de son mari qui était entouré des pièces d'or et d'argent qui avaient été volées.

Elle se mit à pleurer amèrement, mais la bonne fée consola sa filleule, et lui confia un secret qui fit de son mari le meilleur et le plus rangé de tous les hommes.

*

* *

À cette époque, il y eut une dispute entre les fées de Poulifée et celles de Château-Serin, qui jusque-là avaient toujours été en bonne intelligence. Elles ne cherchaient plus qu'à se nuire les unes aux autres, et les habitants de Plévenon en souffraient ; car s'ils faisaient quelque politesse aux bonnes dames de Poulifée, celles de Château-Serin s'en montraient jalouses, et elles trouvaient facilement l'occasion de témoigner leur mécontentement.

Un homme de Plévenon, qui était bien vu des fées de la houle de Poulifée, vint demander à l'une d'elles de servir de marraine à un enfant qui allait bientôt naître ; elle accepta avec empressement, et donna le nom de Jean à l'enfant, qui était un beau et gros garçon.

Sa marraine lui accorda beaucoup de dons, et comme il avait déjà naturellement de bonnes dispositions, en grandissant, il devint le modèle des enfants du pays, et tout le monde parlait de lui avec éloges.

Une des fées de Château-Serin, qui était la rivale et l'ennemie de la marraine de Jean, devint jalouse du jeune garçon et des dons qui lui avaient été faits, et elle résolut de le faire mourir quand il aurait atteint l'âge de dix-huit ans.

Mais la bonne dame de Poulifée, qui veillait sur Jean comme sur son propre fils, eut connaissance de ces méchants projets, et, pour le préserver de la colère de son ennemie, elle creusa dans la falaise de Fréhel la houle de Crémus, où elle l'enferma en le gardant de tous les pièges que l'autre fée pourrait lui tendre. Jean resta dans la grotte jusqu'au moment où il eut atteint l'âge de vingt ans : à partir de cette époque, la fée de Château-Serin n'avait plus le pouvoir de lui faire du mal.

*

*   *

La marraine de Jean lui communiqua la science des fées, et il devint presque aussi savant et aussi habile qu'elles. Mais elle lui avait toujours caché un secret qu'il aurait bien désiré connaître : il ne savait pas pourquoi les fées ne mouraient point.

Un jour qu'il se promenait au bord de la mer, il vit une fée qui s'était endormie sur un rocher, et sa bouche entrouverte par le sommeil était remplie de petits vers. Cela l'étonna beaucoup, et, quand il revint à la houle, il raconta à sa marraine ce qu'il avait vu. Elle lui dit que, si les fées ne mouraient point, c'était justement parce qu'elles avaient des vers dans la bouche ; car, n'ayant point été baptisées, elles n'avaient jamais eu les lèvres salées. C'est pour cela, ajouta-t-elle, que les vers peuvent s'y mettre ; un peu de sel placé dans la bouche des fées ferait périr les vers, et les bonnes dames deviendraient mortelles comme les hommes.

En apprenant à Jean le dernier secret qui lui restait à connaître, sa marraine lui recommanda de ne jamais le révéler à personne, et de bien se garder de se servir du pouvoir qu'il avait :

— Si tu faisais mourir une seule fée, disait-elle, toutes deviendraient mortelles et mourraient, moi comme les autres.

Jean fit de belles promesses à sa marraine ; mais, toutes les fois qu'il sortait de la houle pour se promener, il avait soin d'emporter avec lui un peu de sel.

Quelques jours après, il alla à la chasse, et, en poursuivant un gibier, il vint jusqu'auprès de Château-Serin ; il entra dans le bois, et vit la fée qui l'avait persécuté endormie sur le gazon, au pied d'un sapin, la bouche ouverte et remplie de petits vers.

Jean se rappela toutes les méchancetés de la fée qui avait voulu le tuer, et la colère l'empêcha de penser à la défense de sa marraine.

— L'heure de la vengeance a sonné, dit-il, et, prenant le petit paquet de sel qu'il portait toujours sur lui, il le vida tout entier dans la bouche de la fée.

Elle se réveilla comme si on l'avait brûlée avec un fer rouge, et elle s'enfuit en poussant des hurlements de douleur, à faire trembler les falaises.

Depuis ce jour, toutes les fées disparurent du pays, et l'on ne sait ce qu'est devenu Jean, leur filleul.

*

* *

Au fond de la houle de Poulifée se trouve maintenant encore un coq qui ne chante que la nuit : près de lui se tient un nain assis sur un trépied, entre un brasier ardent et une grosse pierre qui ferme l'entrée d'une caverne où est renfermé un trésor qu'il garde.

Plusieurs personnes assurent avoir vu le petit homme sortir la nuit de dessous terre, à côté d'un pont, à peu de distance de l'église de Plévenon, et il distribuait à des dames inconnues de grandes quantités de pièces d'or.

C'est, dit-on, Jean, le filleul de la bonne dame de Poulifée qui lui avait révélé le secret pour faire mourir les fées, et c'est lui qui, après leur mort, est devenu l'héritier des immenses richesses qu'elles avaient amassées au fond des houles[1*].

1. Dans le volume intitulé : *Littérature orale de la Haute-Bretagne*, p. 14, j'ai publié une autre légende qui se passe à la houle de Poulifée ou Poulifer ; car la grotte porte ces deux noms. Poulifer ne serait-il pas une forme corrompue de *Poul-Ifern*, trou ou marais de l'enfer ? Il y a non loin de là une énorme fissure qui se nomme Toulifern, appellation bretonne, qu'on peut traduire par Trou de l'enfer. Tout ce pays présente à chaque instant des traces de la langue bretonne qui y fut autrefois parlée.

Une autre légende que j'ai citée en note, page 13 du même volume, parle aussi de la buée des fées.

Les vers dans la bouche des fées se retrouvent dans « La fée et le marin », n° XXII des *Contes populaires de la Haute-Bretagne*, où une jeune fée et son enfant ont des vers plein la bouche, qui disparaissent quand la mère et son enfant ont été baptisés. Il en est également question dans « La houle de la Teignouse ». Dans « La fée de Créhen », l'immortalité de la fée et de ses parents disparaît après le baptême. C'est vraisemblablement une allusion aux divinités païennes, nymphes ou naïades, auxquelles ont été substituées les divinités chrétiennes.

* Conté en 1880 par Joseph Chrétien, de Plévenon, clerc de notaire, âgé de seize ans, ce conte énigmatique a été placé par Paul Sébillot à la fin du chapitre consacré aux fées des houles dans le tome II de ses *Contes populaires de la Haute-Bretagne*.

II.

SIRÈNES, SIRAINS ET HOMMES DE MER

LA SERAINE DE LA FRESNAYE[1]

Il y avait une fois dans le bois de l'Isle-Aval, en la paroisse de Saint-Cast, un sabotier qui demeurait avec sa femme et ses deux enfants dans une pauvre petite hutte en terre qu'il avait construite au bord de la mer, à l'endroit où finit la vallée. Il y en a qui disent qu'on en voit encore les ruines, mais cela n'est guère croyable, car il y a bien longtemps de cela, et d'habitude les cabanes des sabotiers ne laissent guère de traces.

Ils n'étaient pas riches, car ils n'avaient pour vivre que leur travail : le mari creusait des sabots, sa femme lui aidait de son mieux, et le petit garçon et la petite fille, qui n'étaient pas assez grands pour travailler le bois, allaient tous les jours à la pêche le long du rivage.

Un jour que le petit garçon était dans les rochers à prendre du poisson, il entendit tout d'un coup un chant doux et mélodieux ; en regardant l'endroit d'où il venait, il vit la Seraine[2] qui nageait en chantant sur les flots, et

1. La Fresnaye est une baie profonde de 6 kilomètres environ, entre la pointe de Saint-Cast et celle du Fort la Latte (Côtes-du-Nord).

2. Sirène : ce vieux mot est encore d'un usage courant au bord de la mer.

autour d'elle, la mer était si brillante que la vue en était éblouie.

Il courut bien vite à la cabane où son père travaillait :

— Ah ! papa, lui dit-il, viens donc voir ! Il y a dans l'anse du Port-au-Moulin un poisson plus beau que tous ceux que j'ais vus : il chante et il brille comme de l'or.

— Comme du feu, papa, dit la petite fille qui l'avait vu, elle aussi.

Le sabotier et sa femme suivirent leurs enfants ; mais, quand ils arrivèrent au rivage, la Seraine avait disparu, ils ne virent rien, et n'entendirent point de chant.

— Ce n'était rien, dit la mère, les enfants se seront trompés.

Mais le sabotier n'était pas aussi incrédule que sa femme ; le lendemain il dit aux enfants :

— Retournez à la mer pour voir si le beau poisson qui chante se montrera encore.

Le petit garçon sortit, mais, dès qu'il eut fait quelques pas en dehors de la cabane, il y rentra en s'écriant :

— Ah ! papa, le beau poisson est revenu, on l'entend chanter d'ici.

Ils se hâtèrent de sortir, et dans le lointain ils entendaient une musique délicieuse ; quand ils arrivèrent au bord de la mer, ils virent la Seraine qui se jouait en chantant sur les vagues, et sautait à plus de trois pieds de haut.

— Ce n'est pas un poisson ordinaire, dit le sabotier, c'est une personne.

— Ah ! lui répondit sa femme, il faut apprêter des lignes ; peut-être pourras-tu le prendre ; je voudrais bien le voir de près.

Ils se mirent tous à amorcer des lignes et ils les tendaient quand la mer était haute ; mais ils avaient beau garnir les hameçons des meilleurs appâts, le poisson chanteur ne venait point se prendre. Le sabotier mit aussi de petites cordes garnies d'hameçons, comme celles avec lesquelles on pêche le bar, mais il ne réussit pas davantage.

*
* *

Le sabotier pensait souvent au poisson merveilleux et il réfléchissait au moyen de s'en emparer. Un jour qu'il se promenait sur le rivage, il vit la Seraine qui s'était endormie et, bercée par la vague, flottait à peu de distance du bord. Il se mit à l'eau sans faire de bruit, et passa tout doucement sous elle un grand panier dans lequel il l'emporta à terre sans l'éveiller.

Elle était grande comme un enfant de huit ans ; sa tête et son corps ressemblaient à ceux d'une femme, mais au lieu de pieds elle avait des nageoires et se terminait en queue de poisson.

— Ah ! dit le sabotier, mon petit gars n'avait pas menti, c'est la plus curieuse chose que j'aie vue, et c'est sans doute une Seraine, car elle est moitié femme et moitié poisson.

Il faisait ces réflexions en retournant à sa cabane, et il était sur le point d'y arriver, quand la Seraine se réveilla et lui dit :

— Ah ! sabotier, tu m'as surprise pendant que je dormais ; je t'en prie, reporte-moi dans l'eau, et je te protégerai, toi et toute ta famille, tant que tu vivras.

— Non, répondit le sabotier, je ne te remettrai pas à la mer ; il y a trop longtemps que je te guettais, et aussi ma femme et mes enfants. Je vais te porter à la maison, et, quand tu auras chanté une chanson, si ma femme veut, je te rapporterai où je t'ai prise.

Il cria à sa femme qui avait nom Olérie[3] :

— Olérie, viens donc voir, et amène les enfants, j'ai la chanteuse dans mon panier.

La bonne femme accourut toute joyeuse et se mit à regarder la Seraine.

— Elle demande, dit le sabotier, que je la remette à l'eau ; y consens-tu ?

— Non, répondit-elle, c'est un trop beau poisson, jamais je n'en ai vu un semblable ; il faut le manger.

— Ah ! s'écria la Seraine, si tu manges ma chair, si tu te nourris de mon poisson, tu ne mangeras plus rien au monde, car tu périras ; je ne suis pas un poisson comme les autres, je suis la Seraine de la Fresnaye, et ton mari m'a surprise pendant que je dormais. Demande-moi ce que tu voudras, et je te l'accorderai ; mais hâte-toi de me reporter à la mer : il est grand temps, car je faiblis déjà.

— Qu'en dis-tu ? demanda Olérie à son mari.

— Si tu y consens, je veux bien la remettre à l'eau.

Ils prirent le panier chacun par un bout, et portèrent la Seraine tout doucement à la mer, où ils la laissèrent retourner, sans avoir songé à lui faire de conditions.

Quand elle sentit la fraîcheur de l'eau, elle s'esclaffa de rire, de la joie qu'elle avait de n'être plus prisonnière, et elle dit au sabotier :

— Que me demandes-tu à présent ?

— Je désirerais, répondit-il, du pain, du poisson et des habits pour moi, ma femme et mes enfants.

— Tu auras tout cela dans vingt-quatre heures.

---

3. Olérie : c'est un nom assez répandu dans le pays.

— Je voudrais bien aussi, si c'était un effet de votre bonté, un peu d'argent pour payer mon maître, car je ne suis guère riche.

La Seraine ne répondit rien, mais elle se mit à battre l'eau de ses nageoires et, à chaque fois qu'elle frappait les vagues, l'eau jaillissait, et tout ce qui sautait en l'air était de l'or qui venait tomber aux pieds du sabotier.

Le rivage en fut bientôt couvert ; alors elle cessa de s'agiter, et elle dit au sabotier et à sa femme :

— Tout cela est à vous, ramassez, mes bonnes gens.

Ils remercièrent la Seraine qui s'éloigna, puis ils se remplirent les poches d'or et s'en retournèrent bien contents à leur cabane.

Quand les vingt-quatre heures furent écoulées, Olérie et son mari retournèrent sur le rivage pour chercher les habits que la Seraine leur avait promis. Ils l'entendirent chanter au loin, et bientôt ils la virent qui s'approchait d'eux en continuant son chant doux et mélodieux. Elle frappa l'eau de ses nageoires ; une grosse vague vint déferler sur la grève et laissa aux pieds du sabotier un coffre bien fermé et de grande taille.

La Seraine sauta ensuite sur l'eau par trois fois, puis elle dit au sabotier :

— Au revoir, toi qui as été bon avec moi ; quand tu auras besoin de poisson, n'oublie pas ce rivage.

Toutes les fois que le bonhomme ou ses enfants avaient envie de prendre du poisson, ils allaient au bord de la mer, et en peu d'instants ils faisaient une pêche abondante.

*

*   *

Pendant un an, ils ne revirent pas la Seraine : leur bourse diminuait cependant, et plus elle devenait légère, plus ils pensaient à elle, et souvent ils allaient au bord de la mer, prêtant l'oreille, et espérant entendre sa voix.

Un jour ils l'entendirent de loin qui chantait ; ils accoururent au rivage et furent bien contents de la voir revenir ; partout où elle avait passé, la mer brillait comme un rayon de soleil.

Quand elle fut à une petite distance, le sabotier lui dit :

— Ma Seraine, je suis bien aise de vous revoir et, si vous voulez, vous pouvez me rendre grand service ; je n'ai plus ni pain ni argent.

— Je vais, répondit-elle, vous donner de quoi remplir votre bourse.

Elle déplia ses nageoires, et, battant l'eau autour d'elle, elle envoya au rivage un flot d'or et d'argent.

— Avec cela, dit-elle, tu achèteras ce que tu auras besoin ; conserve-le bien, car tu ne me reverras plus, je quitte ce pays, et je pars pour l'Inde.

La Seraine s'éloigna alors, et jamais depuis personne ne la vit ni ne l'entendit chanter dans la baie de la Fresnaye.

Le sabotier, Olérie et ses enfants n'ont jamais été pauvres depuis ce temps-là ; ils vécurent à leur aise, et, bien que puisant souvent dans leur bourse, ils ne s'aperçurent jamais que l'argent de la Seraine diminuât.

Le bonhomme et la bonne femme vécurent jusqu'à un âge avancé : quand ils moururent, l'un avait cent quinze ans, et l'autre cent vingt-cinq.

Après leur mort, ils laissèrent leurs enfants dans la cabane, avec la bourse de la Seraine, et je ne sais pas ce qu'ils sont devenus depuis[4*].

4. Conté le 30 juillet 1880, par Rose Renaud, de Saint-Cast, âgée de soixante ans, femme d'Étienne Piron, pêcheur.

* Il existe plusieurs versions de ce conte, d'abord publié dans le tome II des *Contes populaires de la Haute-Bretagne*, puis repris dans les *Contes des provinces de France*, dans les *Contes de terre et de mer* sous le titre « La sirène de la Fresnaye », et dans les *Cuentos bretones*. Cette belle version du conte-type 555 (« Le pêcheur et sa femme ») comptait assurément au nombre des contes préférés de Paul Sébillot. C'est la première version que nous donnons ici.

III.

MARGOT-LA-FÉE

INTRODUCTION

Dans les cantons de Lamballe, de Moncontour, de Collinée et dans plusieurs autres pays de la partie des Côtes-du-Nord qui touche au massif montagneux du Mené, on désigne sous le nom de Margot-la-Fée des fées que les conteurs distinguent nettement de celles qui figurent dans les contes populaires et qui vivent dans le royaume mystérieux et indéterminé de la féerie. Ils leur assignent une demeure particulière dans le pays même, et les récits où elles jouent un rôle ont plutôt la forme de la légende que celle du conte. En parlant d'elles, on se sert fréquemment des expressions familières, presque amicales de : « ma commère Margot » ou « la bonne femme Margot », ce qui semble montrer qu'on les regarde comme des espèces de compatriotes.

Ces pays ne sont pas les seuls où le nom de Margot désigne les fées ; mais ailleurs, elles sont à l'état sporadique et isolé, et on ne les rencontre pas, comme ici, très vivantes dans la mémoire des gens et formant tout un groupe légendaire.

Près du cap Fréhel, une grotte de la mer s'appelle la Salle-à-Margot ; en Berry, une sorte de caverne, à Luant (Indre), porte le nom de Logo de la Margot (Jaubert,

Glossaire du Centre, *t. II, au mot Loge). En Champagne, en Berry, dans l'Yonne, d'après des communications qui m'ont été faites, le nom subsiste, mais les légendes semblent avoir à peu près disparu.*

Au XVIIIe *siècle, ce terme est employé dans un passage assez obscur de d'Assoucy, et paraît désigner une courtisane. Dans ses rimes redoublées, il fait ainsi parler la Samaritaine :*

> Je n'étois pas si défroquée
> Du temps que messieurs les laquais
> Et mes paladins sans haquets
> Pour moi quittoient Margot-la-fée.
> Cartes et dés et bilboquets.

Dans le coin de la Haute-Bretagne où leurs légendes sont conservées, les Margot sont regardées comme des espèces de divinités indigènes, plutôt bienfaisantes que mauvaises. Leur disparition serait assez récente ; il semblerait même que les gens croient que toutes n'ont pas quitté le pays.

Ces fées se rattachent presque toujours à un mégalithe ; elles résident dans les dolmens, dans les creux des gros blocs naturels, et dans des endroits qui paraissent avoir été, aux temps préhistoriques, des abris sous roches. À cette catégorie appartiennent plusieurs des énormes pierres de la butte Crokélien, située dans la commune du Gouray, et dont le sommet inculte est parsemé de gros blocs naturels, de formes bizarres et variées, dans lesquels l'imagination populaire voit tous les ustensiles d'un ménage de fées géantes, depuis le berceau des enfants jusqu'au parapluie des bonnes dames, sans oublier l'auge où elles abreuvaient leurs bœufs.

Les légendes qui suivent ont été presque toutes recueillies dans le village de la Ville-Doualan, qui est au bas de Crokélien, et elles montrent combien le souvenir de Margot est resté vivant. Ce ne sont pas les seules qu'on y raconte : on en trouvera d'autres reproduites ou analysées au tome Ier, p. 105 et suivantes, de mes Traditions et superstitions de la Haute-Bretagne.

*Je suis persuadé que sur d'autres points de notre département une enquête ferait découvrir de curieux récits sur ces fées, qui sont peut-être la dernière incarnation des divinités locales de l'époque préchrétienne**.

* Ce texte et les contes qui suivent ont paru sous le titre « Légendes locales de la Haute-Bretagne », *Bulletin de la Société archéologique du Finistère*, tome XIII, 1887.

I

LE TRÉSOR DES FÉES DE CROKÉLIEN

Il y avait une fois un homme de la Ville-Doualan qui était très pauvre et avait bien du mal à nourrir sa famille. Tous les jours il allait travailler comme journalier au Fresne, qui, en ce temps-là, était encore un château ; mais il avait beau travailler, c'est à peine s'il gagnait de quoi vivre.

Un soir qu'il s'en revenait de sa journée et passait par la colline de Crokélien, il fut abordé par une belle dame qui lui demanda pourquoi il paraissait chagrin. Il lui répondit que c'était à cause qu'il ne gagnait pas assez pour lui et pour sa famille.

— Si vous voulez, dit la dame, envoyer votre garçon garder mes vaches, je vous donnerai de l'argent autant que vous en désirerez.

Elle le mena dans un souterrain où il y avait un monceau d'or, plus grand que le tas de blé du grenier d'une grande ferme. Au bout se tenait un gros bœuf et derrière lui se voyait une belle croix. Le journalier mit de l'or dans ses poches et s'en retourna chez lui, bien content.

Le lendemain, il envoya son fils à la Roche-Bau ; toute la journée le jeune gars fut occupé à garder les bestiaux, et, à l'heure du dîner, une belle dame lui servit sur une petite table un repas comme jamais il n'en avait mangé.

Le journalier n'allait plus travailler au château depuis qu'il avait de l'argent ; il se mit à l'aise et passait ses journées comme un bourgeois. Son voisin lui demanda un jour où il avait pris tant d'argent.

— Ah ! répondit-il, il n'en manque pas où je l'ai pris ; si tu veux venir avec moi, nous en ferons une provision.

Ils allèrent tous les deux au souterrain et remplirent leurs poches d'or ; mais il leur prit envie d'emporter la croix. Ils passèrent à côté du bœuf et la sortirent du souterrain ; le lendemain, ils voulurent y retourner, mais le monceau d'or avait disparu ; car c'était la croix seule qui avait empêché le bœuf d'emporter le trésor, et, dès qu'elle eut disparu il s'en était emparé, et jamais depuis on ne le revit.

Les fées furent très en colère contre cet homme, qui était cause de la perte de leur trésor, et, pour le punir, elles gardèrent son fils avec elles.

Cependant le journalier n'avait pas été longtemps à dépenser son argent, et, quand il n'eut plus rien, il fut obligé de retourner travailler à journées, et cela lui semblait plus dur qu'autrefois.

Tous les jours il se lamentait en pensant à sa misère et à la perte de son fils. Il était si malheureux que les fées eurent pitié de lui. Un soir qu'il s'en revenait de sa journée, la même dame qui lui avait parlé une première fois l'accosta encore au même endroit :

— Jean, lui dit-elle, je connais ta misère ; il y a un an, je t'avais donné un immense trésor ; tu aurais pu y puiser à ta guise et même en faire part à tes camarades ; mais tu l'as perdu par ta sottise. Je te pardonne pourtant et j'ai pitié de toi : ton fils n'est pas perdu, il est bien avec nous. J'ai encore un autre trésor et je vais te le montrer ; mais fais bien attention à ne pas toucher à la croix qui est dessus, car tout serait perdu.

Elle le conduisit encore dans le souterrain, où il fit une bonne provision d'argent, et quand lui et son voisin le journalier en avaient besoin, ils entraient dans le souterrain. Son fils quittait parfois les fées et venait le voir.

Cependant la femme du journalier vint à mourir ; il en eut bien du chagrin et voulut lui faire faire un beau tombeau ; il ne trouvait point de croix assez brillante, et il résolut d'enlever celle du souterrain. Il y alla avec son compère ; mais la fée, qui se défiait d'eux, les surprit au moment où ils s'approchaient de la croix ; elle les chassa et ferma à jamais l'entrée du souterrain.

Elle ne punit pas autrement le journalier, qui resta riche, mais elle garda son fils, qui jamais depuis ne revint à la maison[1].

II

LA BONNE FEMME QUI ALLA AUX CHÂTAIGNES

Il y avait une fois une bonne femme qui allait ramasser des châtaignes dans les bois pour les manger au coin du feu pendant l'hiver. En ce temps-là, il n'y avait pas d'horloge, et un matin qu'il faisait un vent à décorner les bœufs, elle se leva de bonne heure pour être rendue au bois avant

1. Conté en 1882, par J.-M. Comault, du Gouray, âgé de seize ans.

les autres. Elle quitta sa maison et arriva dans le bois ; mais quand elle y fut le tonnerre grondait, un éclair n'attendait pas l'autre, et elle avait si peur qu'elle s'agenouilla au pied d'un arbre et se mit à dire ses prières en attendant le jour.

Les fées de Crokélien, elles aussi, étaient à ramasser des châtaignes ; l'une d'elles s'approcha de la femme et, l'ayant regardée, elle dit :

— La bonne femme dort.

Elle ne dormait point ; mais elle avait fermé les yeux pour ne point voir les éclairs, et elle disait son chapelet. Les fées traînèrent devant elle un bassin rempli d'or, et elles disaient :

— La bonne femme dort.

Mais celle-ci écourta le fil de son chapelet, et toutes les patenôtres roulèrent dans le bassin rempli d'or. Les fées se dispersèrent en criant, et la bonne femme fut riche[2].

III

LA ROCHE DE BOSQUEN

Il y avait autrefois à Bosquen une grosse pierre plate et ronde. Sur le côté plat, elle portait cette inscription :

Celui qui me tournera
Gagnera.

2. Conté par Pauline Broulé, âgée de trente ans.

Tout le monde s'empressait de la lever et de la tourner ; mais de l'autre côté était écrit :

Celui qui m'a tourné
N'a rien gagné !

Un homme qui avait entendu parler de cette pierre vint la voir, et, ayant vu l'inscription du dessus, il la tourna tout seul (il paraît qu'en ce temps-là les hommes étaient plus forts qu'à présent.) Il vit alors l'inscription :

Celui qui m'a tourné
N'a rien gagné !

— Gagné ou pas, s'écria-t-il, sorcière, v'allez voni' sez mé. (Vous allez venir chez moi.)

Et il la chargea dans sa charrette. Le lendemain, il la brisa en morceaux : elle était creuse et remplie d'or[3].

IV

LE PARAPLUIE DE MARGOT

Il y avait une fois un homme qui était à *guéretter*[*] dans un champ voisin de Crokélien. Il entendit sortir de sous terre une voix qui disait :

---

3. Conté en 1881 par Pierre Ramet, âgé de trente-huit ans, qui tient ce récit de sa grand-mère, morte vers 1840, à l'âge de quatre-vingts ans.

* Labourer, mettre en guéret.

— Jean Gillet, apporte-moi du bois pour chauffer mon four !

La voix répéta plusieurs fois ces mots ; enfin, Jean Gillet – c'était le nom du laboureur – dit qu'il allait en apporter. Il n'y avait pas longtemps qu'il avait tondu son fossé et il était resté du bois dans le creux. Il alla avec l'homme qui lui aidait à guéretter, et ils en apportèrent chacun une brassée qu'ils mirent sur l'endroit même d'où la voix avait semblé les appeler.

Ils continuèrent leur travail, et, une heure après, ils ouirent une voix qui disait :

Jean Raud,
Apporte la pâte, le four est chaud !

Les deux guéretteurs ne dirent rien, et peu après ils entendirent une voix qui criait :

Vous allez vous rendre à midi
Auprès du Parapluie[4].

Les deux hommes promirent d'y aller, et, en effet, à midi, ils se trouvèrent à l'endroit désigné. Ils y virent une belle dame qui leur dit :

— Suivez-moi, je vais vous récompenser de votre peine.

Les deux hommes suivirent la dame, qui se dirigea vers la Maison aux Margot, et ils entrèrent à sa suite dans une petite venelle qui conduit au pré et à la maison. Quand ils furent entrés, leur lot à chacun était fait. La dame donna à Jean Gillet une *crublée* d'argent et une belle miche de

4. Roche qui a la forme d'une équerre dont l'un des bouts repose à terre et dont l'autre est tourné horizontalement. On l'appelle le Parapluie à Margot. Les pâtours s'y mettent à l'abri.

pain et à l'autre une *chapelée*** d'argent ; mais elle leur défendit d'en parler à âme qui vive. Ils s'en retournèrent bien contents.

Mais un jour Jean Gillet raconta cela à sa femme, l'un de ses enfants l'entendit et le dit à un de ses camarades, qui le redit à son père. Celui-ci alla aussi au Parapluie ; mais il ne vit et n'entendit rien[5].

V

QUI TROP CONVOITE N'A RIEN

Il y avait une fois un *couturier** qui s'en revenait de sa journée, et il était bien marri, car il songeait qu'il lui fallait de l'argent pour le lendemain et il ne possédait pas un son vaillant.

Comme il passait près de la croix du Saudray, il vit une petite bonne femme qui lui dit :

— Qu'avez-vous à vous désoler de la sorte, mon brave homme ?

— Ah ! répondit-il, c'est qu'il me faut dix francs pour demain, et aussi un quart de blé, car je n'ai plus de pain à donner à mes enfants.

— Hé bien ! lui dit la petite bonne femme, qui était la Margot-la-Fée, il y a là-bas sous le pont une clef ; tu la prendras et tu iras sur Crokélien, contre la Roche-Baüés ;

** Une *crublée*, une *chapelée* : plein un crible, plein un chapeau.

5. Conté en 1881, par Pierre Ramet, du Gouray, âgé de trente-huit ans ; il tient ce récit de sa grand-mère, morte à l'âge de quatre-vingts ans.

* Tailleur.

là tu verras trois portes, et, avec ta clef, tu ouvriras celle qui te plaira et tu trouveras de l'argent en abondance, dont tu pourras prendre autant qu'il te conviendra.

Le couturier trouva la clef sous le pont, puis il se rendit sur Crokélien, où il vit les trois portes. Il y en avait une qui s'ouvrait sur une galerie pleine d'or, l'autre sur une galerie pleine d'argent et la troisième sur une galerie pleine de monnaie. Le couturier eut la chance d'ouvrir la porte qui conduisait au monceau d'or, et quand il fut entré dans le souterrain, il vit trois monceaux de différentes sortes de monnaies. Il y en avait un en or, sur lequel était couché un beau mouton blanc ; un deuxième, sur lequel était couché un mouton un peu moins blanc, et sur un tas de monnaie de cuivre était couché un autre mouton un peu moins blanc que les deux autres.

Comme le couturier était tout près du monceau d'or, parce qu'il était entré par la porte qui se trouvait juste en face, le mouton blanc lui dit :

— Que te faut-il ?

— De l'argent, répondit le couturier.

— Par les ordres de qui es-tu venu ici ?

— Par ceux d'une petite bonne femme que j'ai rencontrée là-bas.

— C'est bien ; combien te faut-il ?

— Dix francs, et de quoi acheter un quart de blé.

— Prends ce que tu voudras, dit le mouton.

Le couturier se mit à ramasser de l'or ; il en mit dans ses poches, entre sa peau et sa chemise, et il se chargea comme un mulet.

— Ah ! lui dit le mouton blanc, tu as pris joliment de l'or ; mais si tu avais ton sac, tu pourrais en emporter bien davantage.

— C'est vrai, répondit le couturier ; faut-il aller le chercher ?

— Oui, oui, dit le mouton, tu peux y aller si tu veux.

Le couturier, qui s'attendait à remplir d'or son sac, se débarrassa de tout ce qu'il avait dans ses poches pour pouvoir courir plus vite. Il s'empressa de revenir avec son sac ; mais quand il fut sur Crokélien, il ne retrouva plus ni les portes ni les monceaux d'or, ni les moutons, et il s'en fut chez lui bien penaud.

Le lendemain, en revenant de sa journée, il passa par le même chemin que le soir précédent, et il se souvint de la bonne femme, du monceau d'or et du mouton blanc. Il se désolait comme la veille ; la petite bonne femme se montra encore à lui et lui dit :

— Ah ! te voici ? Tu fis le gourmand, hier soir ; tu ne suivis pas mes conseils, aussi tu fus trompé ; si tu avais voulu tu aurais été riche, mais tu ne seras jamais qu'un gueux.

La fée disparut, et le couturier retourna chez lui, bien marri d'avoir tout perdu par son trop de convoitise[6].

VI

LE BONHOMME ET LA FÉE

Il était une fois à la Ville-Doualan un bonhomme et une bonne femme : ils avaient, sauf votre respect, deux petits cochons qui tous les jours allaient *vaguer* sur Crokélien ; les

6. Conté en 1881, par J.-M. Comault, du Gouray.

fées les ramassaient et leur donnaient à manger, de sorte que tous les soirs ils revenaient à la maison le ventre saoul. Le bonhomme voyant que ses cochons engraissaient et étaient aussi bien en point que si on les avait mis en *paisson*, se mit à les suivre pour voir où ils allaient. Quand ils arrivèrent auprès de Crokélien, une trappe se leva et les pourceaux se sauvèrent dans la *tainière** qui était ouverte, et qui se referma sur eux.

Au bout de quelque temps, il les vit ressortir saouls comme des gens de noce, et une petite bonne femme toute bossue les conduisait. Il pensa que c'était une des fées, et il lui dit :

— Ma bonne femme, ayez l'obligeance de m'accorder un service.

— Je ne suis pas la maîtresse, répondit-elle ; mais je parlerai pour vous : revenez demain.

Le bonhomme revint à Crokélien le lendemain, et il emporta un sac avec lui. Quand il fut auprès de la grotte aux fées, il vit une belle dame qui avait auprès d'elle des toises d'argent. On l'appelait la fée Argentine.

— Vous êtes l'homme qui est venu hier ici ? lui demanda-t-elle.

— Oui, répondit-il, et je voudrais bien que vous me rendiez service.

— Hé bien, dit-elle, voilà de l'argent ; vous pouvez en prendre plein votre sac, ou, si vous aimez mieux, allez chercher votre *harnais* (attelage).

Le bonhomme courut à la maison et attela ses chevaux ; mais quand il arriva, au lieu d'argent, il n'y avait que des *ferluches* (rubans de menuisier), et le bonhomme n'eut rien du tout[7].

---

* Une tanière.

7. Conté en 1881, au château de La Saudraie, par J.-M. Comault, du Gouray, âgé de quinze ans.

VII

LA COULEUVRE

Il y avait une fois un homme qui était à *guéretter** dans un champ près de Crokélien. Il avait une attelée de deux chevaux que conduisait son fils ; tout à coup ils entendirent une voix sous terre qui disait :

— Empiète-moi ma pelle.

Les deux *harouillards*** de guéretteurs faisaient beaucoup de bruit, et ils n'entendirent point crier la fée (car c'en était une). Elle reprit encore :

— Empiète-moi ma pelle.

Le bonhomme, qui avait ouï un petit bruit, cria à son fils d'arrêter son attelée. Quand il l'eut fait, elle dit pour la troisième fois :

— Empiète-moi ma pelle.

— C'est bien, répondit le laboureur ; je vais l'empiéter.

Quand ils furent au bout de leur sillon, ils trouvèrent une pelle et son manche. Le bonhomme prit un hachot qu'il avait apporté pour raccommoder sa charrue si elle venait à se déranger ; il empiéta la pelle, puis il la posa dans l'endroit où il l'avait prise, et ils continuèrent leur travail.

Pendant qu'ils étaient à faire ce sillon, la pelle fut enlevée, et à sa place on avait mis une tassée d'argent, une coupe de vin et une belle *fériole*[8]. Le bonhomme dit :

---

* Labourer.

** Traînards.

8. Miche.

— C'est peut-être pour notre peine d'avoir arrangé la pelle que la fée nous donne cela.

Ils mangèrent et burent de bon appétit, puis ils ramassèrent l'argent ; mais la coupe plut tant au petit garçon qu'il la mit dans sa poche sans que son père s'en aperçût, et ils continuèrent à guéretter. La fée se mit encore à leur crier :

— Rends-moi ma coupe !

Mais les deux *herqueliers**** n'entendaient rien. Tout à coup, ils ouïrent un petit bruit, et le bonhomme dit :

— Bourde un peu là, gars.

L'enfant s'arrêta encore, et ils prêtèrent l'oreille pour mieux entendre la voix. La fée répéta encore :

— Rends-moi ma coupe !

Le bonhomme se mit à murmurer, et il demanda à son fils s'il ne l'avait pas vue. L'enfant répondit que non ; mais le père ne crut pas à ces paroles mensongères, il fouilla son fils et trouva la coupe dans une de ses poches. Je ne sais s'il le gronda ; mais il remit la coupe dans l'endroit où il l'avait trouvée la première fois ; ils se remirent à leur travail, et quand ils arrivèrent au bout du champ, la coupe avait disparu.

Le lendemain, la fée alla chez cet homme, et lui dit que s'il voulait aller où elle lui commanderait, elle le rendrait riche pour sa vie. L'homme accepta sans savoir ce que la fée voulait, car il n'était pas riche.

La fée lui dit :

— Si tu veux te rendre demain matin, au soleil levant, au pont des Planchettes[9], tu y trouveras une couleuvre ; mais, écoute, il faudra porter avec toi une *pèle*[10]. Quand tu

*** Bons à rien.

9. Petit pont sous lequel passe l'Arguenon, alors simple ruisseau ; il est situé à 800 mètres environ du Gouray.

10. Grand bassin de cuivre.

seras arrivé là, tu verras la couleuvre, tu la couvriras avec ta pèle et tu t'assiéras dessus. Tu resteras ainsi toute la journée, et au soleil couchant tu te lèveras et tu retireras ta pèle. Demain ce sera la foire de Collinée : tout le monde passera par là et te demandera ce que tu fais là ; tu leur répondras que tu attends les chaudronniers pour raccommoder ta pèle.

L'homme promit d'y aller, et la fée disparut.

Le lendemain, comme il l'avait promis, il alla au pont des Planchettes et porta sa pèle qui justement était percée. Quand il fut arrivé au pont des Planchettes, il y trouva la petite couleuvre. Il posa immédiatement sa pèle dessus, puis il s'assit.

Les gens qui se rendaient à la foire, voyant le bonhomme assis au bord du chemin sur sa pèle, lui demandèrent ce qu'il attendait là.

— J'attends, disait-il, les chaudronniers pour raccommoder ma pèle.

Ils se contentaient de cette réponse et passaient outre.

Le soir, quand les gens revenaient de la foire, ils l'y trouvèrent encore ; mais ils crurent cette fois qu'il avait perdu la tête. Le bonhomme n'était pas en cela de leur avis, et il en riait au-dedans de lui.

Aussitôt que le soleil fut couché, il leva sa pèle, et, à la place de la couleuvre, il vit une belle demoiselle.

C'était la fille de la fée, qui avait dit au bonhomme de se tenir toute la journée près du pont des Planchettes. Elle avait été changée en couleuvre pour une journée, et elle était obligée d'aller se placer près du pont des Planchettes, sur la route du Gouray à Collinée, et, si elle n'avait pas été préservée par la pèle, les gens l'auraient tuée, car ils n'auraient pas su que c'était une fille à Margot-la-Fée et ils l'auraient prise pour une couleuvre ordinaire.

Margot-la-Fée récompensa le bonhomme qui, à partir de ce moment, eut en abondance de l'or et de l'argent[11].

VIII

LE PETIT GARS DE MARGOT-LA-FÉE

Il y avait une fois un homme qui s'en retournait chez lui ; comme il passait par un chemin, il entendit de petits cris dans le champ voisin, et il y entra pour voir ce que c'était. Il trouva un petit enfant couché dans une raie de blé. Il le prit sur son dos et l'emporta chez lui. Mais l'enfant était si lourd que son poids l'accablait, et il s'écriait tout en sueur :

— Oh ! que tu pèses ! Oh ! que tu pèses !

— Oh ! que tu pèses ! s'écria l'enfant d'une voix perçante ; est-ce que je te priais de me prendre sur ton dos ? Reporte-moi où tu m'as pris.

— Comment, dit l'homme, tu parles donc, toi ?

— Mais oui, répondit l'enfant.

Le bonhomme retourna sur ses pas avec le petit gars de Margot-la-Fée sur son dos, et il s'écriait tout le long de la route :

— Oh ! que tu pèses ! Oh ! que tu pèses !

Il arriva enfin à l'endroit où il avait trouvé l'enfant et, quand il l'eut posé par terre, le petit sorcier s'écria :

— Eh bien, viendras-tu encore me chercher une autre fois[12] ?

---

11. Conté en 1881, par Jean Soulabail, du Gouray, charron, âgé de soixante ans.

12. Conté en 1881, par Jean Soulabail.

IX

LE PÂTOUR DES FÉES

Il y avait une fois un homme qui n'était point riche, et comme il avait à la maison des enfants en bas âge, il avait bien du mal à les nourrir. Pourtant il travaillait de son mieux, et tous les jours il allait tirer des pierres sur Croké-lien, car il était carreyeur de son état.

Un jour que les pierres étaient difficiles à extraire, et qu'il gémissait en songeant à son malheureux sort, il vit tout à coup devant lui une belle dame qui lui demanda pourquoi il se plaignait de la sorte :

— Ah ! dit-il, j'ai bien du mal, et j'ai beau travailler, je ne puis suffire à nourrir mes cinq enfants.

— Il me faudrait, dit la belle dame, un jeune garçon pour garder mes bestiaux ; envoyez-moi un de vos enfants, et il n'aura pas à s'en repentir.

Bien que l'homme ne fût pas riche, il ne voulait pas d'abord consentir à laisser son fils aller chez une personne qu'il ne connaissait pas ; mais la dame le rassura si bien qu'il courut à la maison et lui amena l'aîné de ses garçons, qui était âgé de neuf ans environ. La fée l'emmena avec elle et donna à son père une *chapelée* d'argent.

Tous les matins l'homme retournait à la carrière, et, en arrivant, il y trouvait une belle miche de pain, une cruche remplie de bon cidre et un *tranchoué** de beurre :

* Un morceau.

aussi il était heureux, et n'avait plus besoin de tant se fatiguer pour vivre. Mais à la maison, la mère aurait bien voulu voir son enfant qui était parti pour aller chez les fées : toutefois, elle pensait qu'il ne devait pas être malheureux, puisque sa maîtresse envoyait à son père à boire et à manger.

Au bout de quelque temps, l'enfant s'en revint, et il raconta à ses parents ce qu'il avait vu et entendu :

— La Margot, dit-il, m'a mené par une grande venelle[13], puis nous avons passé par une porte près de laquelle était une vieille, vieille bonne femme. Oh ! elle m'a fait bien peur, mon petit papa. Nous avons continué à aller par ce grand chemin, et enfin nous sommes arrivés à un endroit où il y avait de belles dames et des enfants à peu près de mon âge. Tous ces enfants vinrent au-devant de la Margot qui me conduisait et me présentèrent à manger de très bons fruits. Je passai la première journée sans rien faire ; mais, le lendemain, on me montra un *haras*[14] de bœufs, et la belle dame qui était venue me chercher me dit qu'il fallait aller les garder sur Crokélien, mais que je devais les laisser paître où bon leur semblerait, car, à ce qu'elle m'assurait, personne ne leur dirait rien. Tous les jours je conduisais les bœufs et je n'avais pas grand mal, et tous les soirs, au soleil couchant, je m'en retournais à la *tainière*[15], et je m'amusais avec les autres enfants. J'ai de la nourriture autant que j'en veux, et la dame qui est venue me chercher est contente de moi. Vous voyez que je ne suis pas malheureux ; mais il est temps que je m'en retourne, car, si je restais trop longtemps, on me gronderait et je ne pourrais plus revenir.

---

13. Ruelle, petite route.
14. Troupeau.
15. Tanière.

Le petit gars s'en retourna après avoir embrassé ses parents : tous les jours il venait avec ses bœufs sur le tertre et dans les champs voisins, et ses parents le voyaient.

Un jour qu'il était avec ses bœufs, il les laissa pâturer dans un champ où il y avait de l'ajonc. Le maître du champ arriva et cria à l'enfant de venir chercher ses bœufs qui étaient en dommage. Comme il ne se pressait pas, l'homme alla à lui et le frappa. Mais mal lui en prit, car la Margot-la-Fée, qui voyait tout, fit aussitôt crever une de ses vaches.

Cependant la Margot-la-Fée eut une petite fille, dont l'enfant fut le parrain. Alors les bonnes dames lui communiquèrent leurs secrets et il fut aussi savant qu'elles.

Il y avait vingt ans déjà qu'il était avec les fées ; mais le temps ne lui avait pas paru si long de moitié. Sa filleule avait grandi, et il l'épousa. Alors, de pâtour il devint maître, et il fit construire un beau château pour ses parents, qui depuis furent toujours riches et heureux.

Et le jeune homme resta avec sa femme dans les tainières de Crokélien, à vivre de la vie des fées[16].

X

LA MARGOT À LA MAISON

Il y avait une fois au Frêne une femme qui avait beaucoup d'ouvrage à faire, aussi bien au-dehors comme au-dedans. Mais la Margot-la-Fée, qui était bonne pour les

16. Conté en 1881, par J.-M. Comault, du Gouray.

pauvres gens, venait tous les jours faire son ménage. La femme en était bien étonnée, et elle ne savait pas qui venait ainsi lui aider ; mais elle pensa cependant que c'était Margot-la-Fée et elle voulut en avoir le cœur net.

Elle se cacha avec soin derrière une armoire, et elle vit la Margot qui descendait par la cheminée. Elle prit le balai, nettoya la maison et remit chaque chose en place, mieux que n'aurait fait la servante la plus soigneuse. Alors la femme sortit de sa cachette et lui dit :

— Belle dame, comme vous êtes bonne de venir faire mon ouvrage ! Vous m'avez rendu de grands services et je ne sais comment vous en remercier. Si vous voulez, je vais aller tirer du cidre et vous vous régalerez avec moi en mangeant un petit fricot. C'est de bon cœur que je vous l'offre.

— Je veux bien, répondit la dame.

La femme prépara un bon petit fricot, et elle et la Margot le mangèrent avec plaisir.

La Margot-la-Fée continua de venir faire l'ouvrage de la bonne femme ; mais elle avait trouvé à son goût sa viande et son cidre ; aussi tous les jours elle en emportait une petite provision. La femme s'en apercevait, mais elle se gardait bien d'en parler à personne ; son mari voyait aussi que son cidre diminuait, et comme sa femme lui avait conté que la Margot venait lui aider, il la soupçonna de venir visiter son tonneau. Il ordonna à sa femme de rester à la maison, mais comme malgré cela la viande disparaissait ainsi que le cidre, il mit un soir ses domestiques à veiller dans le cellier, et lui-même resta à garder la viande.

Vers minuit arrivèrent dans le cellier un homme coiffé d'un grand bonnet et un jeune garçon. Il se mit à tirer du cidre, mais les domestiques lui donnèrent une volée de coups de trique, et il disparut ainsi que son compagnon laissant sous la chantepleure son pichet à moitié rempli.

À la même heure, un autre homme qui portait un sac vint au charnier ; mais le maître de la maison le *chanlatta* comme il faut, et depuis ce moment la Margot-la-Fée ne revint plus à la maison[17].

XI

LES FÉES ET LA VACHE

Autrefois les Margot-la-Fée de Crokélien dansaient des rondes la nuit, faisaient l'ouvrage, le défaisaient, tuaient des bestiaux et venaient les dépecer dans la maison même de celui à qui ils étaient, puis ils mettaient la viande à rôtir et la mangeaient.

Une nuit, elles vinrent dans une maison de la Ville-Doualan où elles savaient que se trouvait la meilleure vache du pays. Elles entrèrent dans l'étable et prirent la plus belle sans se tromper, car elles l'avaient marquée d'avance. L'une des fées l'abattit, l'écorcha, puis elles vinrent toutes ensemble la porter dans la maison, où elles la pendirent par les pieds, comme c'est l'usage. Le bruit qu'elles faisaient réveilla celui à qui était la vache, mais il ne dit rien, car il avait peur que les Margot irritées ne lui fissent quelque tour de leur façon.

Elles se mirent à couper des morceaux qu'elles placèrent dans une casserole, et, ayant pris du beurre dans la *met**,

17. Conté en 1881, par Victoire Plesse, du Gouray.
* La huche.

elles fricassèrent leur plat. Lorsque le morceau fut cuit, elles se le partagèrent ; mais comme il n'y en avait pas assez pour toutes, elles firent une nouvelle fricassée, et le bonhomme, de son lit, les voyait aller à la table, prendre du beurre et manger du pain et des galettes. Il était bien marri de voir tout son fait s'en aller ainsi et il songeait que le lendemain il ne lui resterait plus rien pour déjeuner. Il finit par leur dire :

— Puisque vous mangez ma vache, donnez-m'en au moins un petit morceau pour goûter.

La cuisinière lui porta un peu de viande et une galette ; il les mangea et les trouva à son goût. Quand toutes les Margot furent rassasiées, elles disparurent et le bonhomme ne ferma pas l'œil de la nuit, pensant toujours à sa belle vache que les fées avaient dévorée. Le lendemain, quand il se leva, il visita sa maison, croyant trouver tout ravagé et tout pillé ; mais il n'y avait rien de dérangé, et il ne manquait dans sa table que la galette qu'il avait mangée. Il alla à son étable, le cœur bien gros, car il pensait que sa plus belle vache n'y était plus ; mais quand il eut ouvert la porte, il la vit à sa place ordinaire, aussi bien en point que la veille. Il se mit à tourner autour d'elle et à l'examiner avec attention ; il ne lui manquait qu'un petit morceau à la fesse ; c'était justement celui qu'il avait mangé.

Tout ce que les Margot avaient mangé était revenu à sa place, car elles avaient le pouvoir de ramener à son premier état ce qu'elles avaient détruit[18].

18. Conté en 1881, par Julien Rilet, du Gouray, âgé de trente-huit ans.

XII

LES FÉES ET LE TISSERAND

Rien n'était impossible aux Margot-la-Fée ; elles étaient de tous les métiers et savaient chacun d'eux aussi bien que les meilleurs ouvriers.

Une nuit qu'elles étaient en tournée, elles entrèrent chez un tisserand qui avait sur son métier une pièce de toile peu avancée. Elles se mirent à tisser et le bruit réveilla le tisserand, qui ouvrit les yeux, mais ne dit rien. En quelques minutes, la pièce de toile fut achevée, et les Margot se mirent à l'admirer et elles disaient :

— Oh ! la belle toile ! Faut-il la laisser comme elle est ? demanda l'une d'elles à la supérieure.

Celle-ci l'examina avec attention, puis elle découvrit un petit défaut qu'elle leur fit remarquer, et quand elles l'eurent vu, la supérieure dit :

— Défaites la toile.

En un instant, la toile fut défaite.

Tous les soirs, elles venaient chez le tisserand et se livraient au même manège ; cependant, la pièce de toile qu'elles faisaient et défaisaient avançait, car le tisserand y travaillait tous les jours, et, après le départ des Margot, elle était justement dans l'état où elles l'avaient trouvée. Quand elle fut terminée, il l'enleva et mit à la place une autre pièce dont le fil était plus fin, et qui devait être plus grande.

Ce soir-là, les Margot-la-Fée arrivèrent encore et se mirent à tisser avec rapidité, si bien qu'en peu de temps la toile fut achevée. Le tisserand songeait en lui-même :

— Si elles la laissaient comme elle est, cela m'épargnerait bien des journées de travail.

La pièce achevée, les fées se demandaient entre elles :

— Est-elle bien de même ?

— Oh ! ma foi oui, répondit le tisserand, elle est bien de même, sans doute.

Les Margot-la-Fée crurent que c'était leur supérieure qui avait parlé, ou bien elles furent effrayées d'ouïr cette voix, car elles s'en allèrent, laissant au tisserand la pièce toute tissée[19].

---

19. Conté en 1881, par Julien Rilct fils, du Gouray, âgé de trente-huit ans.

IV

LUTINS ET CHATS-SORCIERS

INTRODUCTION

Si presque partout les paysans croient que les fées ont disparu, ils sont en général persuadés que les lutins existent encore, *note Paul Sébillot en tête du chapitre qu'il consacre aux lutins dans le tome I de ses* Traditions et superstitions de la Haute-Bretagne. Toutefois on parle moins souvent d'eux sur le littoral que dans l'intérieur des terres. Les marins, me disait un de mes conteurs, ne voient pas tant de quoi, comme les terriens.

En certains pays, on semble penser que les lutins ne se montrent plus maintenant ; mais, de même que les fées, ils reviendront le siècle prochain, qui est le *siècle visible*.

Même si la présence des lutins est restée plus durablement marquée que celle des fées en Haute-Bretagne, leur présence dans la collecte de Paul Sébillot est nettement inférieure à celles des fées des houles et des Margot-la-fée. Mais c'est aussi que les histoires de lutins ont eu tendance à venir se fondre dans celles des fées, comme d'ailleurs les contes de korrigans devenaient des contes de sorciers ou de chats-sorciers. C'est cette ambivalence et ce glissement qui rendent une telle collecte *intéressante, surtout confrontée à celle de Luzel en Basse-Bretagne*.*

Le lutin caractéristique de la Haute-Bretagne est Mourioche, encore appelé La Guenne, *autrement dit* La Blanche *(et, de fait, Mourioche est un lutin à métamorphose de type bête blanche, comme la Fausserole, ou le Fersé, autres* animaux-lutins *que Sébillot évoque au passage). Il mentionne bien quelques follets qu'il appelle* lutins des écuries *mais a tendance à les mêler aux Faudous, Houpous, Eclairous qui ont pour commun avec les lutins de type bête blanche de faire des farces aux passants amenés à traverser de nuit des lieux exposés. Il note aussi que les chats-sorciers ont emprunté des traits aux korrigans de la Basse-Bretagne mais ne montre pas très clairement à quel point les traits distinctifs des korrigans se sont fondus pour devenir attributs aussi bien des fées que des follets ou des chats-sorciers (la danse en rond, le vol d'enfants, avec restitution selon la méthode de la coquille d'œuf, l'invisibilité rompue par l'onguent passé sur l'œil**...).*

F. M.

---

* On pourra comparer « Les chats-sorciers et les bossus » avec « Les danseurs de nuit » de Luzel, et « Le Fersé » avec « Le follet de Rune-Riou » et autres contes de lutins de cette même collecte (voir *Fantômes et dames blanches*, Éditions Ouest-France).

** Pour en savoir plus, cf. *Vie et mœurs des lutins bretons*, Babel/Actes Sud.

LES CHATS-SORCIERS ET LES BOSSUS

Il y avait jadis à Plévenon des chats-sorciers qui se réunissaient tous les soirs, à la croix de Meurtel, auprès de Château-Serin, ou à la croix de Gouéhas, sur la lisière de la lande de Fréhel.

Ils dansaient en rond autour des croix en répétant toujours les deux mêmes mots :

Lundi, mardi !
Lundi, mardi !

Un bossu qui passa un soir auprès d'eux, entendant leur chanson, voulut l'allonger un peu et il cria :

Lundi, mardi, mercredi !

Et les chats-sorciers, tout joyeux, se mirent à répéter :

Lundi, mardi, mercredi !

Quand ils eurent dansé quelque temps, ils se demandèrent les uns aux autres qui avait enrichi leur refrain :

— C'est moi, répondit le bossu, en quittant le fossé où il s'était caché.

— Ah ! dirent les chats-sorciers, que ferions-nous bien pour récompenser cet homme du service qu'il vient de nous rendre ?

— Il faut, répondirent plusieurs voix, lui ôter sa bosse.

Les chats-sorciers applaudirent à cette proposition. En un clin d'œil, cela fut accompli, et le bossu s'en retourna chez lui sans sa bosse, et aussi droit que s'il avait avalé une baïonnette.

Un autre homme de Plévenon qui avait sur le dos une grosse bosse dont il était bien marri, ayant entendu parler du service que les chats-sorciers avaient rendu au ci-devant bossu, vint le trouver et lui demanda comment il avait été rendu droit comme un mât de navire. L'autre lui indiqua volontiers comment la chose était arrivée, et le bossu se rendit auprès de la croix.

Il y avait à peine une heure qu'il y était arrivé lorsqu'il vit les chats-sorciers qui marchaient sur deux rangs en répétant toujours les mêmes paroles :

Lundi, mardi, mercredi !
Lundi, mardi, mercredi !

Au moment où ils passaient près de lui, il cria :

Lundi, mardi, mercredi, jeudi !

comme on lui avait recommandé de dire ; les chats-sorciers répétèrent ces paroles, mais, s'apercevant que ce nouveau refrain ne s'accordait pas avec l'autre, ils sautèrent sur le bossu, et pour se venger, ils lui placèrent sur la poitrine la bosse qu'ils avaient ôtée à son voisin. Et le malheureux s'en retourna chez lui semblable à Polichinelle, bossu par-derrière et bossu par-devant[1*].

1. Conté en 1880, par Élie Ménard, de Plévenon. J'ai trouvé aussi cette légende à Saint-Cast. C'est la version gallèse du conte de Souvestre, raconté d'une manière un peu différente par Du Laurens de la Barre, et qu'on retrouve en bien d'autres pays en France et à l'étranger. Seulement, dans toutes les autres légendes, ce sont des nains et parfois des fées qui remplissent le rôle occupé ici par les chats-sorciers.

* *Contes populaires de la Haute-Bretagne,* tome II. Paul Sébillot a recueilli plusieurs variantes de ce conte (ainsi « Les sorciers de Knéa », « Les chats-sorciers de la Croix-Bas »).

LES CHATS-SORCIERS

Jadis les chats dont on n'avait point coupé le bout de la queue avaient coutume de s'assembler à jour fixe : on les voyait réunis au clair de lune sur quelque lande déserte, non loin des Roches-aux-Fées et des Pierres-Debout. Ils délibéraient, graves comme des prêtres à l'église, et personne n'aurait osé passer près d'eux et encore moins les déranger quand ils tenaient leurs réunions plénières. On racontait à la veillée d'étranges et effrayantes histoires où il était arrivé malheur à des gens assez audacieux ou assez fous pour avoir voulu se mêler à leur société : les uns étaient morts subitement, d'autres avaient été si terrifiés de voir tous les chats darder vers eux leurs prunelles brillantes comme des charbons ardents et les regarder d'un air irrité, que leurs cheveux étaient devenus blancs en une nuit, et ils tremblaient encore rien qu'en pensant aux assemblées nocturnes des matous.

Jean Foucault s'en revenait par une belle nuit de la foire où il s'était un peu attardé dans les auberges, parce que le cidre était bon cette année-là. Il était tout joyeux et marchait gaîment en chantant à tue-tête, lorsqu'au détour d'un chemin creux, il aperçut tout à coup une nombreuse réunion de chats rangés autour d'une croix de pierre. Il y en avait de toutes les grosseurs, et de toutes les couleurs ; à la vue de tous ces matous, la voix du chanteur s'étrangla dans son gosier, et il se mit à trembler comme un homme qui a les fièvres, car les chats poussaient des miaulements irrités, voûtaient leurs dos souples où le poil se hérissait, redressaient leurs queues et le regardaient avec des yeux qui luisaient dans la nuit.

Sa terreur augmenta encore lorsqu'il vit le plus gros de la bande accourir vers lui : il ferma les yeux, s'attendant à être mis en pièces, et récita son acte de contrition. Mais, au lieu de sentir les griffes du chat s'enfoncer dans sa chair, il s'aperçut que l'animal se frottait le long de ses jambes en faisant un ronron joyeux comme s'il avait eu envie d'être caressé. Jean Foucault ouvrit les yeux et reconnut son propre chat qui se mit à marcher devant lui, et qui tantôt le précédait, tantôt revenait vers lui et le caressait avec sa queue.

Quand Jean Foucault arriva avec son conducteur à l'endroit où était l'assemblée, les matous étaient assis tranquillement, car le chat avait dit à haute voix à ses confrères : « Laissez passer Jean Foucault. »[1]

1. Conté par Émile Frostin de Matignon, 1863. *Contes populaires de la Haute-Bretagne*, tome I.

LE FERSÉ

Il y avait une fois un tailleur qui s'appelait Le Coq, et il allait coudre d'une maison dans l'autre. Tous les soirs, en s'en retournant chez lui, il voyait auprès d'un échalier une manière de poulain qui était couché.

Il dit aux gens de la ferme :

— Tous les soirs, en m'en allant, je trouve une manière de poulain couché au même endroit, près d'un échalier.

— C'est le Fersé, lui répondirent-ils.

— Hé bien ! si c'est lui, je vais l'attraper, pas plus tard qu'aujourd'hui.

En s'en allant, il trouva encore le poulain, et lui dit :

— Ah ! tu es encore couché là ! Tu as envie de me jeter dans la rivière, et de te mettre à rire quand tu m'auras bien mouillé. Écoute, je vais monter sur ton dos ; conduis-moi bien droit chez moi, ou je te coupe les oreilles ; j'ai là une paire de bons ciseaux.

Le tailleur monta à cheval sur le poulain, et de temps en temps, il faisait du bruit avec les ciseaux. Le Fersé le mena bien droit, et le tailleur remarqua qu'il avait une bride qui brillait comme de l'or.

— Si j'avais sa bride, pensait-il, je la vendrais bien, car elle est brillante et a la mine lourde.

Quand il fut arrivé à sa porte, il prit la bride du Fersé, et la mit dans sa poche, puis il rentra chez lui.

Le Fersé ne s'en alla pas, et pendant toute la nuit, il resta à crier :

Rends-moi ma bride !
Rends-moi ma bride !

Le tailleur et sa maisonnée ne pouvaient dormir, et sa femme lui dit :

— Qui est-ce qui crie comme cela : Rends-moi ma bride ?

— C'est le Fersé, répondit-il, je ne sais ce qu'il a.

Le lendemain, dès que la nuit fut venue, le Fersé revint dans l'aire, et il répéta jusqu'au matin :

Rends-moi ma bride !
Rends-moi ma bride !

La femme du tailleur et ses enfants étaient ennuyés de ne pouvoir dormir, mais il ne voulait pas rendre la bride. Il avait regardé par la croisée, et avait vu que le poulain s'asseyait sur une pierre qui était dans un coin de l'aire. Il dit à sa femme :

— Si vous voulez que le Fersé ne vous ennuie plus, chauffez pendant toute une journée la pierre sur laquelle il s'assied ; si vous la chauffez bien, il ne reviendra plus.

Pendant toute la journée la femme et les enfants du tailleur firent du feu sur la pierre, qui était toute rouge, à force d'être chauffée, puis le soir, ils balayèrent les cendres pour que le Fersé ne s'aperçût de rien.

Dès que la nuit fut close, il arriva comme d'habitude, et en s'asseyant sur la pierre il cria :

Rends-moi...

Mais il se brûla si dur qu'il n'acheva pas ; il s'enfuit en criant, et le tailleur conserva la bride[1].

1. Conté en 1880 par Marie Sanson, de Saint-Cast, femme de Michel, cordonnier, âgée de quarante ans. Elle l'a entendu raconter à sa mère. Le Fersé était une bête, une manière de poulain, qui lorsqu'on montait sur son dos allait jeter son cavalier à la rivière et se mettait ensuite à rire. Cette « bête d'autrefois » était, dit-on, une personne maudite et condamnée à rester sous la forme de bête pendant un temps déterminé.

* *Contes populaires de la Haute-Bretagne*, t. II (*Contes des paysans et des pêcheurs*).

CONTENTES FACÉTIEUX

I.

LES JOYEUSES HISTOIRES DE JAGUENS

INTRODUCTION

Les Jaguens, ou pour parler comme les gens du pays, les Jéguins, sont les habitants de Saint-Jacut-de-la-Mer, commune maritime de l'arrondissement de Dinan (Côtes-du-Nord). Saint-Jacut est l'orthographe officielle, mais on prononce Saint-Jagu, Saint-Jégu, et plus encore Saint-Jaïgu.

Cette commune se compose de deux parties inégales ; l'une, peuplée de cultivateurs et d'un petit nombre de marins, ne diffère pas sensiblement de celles du voisinage ; elle ne se rattache au véritable Saint-Jacut que par un isthme sablonneux assez étroit. Quand on l'a franchi on arrive à l'Isle ; c'est ainsi que les habitants appellent la partie maritime qui, sans cette bande sableuse, serait en effet une île véritable.

C'est là que se trouve le bourg, où vivent sept à huit cents habitants, en grande majorité pêcheurs. Il y a une cinquantaine d'années, il conservait encore toute son originalité, et la plupart des maisons étaient anciennes ou présentaient une disposition que l'on rencontre en d'autres villages maritimes, mais avec une fréquence moindre qu'à Saint-Jacut. L'agglomération était en longueur, et, à cause du vent, beaucoup de maisons avaient pignon sur rue, la façade au midi, tournant le dos à la brise froide et violente du nord ; à la suite de la première, les quatre ou cinq qui la suivaient sans interruption, formaient une sorte de cité, avec des cours devant, qui étaient presque communes ; sur les façades séchaient des filets, et souvent des morceaux de raie placés sur des cordes se boucanaient au soleil, pendant que des essaims de mouches bourdonnaient autour ; leur odeur, qui ne semblait pas gêner les indigènes, répugnait aux étrangers, et même aux pêcheurs des autres petits ports. Ainsi qu'on le verra, ceux-ci font parfois allusion dans leurs récits comiques à la puanteur de ces raies. Rues et ruelles étaient plus malpropres que dans les autres villages côtiers ; des tripailles de poisson gisaient sur le sol, et en plusieurs endroits, des amas de coquillages vides craquaient sous les pieds des passants.

Pendant longtemps les Jaguens sont restés à l'état d'isolement ; ils ne se mariaient guère qu'entre eux. Certains noms de famille étaient portés par plus de cent individus ; aussi l'usage des *signories* ou sobriquets était devenu une nécessité ; les percepteurs de Ploubalay étaient même obligés de les relater sur les rôles des contributions, afin de pouvoir se reconnaître au milieu de contribuables, dont huit ou dix parfois avaient les mêmes noms et les mêmes prénoms.

Jusqu'à une époque assez récente, les Jaguens n'ont eu que des rapports peu fréquents avec leurs voisins. Ils avaient conservé des mœurs et des coutumes particulières, qui se sont peu à peu modifiées, et qui tendent à disparaître depuis que les jolies grèves de la presqu'île sont fréquentées par des baigneurs.

C'est vraisemblablement à ces façons de vivre différentes, à cet isolement qui faisait des Jaguens une sorte de *petite tribu à part, qu'il faut attribuer le blason considérable dont ils sont gratifiés. De Cancale à Saint-Brieuc, ils sont les héros de toutes les histoires facétieuses, de toutes les calinolades ; leur réputation s'étend même dans l'intérieur des terres, et à bord des terre-neuvas et des navires de guerre, les équipages où se trouvent des Bretons de la Manche racontent les joyeuses histoires des Jaguens. Le terme Jaguensétés était même devenu à Dinan et dans quelques villes d'un usage assez courant pour désigner des récits facétieux dont un naïf est le héros, qu'il soit Jaguen ou originaire de tout autre pays*[1]*. Je crois cependant que c'est un néologisme postérieur à la publication de mes contes, il y a une trentaine d'années.*

Le nombre de ceux que j'ai recueillis est considérable, et encore la plupart proviennent d'un seul village.

Dans les contes de Jaguens, le dialogue est toujours en patois quand ce sont eux qu'on y fait parler ; ceux qui les racontent ont soin de conserver les tournures de phrases qu'ils leur attribuent, et ils imitent, en le chargeant, l'accent un peu chantant des Jaguens, ce qui ajoute encore au comique, parfois très réel de ces contes.

On retrouve ailleurs des parallèles de plusieurs d'entre eux. Il en est toutefois qu'on n'a pas, je crois, jusqu'ici

---

1. À Saint-Cast on qualifiait parfois de « couyonnades » de Jaguens ces récits comiques.

En dehors de ceux qui figurent dans le présent volume, j'en ai publié dans : *Contes populaires de la Haute-Bretagne*, p. 243-251 ; *Contes des marins*, p. 257-288 ; *Littérature orale de la Haute-Bretagne*, p. 253-256 ; *Mélusine*, t. II, col. 161-175 ; *Contes des landes et des grèves*, p. 288-296.

Les Jaguens n'ont pas le privilège des histoires facétieuses, quoique les leurs figurent parmi les plus originales et les plus comiques : Saint-Maixent, Villedieu-les-Poëles, Les Martigues en France, Gotham en Angleterre, Donau en Prusse et maints autres le partagent avec eux. Cf. Henri Gaidoz et Paul Sébillot, *Blason populaire de la France*, 1884 ; W. Clouston, *The Book of noodles*, Londres, 1888.

rencontré autre part. Les voisins des Jaguens prétendent que ce sont les anciens de Saint-Jacut qui les ont inventés, et qu'ils sont les premiers à les raconter et à en rire.

Ce serait une preuve d'esprit, dont ils sont bien capables. Le Saint-Jacut d'à présent compte parmi les communes les plus instruites du littoral, et nombre de bons officiers de la marine marchande en sont originaires.

Il est vraisemblable que certaines des histoires facétieuses dont les Jaguens sont les héros ne datent pas d'hier ; le trait du poissonnier qui annonce à Henri IV le fait historique de la reprise de Dinan, non sur les Anglais comme dans le conte, mais sur les Ligueurs, était peut-être raconté peu de temps après cet exploit.

Les trois récits que j'ai fondus, en leur donnant une tournure un peu plus littéraire, dans le premier numéro de ce recueil, sont les seuls qui aient une date, relativement ancienne, à peu près certaine. Mon compatriote, l'aquafortiste Alfred Briend qui m'en a raconté deux, les tenait de son père, né en 1799, et de son grand-oncle, médecin à Matignon, dont la naissance se plaçait vers le milieu du XVIIIe siècle, et tous deux connaissaient sans doute, depuis leur prime jeunesse, ces facéties qui ne sont pas d'ailleurs oubliées dans le pays.*

P. S.

* Paul Sébillot, *Joyeuses Histoires de Bretagne*, Fasquelle, 1910, p. 15. Les contes qui suivent proviennent du même recueil mais ont été publiés sous des formes diverses en plusieurs volumes des *Contes populaires de la Haute-Bretagne*. Comme il l'indique, Paul Sébillot a assemblé plusieurs récits, jusqu'alors épars, du cycle du voyage des Jaguens à Paris.

I

LES JAGUENS EN VOYAGE

Au temps où le fils de la grand-mère de la grand-mère de ma grand-mère n'était pas encore en culottes, les Anglais s'emparèrent de Dinan, et les Français étaient bien marris de voir cette forteresse au pouvoir des étrangers. Les Malouins vinrent pour reconquérir la ville, et profitant de l'obscurité de la nuit, aidés par les habitants, ils escaladèrent les remparts, chassèrent de partout la garnison anglaise, et quand le jour se leva, ils étaient complètement maîtres de Dinan.

Les Malouins, bien joyeux de leur victoire, résolurent d'envoyer quelqu'un à Paris pour porter l'heureuse nouvelle au roi de France. Parmi ceux qui avaient contribué à reconquérir la ville, se trouvait un pêcheur de Saint-Jacut : en conduisant son âne chargé de poisson, il avait rencontré la colonne malouine ; et comme, en ce temps-là, les Jaguens n'aimaient point les Anglais, il s'était joint aux assaillants, et avait, l'un des premiers, grimpé à l'assaut des remparts : quand on demanda un homme de bonne volonté pour aller à Paris, ce fut lui qui se présenta.

— *J'irai ben, ma*, dit-il ; *j'ai un âne qui connaît les chemins aussi ben la nuit que le jour.*

Le chef des Malouins remit au poissonnier une lettre pour le roi de France, lui donna des provisions pour la route, et même un peu d'argent ; et le Jaguen, enfourchant son âne, prit le chemin de Paris, où il arriva après un voyage de quelques jours.

Quand les Parisiens virent le poissonnier, dont l'accoutrement leur était inconnu, s'avancer dans les rues monté sur un âne, ils le regardèrent curieusement, et ils finirent par le suivre, en riant de sa monture et de son étrange costume, et les femmes se mettaient aux fenêtres pour voir le Jaguen qui continuait sa route sans se déconcerter. Il s'arrêta pourtant et leur dit :

— *Braves gens, vous n'aviez vantiez* (peut-être) *point veu d'âne diqu'à* (jusque) *cette heure : le mien est issu de germain du sien qui portit Notre-Seigneur Jésus-Christ quand il entrit à Jérusalem. C'est un bon âne, qui marche de net comme de jou', et qui brait, quand il est en jeu, comme eune douzaine de chantres. Mais au lieu de me regarder comme les chiens quand un évêque passe, vous feriez ben mieux de me dire éioù que reste le ré.*

Les Parisiens se mirent à rire ; l'un d'eux prit l'âne par la bride, et le conduisit dans la direction du palais du roi, où ils ne tardèrent pas à arriver, suivis d'une foule nombreuse comme une procession. Le Jaguen voulut entrer dans le Louvre, mais le factionnaire qui gardait la porte lui barra le passage, et lui dit :

— On n'entre pas.

Mais le Jaguen ne se déconcerta pas pour si peu, et il criait à tue-tête :

— *Si fait, j'enterrerai ! Je sé venu de Dinan tout à l'esprès pour parler au ré, et, par ma fa de conscience je li parlerai.*

L'âne de son côté se mit à braire comme pour appuyer les paroles de son maître, et le bruit arriva aux oreilles du roi, qui se montra à la fenêtre et fut bien ébahi en apercevant le Jaguen entouré de cette grande foule de peuple.

— Que veux-tu, mon brave homme ? lui demanda-t-il.

— *Je viens de Dinan en Bertangne tout à l'esprès pour parler au roué de France : si vous le kneussez* (connaissez) *dites-li que je sé là.*

— C'est moi qui suis le roi : qu'on laisse passer ce brave Breton.

Le Jaguen descendit de son âne et le confia à la sentinelle en lui recommandant d'en avoir bien soin, puis il entra au Louvre, où bientôt il se trouva en présence du roi de France. Il ôta respectueusement son bonnet et lui dit :

— *Sire, j'avons prins Dinan !*

— Cela ne se peut ! s'écria un des généraux ; c'est un fou ou un mauvais plaisant qui veut se moquer de vous.

— *Vère*, répondit le Jaguen sans se déconcerter, et en regardant fixement le général, *stici le sara vantiez* (peut-être) *mieux que ma qui y étas !*

Le roi rit beaucoup de la repartie du Jaguen, et il lui demanda des détails sur cet important fait d'armes. Le Jaguen lui raconta comment les Malouins avaient surpris les Anglais pendant la nuit, et les avaient chassés de la ville ; puis il remit au roi la lettre du capitaine des Malouins qui confirmait de point en point son récit.

Le roi de France fut bien joyeux d'apprendre que les Anglais n'avaient plus sa bonne ville de Dinan, et il dit au messager :

— De quel pays es-tu, mon ami ?

— *Je sé natif de Saint-Jégu, sire.*

— Saint-Jégu ? Où est-ce ?

— *Kneuss'ous* (connaissez-vous) *l'Ebihen ?*

— Non.

— *Kneuss'ous l'Isle ?*

— Non.

— *Kneuss'ous la Houle Cosseu ?*

— Pas davantage.

— *Kneuss'ous Nerput ?*

— Non.

— *Et quaï qu'ous kneuss'ez don ! Je ne sarions vous dire éioù qu'est Saint-Jégu. Mais c'est-i ici la maison du bon Dieu, que n'en n'y baïl ni n'en y mange ?*

Le roi de France se mit encore à rire ; il ordonna à l'un de ses officiers de conduire le Jaguen à la cuisine du château et de lui servir un repas copieux ; mais le bonhomme, avant de s'y rendre, demanda qu'on mît son âne à l'écurie devant un bon râtelier rempli de foin, et il alla lui-même s'assurer que son fidèle compagnon ne manquait de rien.

L'officier le mena à la cuisine, et le fit asseoir devant une grande table de chêne : on plaça devant lui du pain blanc, des assiettes remplies de viandes douces et une bouteille de vin. Il demanda du cidre ; mais dans tout le palais et les environs, on ne put lui en trouver un seul pot. Et, en versant du vin, le Jaguen grommelait entre ses dents :

— *Le monde sont ben menteurs tout de même : i' disent qu'i' n'y a de tout à Paris, et n'en n'y trouve pas sieurement eune pauv' goutte de cid'e !*

Cependant il mangea de grand appétit, car il avait faim, et il ne faisait aucune attention aux serviteurs qui le regardaient d'un air étonné.

À son déjeuner, le roi de France avait parlé du Jaguen qui était venu annoncer la reprise de Dinan, et le fils du roi eut envie de le voir. Il était encore jeune, et comme tous les petits garçons de son âge, il se plaisait à se faufiler dans les cuisines, parce que les bonnes lui donnaient des friandises, et qu'elles lui racontaient toutes sortes d'histoires. Quand il arriva à la cuisine, il se mit à considérer le Jaguen qui n'était point habillé à la mode de Paris, et il tournait autour de lui comme s'il avait été une bête curieuse. Ce qui l'intriguait surtout, c'étaient les longs poils roux qui, pareils à des soies de cochon, couvraient ses jambes nues, et il lui vint à l'idée de tirer dessus pour se divertir et pour s'assurer s'ils tenaient bien à la peau. Il se glissa sous la table, et le Jaguen, au moment où il était tout occupé à manger, sentit qu'on lui tirait brusquement une touffe de ses poils. Il fit une grimace horrible, et fut sur le point de jurer ; toutefois il se retint et se contenta de se reculer un peu. Mais le jeu plaisait à l'enfant, qui recommença une seconde fois à tirer sur les poils, et plus fortement que la première ; le Jaguen se leva brusquement de table et s'écria :

— *Ah ! petit goujas ! Si tu n'étas pas l'fils de ton père, queue mornife* (calotte) *que je te foutras !*

Le dauphin fut si ébahi de cette apostrophe qu'il alla s'asseoir tout penaud dans un coin et laissa le Jaguen achever tranquillement son repas.

Quand il eut fini de manger, on le conduisit devant le roi qui lui donna une bonne bourse, pleine d'écus de six livres bien luisants. Le Jaguen le remercia de son mieux, en lui disant que si jamais il passait par Saint-Jacut, il lui ferait manger du poisson meilleur que celui qui va sur la table des évêques.

Il remonta ensuite sur son âne, et sortit tranquillement du Louvre, accompagné d'une escorte de gens d'armes qui lui firent la conduite jusqu'à une lieue de Paris.

Il accomplit heureusement son voyage de retour, et dès qu'il fut arrivé à son pays natal, il acheta un beau bateau carré tout neuf, fit recouvrir sa maison en ardoises, et devint même propriétaire de plusieurs sillons de terre dans les environs du village, ce qui lui donna une grande considération dans le pays, où on avait coutume de l'appeler *l'homme qui a parlé au ré.*

*

* *

De temps en temps, surtout dans les beaux soirs d'été, les Jaguens venaient s'asseoir autour de l'homme « qui avait parlé au Ré », et ils se faisaient raconter les incidents de son voyage, la grandeur de la capitale de la France, la magnificence du palais du Louvre, toutes choses dont les Jaguens n'avaient pas idée ; ils lui faisaient aussi dire comment le roi de France lui avait donné des preuves sonnantes de sa générosité, et ce n'était pas là la partie la moins intéressante du récit du poissonnier. En réfléchissant bien à tout cela, les anciens pensèrent qu'il était de l'intérêt de Saint-Jacut d'envoyer une députation au roi de France pour lui offrir des poissons : ils songeaient que leur présent serait bien accueilli, et que sans doute le prince se montrerait généreux. Et quand leur résolution eut été prise, il fut décidé qu'on mettrait de côté, pour être offertes au roi, les plus belles pièces de poisson qui seraient prises à la prochaine marée.

Les pêcheurs consentirent volontiers à ce que désiraient les anciens ; mais, quand l'un d'eux trouvait dans ses filets un magnifique bar ou un beau turbot, il ne manquait jamais de lui découvrir des défauts : il était trop petit ou trop long, ou pas assez poissonné, de sorte que le pêcheur, au lieu de mettre de côté pour le roi les belles pièces qu'il prenait, les gardait pour lui et allait les vendre aux armateurs de Saint-Malo ou aux bourgeois de Dinan.

Un jour cependant un des grands bateaux à voilure carrée alla tendre ses filets au large des pêcheries, et ceux qui le montaient, pensant qu'il était temps de voir si on avait pris quelque chose, se mirent à tirer le filet hors de l'eau. Il paraissait si lourdement chargé que tout l'équipage vint pour aider à le ramener à bord, et, pressentant une pêche miraculeuse, on décida d'un commun accord que ce que contenait le filet serait pour le roi.

Quand, après avoir réuni leurs efforts, ils parvinrent à le faire sortir de l'eau, ils aperçurent, à travers le clapotis transparent des vagues, des fers qui brillaient :

— *Dieu me damne, mon fû*, s'écria le patron, *est un païsson ferré ; i' sera pour le ré, et s'i' n'est pas content, i' sera ben difficile !*

Mais quand le filet émergea tout à fait le long du bord, au lieu du magnifique poisson que les Jaguens s'attendaient à voir, ils aperçurent le cadavre gonflé d'un vieil âne qui, peu de jours auparavant, s'était trop aventuré sur les pentes glissantes des falaises, et était tombé à l'eau. Les Jaguens firent la grimace et rejetèrent le vieux baudet dans la mer : chacun promit de ne point parler du « païsson ferré », de peur des quolibets ; mais il est probable que le secret ne fut pas gardé par tous les pêcheurs, puisque l'aventure est venue jusqu'à nous, et qu'elle a même donné naissance à un proverbe.

Cependant, le coup de filet n'avait pas été mauvais, et quand le vieil âne en fut ôté, on y vit des bars de belle taille, des turbots et des rougets, et l'équipage décida que, si les anciens le voulaient, tout ce poisson serait pour le roi.

Les anciens pensèrent que c'était là un présent convenable, et les Jaguens qui pouvaient prétendre à l'honneur d'aller à la cour mirent leurs chapelets dans un chapeau, afin que le sort désignât ceux qui accompagneraient le précieux poisson. Huit premiers chapelets, retirés du chapeau, furent reconnus par leurs propriétaires, et par les autres, et l'on décida que les huit hommes élus par le sort formeraient l'ambassade.

Le poisson fut enveloppé d'orties et de feuilles de fougères, et mis bien au frais dans une manne, puis les anciens et les huit députés s'assemblèrent de nouveau pour chercher le moyen le meilleur, le plus sûr et le plus prompt, de faire parvenir la bourriche au roi de France. La proposition de la porter à pied et à dos d'homme fut tout de suite rejetée comme peu pratique ; et comme il n'était pas possible, sans de grands et longs détours, de se rendre à Paris en bateau, l'assemblée décida qu'on attellerait à une charrette l'âne du Grand Cangnard, qui était d'une force peu commune, que les huit Jaguens monteraient à bord, et que, pour faciliter la course, et montrer que les Jaguens étaient des gens de mer, et non des gars de métairies, la charrette serait gréée en carré, et que le patron en prendrait le commandement. Cette idée conquit tous les suffrages et fut accueillie par des applaudissements unanimes, ce qui n'a rien de surprenant ; car personne n'ignore que les Jaguens sont les seuls des habitants des côtes dont les bateaux soient gréés en *carré*, et les anciens se disaient judicieusement que, dès que la charrette arriverait en vue de Paris, tous les Parisiens ne manqueraient pas de s'écrier en l'apercevant :

— Voici les Jaguens qui viennent nous voir !

On se mit tout de suite à l'œuvre : le mât fut placé dans un trou percé au milieu de la charrette, et assujetti au moyen de forts cordages attachés aux deux côtés : on s'assura que la voile manœuvrait bien, et à l'un des brancards on accrocha un grappin. La manne fut arrimée bien au frais, on embarqua des miches de pain, de la raie salée, un baril de cidre *cœuru**, et les huit Jaguens désignés par le sort embrassèrent leurs parents, demandèrent la bénédiction aux anciens, et s'embarquèrent dans la charrette.

Le patron prit en main les guides de l'âne, et quand les matelots eurent hissé et bordé la voile, il cria : « *À Dieu vat !* » ; l'âne se mit aussitôt en route, et les habitants de Saint-Jacut, rangés à l'entrée du village, suivaient du regard la charrette à voiles qui emportait leur ambassade.

*

* *

Au commencement du voyage, la route était droite et peu raboteuse ; la voile était gonflée par le vent qui soufflait de la manière la plus favorable, et l'âne n'avait point à tirer, mais simplement à porter la charrette qui, étant bien arrimée, ne le fatiguait point. Mais le vent ne tarda pas à fraîchir, la route décrivait des zigzags dans lesquels la manœuvre devenait difficile, et une rafale de Norouâs, qui vint soudainement gonfler la toile, aurait fait chavirer la charrette si le patron n'avait commandé à son équipage d'amener la voile.

Quand la manœuvre eut été accomplie, on se remit en route et le patron s'assura que l'aussière du grappin, qui filait le long du brancard en passant par la bride de l'âne, fonctionnait facilement.

Il y avait longtemps qu'ils avaient perdu de vue le clocher de Saint-Jacut, et il était près de midi quand le patron

---

* Doux à boire (se dit aussi en Normandie).

avisa à tribord un grand champ de lin fleuri ; il paraissait bleu comme la mer, aux jours calmes et purs de l'été, et une brise légère qui soufflait, faisait onduler les fleurs qui frissonnaient comme les vagues quand il vente frais et que la mer est, comme on dit, « fleurie ».

— *Dieu me damne, mon fû*, s'écria le patron, *v'là la grande mé salée : si je prenions un bain ?*

— *Vère, vère* (oui), répondit l'équipage ; *jetons l'ancre.*

— *Mouille !* commanda le patron.

Le matelot qui était à l'avant laissa filer l'aussière, et le grappin mordit à terre à peu de distance du champ de lin. L'âne fit quelques pas, semblable à un bateau qui a encore de l'erre, puis se sentant retenu, il s'arrêta.

Les Jaguens descendirent de la charrette, et, après s'être déshabillés, ils entrèrent dans le champ et se mirent à nager à travers le lin bleu qu'ils traversèrent ; ensuite ils revinrent à l'endroit où ils avaient laissé leurs habits. Ils commençaient à se rhabiller, lorsque l'un d'eux eut un scrupule :

— *Dieu me damne, mon fû*, dit-il, *j'allons nous compter pour vâ* (voir) *si n'y arait point-z-eu queuqu'un à se naye* (noyer).

Le patron fit ranger ses hommes, et il commença à compter :

— *Ta et ma, ça fait iun, et li deux, et li tras, quat'e, cinq, six, sept... Par ma fa, mon fû, je crais qu'il en manque iun. Je recommence. Ta et ma, ça fait iun, et li deux, et li tras, quat'e, cinq, six, sept...*

Le patron se gratta l'oreille et dit :

— *Je sommes partis huit, et je ne trouve que sept. I' en a eu iun à se naye. J'allons retourner le queri* (chercher).

Ils allaient retourner dans la *grande mé salée*, quand l'un des Jaguens eut une idée :

— *Je nous sommes vantiez trompés dans not' compte ; v'là eune taupinée fraîchement boutée : mettons chacun un daïgt dedans, et n'en verra après cambien qué n'y a de trous.*

Quand cette opération fut accomplie, on vit huit doigts bien marqués sur la taupinière, et les Jaguens, persuadés qu'il ne manquait personne, se mirent à manger en devisant joyeusement, et en appréciant fort les mérites du cidre que contenait leur baril.

Ils se rembarquèrent ensuite dans leur charrette, le grappin fut levé, le patron prit les guides, cria : « *À Dieu vat !* » et l'équipage s'avança gaiement sur la route de Paris, à ce qu'il croyait du moins. Car, pendant qu'ils se baignaient et prenaient leur repas, l'âne avait senti derrière lui des chardons ; il n'avait pu résister à l'envie de les goûter et s'était retourné bout pour bout, entraînant le grappin. Les Jaguens n'y avaient pas pris garde, et on les eût bien étonnés en leur disant qu'au lieu de se diriger vers Paris, ils revenaient simplement à Saint-Jacut : cependant, parfois ils ne pouvaient s'empêcher de remarquer que le pays ressemblait considérablement aux environs de leur village natal.

Ils finirent, la journée étant chaude, par s'assoupir peu à peu, et quand ils s'éveillèrent, le jour était déjà bas. Le patron, qui venait de se réveiller, se frotta les yeux, et apercevant au loin des maisons, il dit :

— *Dieu me damne, mon fû, Paris n'est point si biau que le monde disent ; mais l'là n'est vantiez qu'un faubourg.*

Cependant ils continuaient d'approcher, et les femmes de Saint-Jacut qui, de loin, avaient reconnu la charrette et l'âne, étaient sorties de leurs maisons pour venir au-devant de leurs hommes, et les Jaguens, en les apercevant, disaient :

— *Dieu me damne, mon fû, n'en dit bien que toutes les femmes s'entersemblent ; celles d'ici sont tout drait pareilles à celles de Saint-Jaigu.*

Quand les Jaguines furent arrivées auprès de leurs hommes, elles entourèrent la charrette ; elles se jetaient au cou des voyageurs et les embrassaient, et les Jaguens, qui ne les reconnaissaient pas, disaient :

— *Dieu me damne, mon fû, je sommes asteure à Paris : on nous avait ben dit vra que les femmes de Paris étaint d's'effrontées qui se jettent su' l'e monde sans les connaître*[1].

1. Cette histoire était jadis très populaire à Dinan et à Matignon.

L'ÂNE QUI DEVIENT MOINE

Il était une fois à Saint-Jacut un meunier qui avait un âne, et tous les soirs il l'attachait avec une longue corde auprès de son moulin afin qu'il pût paître tout à son aise.

En ce temps-là, il y avait aussi à Saint-Jacut des moines qui allaient la nuit dans les champs pour y voler ce qui se trouvait à leur convenance. Une nuit qu'ils retournaient à l'Abbaye chargés de butin, ils virent l'âne qui paissait au pied du moulin, et ils se dirent :

— Il faut prendre cet âne pour porter notre butin, et, quand nous n'en aurons plus besoin, nous irons le vendre.

— Bien, dit le supérieur ; mais pour qu'on ne s'en aperçoive pas, tu vas, dit-il à un des moines, te mettre à la place de l'âne, attaché comme lui, et quand le meunier viendra, tu lui diras que tu avais été changé en âne et que ton temps est fini.

À deux heures du matin, le meunier eut besoin de son âne, et il sortit pour le prendre ; mais à sa place il vit au clair de lune un moine.

— Qui est là ? cria-t-il.

— Votre âne, répondit le moine d'un ton de pénitent.

— *Par ma fa mon fû*, dit le meunier, *mon âne prèche* (parle) *donc asteure* (maintenant).

— J'étais condamné, dit le moine, à faire pénitence de mes péchés sous la forme d'un âne ; mon temps est fini, et je suis redevenu moine.

— *Par ma fa mon fû*, répondit le meunier, *tu peux t'en aller ; j'nai pas affaire de la, n'est pà ta qui iras me querï des pouchées ni les porter su' ton dos.*

Le moine retourna à son couvent ; quand il fut jour, le meunier dit à sa femme :

— *Dis donc, Félie, sais tu ben, notre âne ! He ben ! 'était un moine qu'était a faire pénitence en âne, et quand il la za zeue finie, il a été démorphosé et est redevenu moine.*

— *Par ma fa, mon p'tit fû*, dit la femme, *j'étas ben en païne c'qu'il avait à batt'e si souvent d'la goule, 'est qui disait son bréviaire.*

Quand arriva l'été, les moines qui n'avaient plus affaire de l'âne allèrent pour le vendre à la foire de Plouër, et comme c'est le pays aux ânes, le meunier y vint aussi pour en acheter un. Lorsqu'il vit celui que les moines avaient amené, il dit à sa femme.

— *Ergarde, Félie, Dieu me danse, mon fû, paraît que l' moine aracor fait queuque bétise, le v'la cor tourné en bourrique.*

Et voyant un de ses voisins, il lui dit :

— *Par ma fa, mon fû, n'allez pas acheter une bête de même ; n'est pas qu'o ne vaut ren ; mais en lieu d'eune âne, dans huit jou's, v'arez un moine à vot' porte ; ergardez-le ; i'bat cor des lèvres, il est à dire son bréviaire.*

Pendant toute la foire, il resta auprès de l'âne, et quand il voyait quelqu'un s'approcher pour le marchander, il lui racontait les mêmes choses, de sorte que personne ne voulut l'acheter, et les moines furent obligés de le ramener à leur couvent[1].

1. Conté en 1883, par François Marquer, qui l'a entendu conter à une dame de Dinard.

II

AUTRES CONTES FACÉTIEUX

LE FIN LARRON

Une femme veuve n'avait qu'un fils : elle l'avait élevé de son mieux, et il n'y avait pas, dans tout le pays, un garçon de son âge qui fût plus adroit, plus fort et de meilleure mine.

Quand il eut fait ses communions et qu'il arriva à l'âge où l'on est capable de gagner sa vie, la bonne femme le fit asseoir auprès d'elle, et lui dit :

— De quel état seras-tu ?

— Larron, ma mère, comme mon bonhomme de père.

— Nenni, dit-elle, tu ne seras point larron : c'est un état où l'on est trop exposé à être pendu. Je vais aller demander à la bonne Sainte Vierge quel sera ton métier.

La vieille prit son bâton et clopin-clopant se mit en route pour aller à une chapelle dédiée à la Vierge et renommée dans le pays pour les miracles qui s'y faisaient. Dès que sa mère fut un peu loin de la maison, le garçon se rendit à la chapelle en courant par les chemins de traverse et les sentiers. Il y arriva bien avant la pauvre infirme, et il se blottit derrière la statue de la mère de Dieu.

— Ma bienheureuse Sainte Vierge, dit à haute voix la vieille femme en s'agenouillant devant l'autel et en se signant dévotement, de quel état sera mon gars ?

— Larron, la mère, comme son bonhomme de père, répondit une voix qui paraissait sortir de la statue.

— Ainsi soit-il, dit la vieille ; j'aurais pourtant préféré un métier plus tranquille.

Lorsque la veuve fut de retour à la maison, elle vit son fils qui était assis sur le pas de la porte, et semblait n'en avoir pas bougé ; car, comme il marchait très vite, il était revenu depuis quelque temps déjà.

— Eh bien ! ma mère, lui demanda-t-il dès qu'il l'aperçut, que vous a dit la Sainte Vierge ?

— Hélas ! seigneur Jésus ! elle m'a répondu, elle aussi, que tu serais larron : la volonté de Dieu soit faite !

— Je vais donc, repartit le jeune garçon, commencer à apprendre mon métier.

*

* *

Le fin larron se rendit à un beau château du voisinage où un noble fort riche demeurait avec sa famille ; il demanda à lui parler, et quand il fut introduit en sa présence, il le salua respectueusement :

— Avec votre permission, je parie, monsieur, que je vole cette nuit la belle robe de votre femme.

— C'est ce que nous verrons, dit le châtelain, qui se promit bien de ne pas se laisser attraper.

Quand la nuit fut venue, le fin larron, qui avait réussi à se glisser dans le château, alla frapper à la porte de la chambre où le gentilhomme et sa femme étaient couchés, et il dit en contrefaisant la voix d'un de leurs serviteurs :

— Levez-vous bien vite, monsieur, car les voleurs sont dans votre jardin en train de manger vos cerises.

Le seigneur se hâta de quitter le lit, s'habilla promptement et descendit au jardin avec son fusil : comme il tardait un peu à revenir, la dame craignit que les voleurs ne fissent du mal à son mari, elle se leva à son tour et sortit de la chambre en l'appelant.

Le fin larron, qui guettait une occasion de s'introduire dans la chambre, y entra bien vite et enleva prestement la belle robe que la dame avait laissée sur une chaise.

*

* *

Un autre jour, il vit un fermier qui conduisait à la forge des chevaux de bonne mine :

— Je gage, lui dit-il, de vous voler ces beaux chevaux dans votre écurie malgré toutes les précautions que vous pourrez prendre pour m'en empêcher.

— Tu veux rire, mon garçon, répondit le fermier.

— Non, et la preuve, c'est que probablement j'aurai fait mon coup avant demain matin.

La nuit venue, le fermier chargea deux de ses domestiques de veiller à tour de rôle dans l'écurie, et de temps en temps il venait lui-même pour voir s'ils faisaient bonne garde.

Le fin larron s'habilla en garçon de ferme, et dit à celui qui veillait, en imitant la voix de son camarade :

— Il est temps que tu ailles te coucher, je vais veiller à ta place, et un peu avant le jour tu viendras me remplacer.

Le domestique s'en alla à moitié endormi, et dès qu'il se fut éloigné, le fin larron détacha les chevaux, les fit sortir sans bruit de l'écurie, et, enfourchant l'un d'eux, menant les autres par la bride, il s'enfuit rapidement. Le lendemain le fermier et ses garçons furent bien surpris de ne plus voir leur cavalerie.

*

* *

Ces larronnages audacieux n'avaient pas tardé à répandre dans tout le pays la renommée du fin larron, et à plus de dix lieues à la ronde il était connu pour un homme adroit et habile.

Un jour qu'il passait en se promenant auprès d'un four qu'on était en train de chauffer, le boulanger lui dit :

— Eh bien ! larron, toi qui es si fin, veux-tu parier avec moi que tu n'es pas capable d'enlever sans que je m'en aperçoive la fournée de pain que je vais mettre tout à l'heure à cuire ?

— J'essaierai, repartit le fin larron, et je pense réussir.

Quand le boulanger eut enfourné son pain, il se coucha devant la gueule du four, de façon qu'on ne pouvait en approcher sans le heurter, et il s'endormit avec une parfaite tranquillité.

Le fin larron fit par-derrière le four une autre ouverture par laquelle il enleva la fournée quand elle fut cuite, et à la place des pains il mit de gros cailloux ronds.

*

* *

Un jour d'été qu'il avait beaucoup marché, il se sentit fatigué, et il monta dans un gros arbre où il s'installa commodément entre le tronc et une maîtresse branche. Il ne tarda pas à s'endormir.

Il se réveilla en entendant le bruit que plusieurs personnes faisaient en causant ; il prêta l'oreille et apprit que les gens qui devisaient en bas étaient voleurs de leur état, et que leur trésor était déposé dans un vieux moulin à vent et soigneusement gardé. Le fin larron, qui avait dépensé tout le produit de ses rapines, résolut de s'emparer par ruse de cet argent.

Il se procura une peau de vache, s'en revêtit, en ayant soin de mettre sur sa tête les cornes relevées, prit une fourche à la main, et dans cet attirail, il se présenta près du moulin à la tombée de la nuit : les voleurs crurent que le diable venait pour les emporter, et ils s'enfuirent à toutes jambes, sans songer à défendre leur trésor dont le fin larron profita.

*

* *

Le fin larron, voyant qu'il s'était bien perfectionné dans son métier, résolut d'aller l'exercer ailleurs qu'à la campagne. Il se rendit à la cour, et arrivé en présence du roi, il lui dit :

— Sire, je parie enlever les draps du lit sur lequel vous couchez vous et votre femme.

— J'ai entendu parler de ton adresse, répondit le roi, mais si tu parviens à faire ce que tu dis, je te reconnaîtrai pour le meilleur larron de mon royaume.

— Cette nuit même, je déroberai vos draps.

Quand tout le monde fut couché, le fin larron vint placer sous les fenêtres du palais un mannequin de paille habillé en homme, puis, se dissimulant dans l'ombre à quelque distance, il se mit à faire du bruit. Le roi l'entendit, il ouvrit la fenêtre et tira un coup de fusil sur le bonhomme de paille qui, faiblement appuyé, tomba à la renverse ; puis il dit à sa femme :

— Je viens de tuer le fin larron, je vais descendre et le porter plus loin, afin que demain on ne trouve pas son cadavre devant le palais ; car on m'accuserait de sa mort, et cela pourrait me faire tort.

Le larron était parvenu à se glisser jusqu'auprès de la porte de la chambre ; quand le roi fut éloigné, il entra hardiment et allant droit au lit de la reine, qui ne le reconnut pas à cause de l'obscurité, il lui dit en imitant la voix de son mari :

— Ma femme, donne-moi les draps de lit pour ensevelir le fin larron.

La reine, qui ne s'aperçut pas de la supercherie, se hâta de se lever, et de remettre les draps de lit au fin larron.

*

* *

— Voulez-vous gager, sire, dit-il au roi une autre fois, que je vous volerai votre cheval, vous étant monté dessus ?

Le roi accepta le pari, monta sur son cheval, et mit des gendarmes autour de l'écurie.

Le fin larron parvint à éloigner par ruse quelques-uns des soldats, grisa les autres qui ne tardèrent pas à s'endormir, puis il alla boire avec le roi, lui raconta de plaisantes histoires, et se mit à lui chanter des chansons de nourrice qui peu à peu lui firent fermer les yeux.

Quand le fin larron l'entendit qui ronflait comme un bienheureux, il enfonça dans les poutres quatre grosses vis dans lesquelles il passa des cordes qui, attachées à quatre pitons vissés dans les coins de la selle royale, la tinrent suspendue en l'air : alors il prit doucement le cheval par la bride et le fit sortir de l'écurie.

*

* *

Le roi voyait avec plaisir le fin larron parce qu'il était distingué dans sa profession, et il ne lui gardait pas rancune de ses tours.

— Sire, lui dit le fin larron, je vais enlever votre couvert d'argent pendant que vous dînerez.

— Je t'en fais cadeau si tu y parviens.

Pendant que le monarque était à table, le fin larron arriva dans la cour du palais, amenant un petit chien et un lièvre, légèrement entravés tous les deux ; il lâcha le lièvre, et le chien courut après en aboyant.

Étonné de ce bruit de chasse, le roi se lève pour aller regarder à la fenêtre : pendant qu'il avait le dos tourné, le fin larron entra sur la pointe du pied, et le couvert était dans sa poche avant que le roi se fût aperçu de sa présence.

*

* *

Un jour le fin larron alla à la foire avec une vache et un chat.

— Combien la vache ? dit un marchand en s'approchant pour l'examiner.

— Je ne la vends qu'à celui qui m'achètera en même temps mon chat.

— Combien les deux ?

— Cent francs le chat, et un sou la vache.

Après avoir tâté et examiné la bête, le marchand, voyant qu'elle était de belle race, et qu'elle semblait bonne laitière, finit par payer les cent francs et un sou qui lui étaient demandés pour les deux animaux.

Le fin larron montra au roi ses cent francs, et lui dit qu'il venait de faire un excellent marché, qu'il avait vendu son chat cent francs.

Le roi commanda de ramasser tous les chats du royaume, et les fit porter à la foire en ordonnant à ses gens de demander cent francs de chacun d'eux ; mais personne ne voulut les acheter à ce prix, et on se moqua beaucoup de la crédulité du monarque.

*

*   *

Le roi se montra si irrité de ce nouveau tour qu'il donna ordre au bourreau de mettre le fin larron dans un sac, et d'aller le jeter à la rivière.

Quand on fut arrivé sur le bord de l'eau, le condamné supplia le bourreau de lui laisser le temps de faire son acte de contrition, lui promettant, en récompense de ce délai, de lui indiquer un trésor. Le bourreau y consentit, et comme il faisait chaud, il s'éloigna pour aller boire un verre de cidre à l'auberge : le fin larron parvint à couper les cordes du sac, il le remplit de pierres et de feuilles et alla se cacher dans un buisson épais. Le bourreau reprit le sac, et au moment où il arrivait au bord de l'eau, le fin larron le poussa si fort et si subitement dans la rivière qu'il l'y noya.

*

*   *

Après cet exploit, il fut quelque temps sans reparaître à la cour ; mais ayant appris que le roi désirait se venger d'un prêtre qui lui avait reproché sa crédulité et s'était moqué de lui, il pensa que la mort du bourreau lui serait pardonnée s'il parvenait à attraper le curé.

Il prit un habit de prêtre, s'attacha des ailes derrière le dos, et alla à une église qui était près du presbytère ; il s'y cacha si bien que le bedeau en faisant sa ronde ne l'aperçut pas et l'enferma à double tour.

À minuit, le fin larron sonna la cloche, et le bedeau vint voir qui était là.

— Ce n'est pas à toi que j'ai affaire, dit le larron, mais à ton respectable maître.

Quand il vit venir le curé, il lui dit d'une voix douce :

— Je suis ton bon ange, et je viens te chercher pour t'emmener en paradis ; mais auparavant apporte ici tout ton argent.

Le prêtre alla à son presbytère, et tout joyeux, raconta cette merveilleuse chose à sa servante qui elle aussi se montra désireuse d'aller en paradis en même temps que son maître ; elle vint à l'église, où elle apporta tout ce qu'elle possédait. Mais le rusé compère prit son argent et lui dit d'attendre un peu, qu'il reviendrait la chercher à un autre voyage.

Il mit le prêtre dans un sac qu'il chargea sur ses épaules ; en descendant les marches du cimetière, le recteur heurtait les pierres, et comme il se plaignait et gémissait :

— Ne vous plaignez pas ainsi, dit le fin larron ; ne savez-vous pas que le chemin du paradis est dur et raboteux !

Il alla le porter dans une petite cabane tout auprès du château, où l'on mettait les oies, et raconta au roi le bon tour qu'il avait joué au prêtre. Le roi en fut si content, qu'il faillit en devenir malade à force de rire.

*

* *

Le roi, voyant que le larron avait à lui seul plus d'esprit et de ruse que tous ses courtisans, pensa qu'il ferait bien de se l'attacher, et il lui promit de lui donner sa fille en mariage s'il parvenait à l'enlever.

Le fin larron se rendit méconnaissable, et, se déguisant en marmiton, entra dans les cuisines du palais où personne ne le reconnut. Au roi, il dit qu'il s'appelait Jean Renaud, à la princesse qu'il rencontra un peu après, et qui lui demanda son nom, il répondit : La Sauce, mademoiselle, pour vous servir.

Au souper du roi, on servit un poisson bien arrangé dont chacun mangea avec beaucoup d'appétit ; mais il sembla si bon à la fille du roi qu'elle en redemanda plusieurs fois. Quand la princesse fut entrée dans sa chambre, le fin larron, qui était parvenu à s'y cacher, la saisit dans ses deux bras et s'efforça de l'emporter ; la jeune fille criait :

— Maman, maman, La Sauce me tient !

— C'est que tu as trop mangé de poisson ce soir.

— Maman, La Sauce m'étouffe.

— Dors tranquillement, et demain il n'y paraîtra plus rien.

Le fin larron enleva la princesse presque sous les yeux de ses parents, qui ne firent pas attention à ses cris de « La Sauce m'étouffe, La Sauce m'emporte ! »

Le roi tint sa parole, et le fin larron devint son gendre ; il fit venir sa vieille mère à la cour, après lui avoir envoyé de beaux habits, et il vécut heureux[1*].

1. Conté en 1861 par Vincente Béquot, de Saint-Pôtan (Côtes-du-Nord). Elle me l'avait maintes fois conté dans mon enfance, car c'est elle qui était alors bonne d'enfants chez mon père. En 1878 Jeanne Bazul de Trélivan me l'a raconté presque dans les mêmes termes, et j'ai recueilli dans l'Ille-et-Vilaine un récit plus long que celui-ci et intitulé « Le fin voleur », que je compte publier autre part.

* Ce conte, publié dans le premier grand recueil de Paul Sébillot, les *Contes populaires de la Haute-Bretagne*, est l'un des premiers contes qu'il ait collectés et, comme il l'explique, l'un de ceux qu'il a connus dès l'enfance. Il occupe une place très particulière dans la collecte et a, de plus, le mérite de permettre la comparaison avec une belle version du conte-type 1525 A (« Le voleur avisé ») collectée par Luzel en Basse-Bretagne, version elle aussi donnée pour entendue très tôt (cf. « Les finesses de Bilz » in *Contes de Basse-Bretagne*, Éditions Ouest-France).

D'UN VIEUX CHEVAL ET D'UNE VIEILLE FEMME

Autrefois on ne voyait pas comme à présent de belles routes bien entretenues, soigneusement empierrées, et garnies de chaque côté de bonnes banquettes pour l'écoulement des eaux. Les meilleures voies d'alors, celles qui conduisaient à la ville et aux bourgs, ressemblaient aux chemins creux d'aujourd'hui, ombragés d'arbres, étroits et creusés d'ornières profondes où seules peuvent passer les grosses charrettes attelées à plusieurs chevaux : la plupart du temps, on prenait pour aller d'un bourg à l'autre de simples sentiers, à peine tracés à travers les champs et les landes qui, à cette époque que nos grands-pères ont connue, occupaient une bonne moitié du pays.

Aussi ne voyait-on pas les bouchers et les marchands de beurre faire marcher au grand trot sur les routes les vigoureux petits chevaux qui traînent si lestement leurs voitures légères ; ils allaient à pied, tandis que leurs chevaux portaient sur le dos les quartiers de viande et les mottes de beurre, et ces animaux étaient si habitués à faire le trajet du bourg à la ville et de la ville au bourg, qu'au besoin ils se seraient passés de conducteurs.

Un marchand de beurre, nommé Jean Craulard, avait un cheval qui pendant trente ans porta à Rennes ses mannequins remplis de beurre : lorsque la vieillesse rendit ce fidèle serviteur incapable de continuer son service, son maître ne voulut point le tuer, et il déclara que le vieux cheval trouverait toujours à l'écurie son picotin d'avoine, et qu'il irait pâturer quand cela lui ferait plaisir ; quand il témoignait le désir d'aller aux champs, on lui mettait sur le dos, pour le garantir de la pluie, une couverture en paille tressée. Tout le monde connaissait Bijou, le cheval de Craulard, qui souvent passait la nuit dans la pâture de son maître.

*

* *

Près de l'endroit où Bijou venait habituellement brouter l'herbe, s'élevait le château d'un noble, auquel tenait un beau jardin, bien planté d'arbres fruitiers et entouré d'une haie vive.

Depuis quelque temps, ce seigneur s'apercevait qu'on venait lui voler ses poires, et sa femme lui disait qu'il devait faire bonne garde et empêcher le pillage de son jardin.

— Attends quelques jours, lui dit-il ; bientôt il fera clair de lune et je m'embusquerai pour voir quel est l'audacieux qui vient dérober mon fruit.

Quand la lune brilla, à l'heure où tout le monde à la campagne est couché, et où l'on n'entend que l'aboiement éloigné des chiens de ferme et le bruit du vent dans les feuilles, il se cacha derrière un arbre, et vit venir une bonne femme qui cueillait des poires et les ramassait dans son tablier. Il tira un coup de fusil sur la voleuse qui fut atteinte et tomba morte.

En entendant la détonation, la dame du château était accourue et elle vit que son mari avait trop bien visé.

— Voilà, dit-elle, une fâcheuse affaire ; il sera bon de la tenir secrète et de trouver un moyen de se débarrasser du cadavre. Mais, ajouta-t-elle, le vieux cheval de Craulard passe la nuit dans sa pâture, il faut attacher sur son dos la bonne femme morte, comme si elle était à cheval, et ouvrir la barrière du pré, Bijou en sortira sans doute et personne ne saura qui a tué la vieille.

Le vieux cheval se laissa charger, et quand il sentit ce poids sur son dos, il crut qu'on lui donnait comme autrefois des hottes de beurre à porter. Il quitta son pré, et se mit à suivre la route qu'il avait jadis tant parcourue pour aller à la ville.

Il marcha toute la nuit, sans se presser, car il se trouvait lourdement chargé ; au matin, il vint à passer près d'un champ où on labourait ce jour-là, et dont les gens avaient laissé la barrière ouverte, ainsi que c'est l'habitude en pareil cas, et tout à l'entrée, il aperçut un sac entrouvert qui laissait voir de la belle avoine bien nettoyée qu'on avait apportée là pour semer. Le cheval était fatigué de sa course, et il pensa qu'il ferait bien de profiter de cette aubaine : il entra dans le champ et se mit à manger l'avoine qu'il trouva fort à son goût.

Les gens qui labouraient étaient alors à l'extrémité du champ opposée à celle qui touchait la route : les uns étaient occupés à la charrue, d'autres à semer, et ils ne virent pas d'abord le danger que courait leur sac de semence ; l'un d'eux pourtant finir par apercevoir le cheval qui mangeait aussi tranquillement que s'il se trouvait à l'écurie devant son auge, et la femme qui était sur son dos le laissait faire. Il s'écria de loin :

— Bonne femme ; empêchez donc votre monture de manger notre avoine !

Il semblait qu'il parlât à un sourd, car la cavalière laissait faire le cheval ; il accourut tout en colère, un outil à la main, en accablant la vieille de reproches, et son silence l'irritant de plus en plus, dès qu'il fut à sa portée, il déchargea sur la tête de la bonne femme un coup de houe si bien appliqué qu'elle tomba le front tout sanglant.

Quand l'irritable laboureur vit la vieille par terre, il crut l'avoir tuée, et il se mit à gémir de sa colère : les autres accoururent, bien chagrins aussi, et ils disaient :

— Quelle honte ce sera pour la famille, si l'on vient à découvrir ce meurtre ! Fanchin sera emmené en prison, et les juges le condamneront à être pendu. Voilà une journée qui commence bien tristement pour nous.

Comme ils étaient tous parents, ils résolurent de cacher de leur mieux ce qui était arrivé. Ils prirent le corps de la bonne femme, le mirent dans un sac, et allèrent le porter dans un creux de fossé, en ayant soin de le recouvrir de feuilles mortes ; quand tout le monde serait couché, ils viendraient chercher le cadavre et le transporter dans le cimetière.

Le vieux cheval, débarrassé de son fardeau, reprit le chemin de sa pâture.

*

*　*

Quand les gens de la ferme pensèrent que chacun était rentré chez soi et dormait, deux d'entre eux retournèrent au champ pour accomplir leur projet. Cette nuit-là, deux voleurs avaient dérobé dans un cellier un cochon fraîchement tué, qu'ils avaient mis dans un sac pour le transporter plus commodément, et ils étaient entrés dans le champ pour s'y reposer un peu, car la bête était lourde. En entendant du bruit, ils eurent peur d'être surpris, et s'enfuirent en abandonnant le sac qui se trouvait tout près de l'endroit où était caché le corps de la vieille.

Les deux garçons se trompèrent de sac, et chargèrent sur leurs épaules celui où était le cochon, puis, ayant eu la curiosité de l'ouvrir, ils s'aperçurent qu'au lieu d'une vieille femme ils avaient un porc fraîchement tué qu'ils emportèrent chez eux, bien surpris de cette métamorphose.

Cependant, les voleurs n'entendant plus de bruit, revinrent chercher leur sac, et furent bien contents de retrouver celui qui contenait, à ce qu'ils croyaient, le produit de leur vol.

Comme ils demeuraient l'un près de l'autre, ils résolurent de partager le lard cette nuit même, et ils ne tardèrent pas à arriver à la porte de l'un d'eux qui était marié ; ils frappèrent et on vint leur ouvrir.

— Femme, lui dit son mari, voici un bon cochon que nous avons enlevé ; apportez un drap de lit, et allumez une chandelle de résine : nous allons le partager en deux, et mon compère et moi nous prendrons chacun notre moitié.

Mais quand ils eurent de la lumière, et qu'ils voulurent ôter du sac le prétendu cochon, ils virent avec stupeur une vieille femme morte et toute sanglante.

— Il y a ici quelque enchantement, dit l'un des hommes, et nous sommes perdus si on découvre la vieille : on croira que c'est nous qui l'avons tuée : on nous mènera en justice et nous serons pendus.

— Ne vous désolez pas tant, dit la femme ; aidez-moi plutôt et je vous tirerai d'affaire.

Elle rajusta la vieille de son mieux, la mit sur le dos de son mari, et vint à la porte du presbytère où elle la tint appuyée contre le mur, puis elle heurta le marteau. La servante du recteur vint voir qui frappait à pareille heure, et elle entrouvrit seulement la porte :

— Que demandez-vous ? dit-elle d'un ton fâché.

— Voici une pauvre femme bien malade, et qui voudrait se confesser avant de mourir, dit la voleuse en déguisant sa voix. Hâtez-vous d'avertir M. le Recteur, car j'ai bien peur de la voir passer entre mes bras si vous tardez.

— Allez-vous-en : croyez-vous que je vais réveiller M. le Recteur à une telle heure : le pauvre saint homme ! il est allé à plus de deux lieues aujourd'hui pour prêcher le pardon des quarante heures, et il était si lassé qu'il en faisait pitié. C'est bien heureux qu'il soit un peu sourd, car votre tapage aurait troublé son sommeil. Revenez demain matin.

En disant ces mots elle leur ferma violemment la porte au nez.

La femme du voleur laissa à ce moment tomber la vieille femme, et cria encore : « Confession ! Confession ! » mais pas trop haut, et s'en alla, bien contente d'être débarrassée, laissant le cadavre à la porte du presbytère.

Le lendemain, quand la servante du prêtre voulut ouvrir sa porte, la vieille femme, qui était appuyée contre, lui tomba presque dans ses bras, et elle crut que le soir elle l'avait peut-être heurtée en fermant brusquement la porte.

Elle monta tout éplorée à la chambre de son maître en lui disant :

— Quel malheur, monsieur le Recteur : hier, pendant la nuit, une bonne femme était venue pour demander à se confesser ; j'ai refusé de vous réveiller, et voici qu'elle est tombée morte auprès du presbytère.

À cette nouvelle, le Recteur se mit en colère contre sa servante : mais bientôt il réfléchit que moins on ferait de bruit sur cette affaire, mieux cela vaudrait. Il fit enlever le corps de la bonne femme et ordonna à son sacristain de l'enterrer dans un coin du cimetière*.

* Conté par Jean-Pierre Lorant, de Saint-Aubin-du-Cormier. *Contes populaires de la Haute-Bretagne*, tome I.

CONTES D'ANIMAUX ET FABLIAUX

LES TROIS AMIS

Il était une fois trois amis qui voyageaient ensemble, Pourcévenigo qui était, en vous respectant, un cochon, et deux petites poules : Pirette et Poulette.

Pourcévenigo pria ses amies de lui aider à construire une maison, et quand elle fut faite, il y entra ; mais il n'en sortit point et leur dit :

— J'y suis si bel et bien
Que j' n'en sortirai point.

Pirette dit à Poulette :

— Pourcévenigo a mal agi ; aide-moi à me construire une maison, et je t'aiderai à mon tour.

Quand la maison fut faite, Pirette y entra ; mais elle ferma la porte sur elle et dit :

— J'y suis si bel et bien
Que j' n'en sortirai point.

Comme Poulette se désolait, elle vit passer un beau monsieur qui lui demanda ce qu'elle avait :

— Ah ! dit-elle, j'ai aidé Pourcévenigo et Pirette à se construire une maison, et quand elle a été faite, ils m'ont fermé la porte au nez.

— Hé bien ! Poulette, si tu veux me pondre une bassine d'œufs, je te bâtirai une jolie maison, toute en fer-blanc.

— Je veux bien, répondit-elle.

Elle fit des œufs plein un bassin, et le monsieur lui bâtit sa maison. Quand elle fut dedans, elle s'écria à son tour :

— J'y suis si bel et bien
Que j' n'en sortirai point.

Glaume (Guillaume) le loup, qui se promenait, vint frapper à la porte de la maison de Pourcévenigo, et lui dit :

— Ouvre-moi, Pourcévenigo.

— Nenni, tu me mangerais.

— Je vais monter sur l'*aubette* (le toit).

— Nenni, tu l'abattrais.

— Je frapperai tant,
Je cognerai tant,
Que j'abattrai le beau bâtiment.

Il démolit la maison et mangea Pourcévenigo.

Il s'en vint ensuite à la cabane de Pirette.

— Ouvre-moi, ma petite Pirette.

— Nenni, tu me mangerais.

— Je vais monter sur l'aubette.

— Nenni, tu l'abattrais.

— Je frapperai tant,
Je cognerai tant,
Que j'abattrai le beau bâtiment,
dit Glaume en montant sur la maison.

Il l'abattit et mangea Pirette.

Glaume le loup alla ensuite frapper à la porte de la maison de Poulette :

— Ouvre-moi, ma petite Poulette.

— Non, mon Glaume, tu me mangerais.

— Tu ne veux pas ? hé bien :
Je frapperai tant,
Je cognerai tant,
Que j'abattrai le beau bâtiment.

— Tu peux monter, Glaume, dit Poulette.

Le loup monta sur la maison en répétant :

— Je frapperai tant,
Je cognerai tant,
Que j'abattrai le beau bâtiment.

Mais il y avait des clous pointus sur la petite maison, et le loup qui s'écorchait disait :

— Ah ! Poulette, que je me pique dur !

— Tant mieux, mon Glaume.

Quelque temps après, le loup revint et dit à la poule :

— Veux-tu venir à la foire avec moi ?

— Nenni, tu me mangerais.

— Non, je te le promets.

— Hé bien ! j'irai, mais je partirai plus tard ; si tu veux, nous nous mettrons en route à midi.

Dès le matin, Poulette partit, et elle alla à la ville où elle acheta un trépied, une *timbale* (bassine) et une marmite. En s'en revenant, elle aperçut Glaume qui courait sur la lande. Elle posa ses emplettes à terre et se cacha sous la marmite. Quand le loup eut passé auprès et se fut éloigné, Poulette rentra à sa maison, et peu après Glaume le loup lui raconta qu'il avait vu sur la route une marmite renversée.

— C'est moi qui étais sous la marmite, dit Poulette à Glaume le loup.

— Ah ! s'écria-t-il, si j'avais su, je t'aurais mangée.

*

* *

Cependant, la maison commença à se vieillir, et Glaume le loup vint frapper à la porte :

— Ouvre-moi, ma petite Poulette.

— Nenni, tu me mangerais.

— Ouvre-moi.

— Non.

— Je frapperai tant,
Je cognerai tant,
Que j'abattrai le beau bâtiment.

De fait, il finit par démolir la petite maison ; mais Poulette se sauva dans un arbre, et depuis ce temps-là on n'a jamais entendu parler d'elle*.

* Conté en 1881, par M. E. Hamonic. Il tient ce conte de Mathurin Ruellan, sabotier à Moncontour. *Joyeuses Histoires de Bretagne*, Fasquelle, 1910.

LE BRIGOT ET LES GRAPILLONS*

Il y avait une fois un petit brigot qui voyait deux grapillons se promener sur le sable, et il se disait :

— Voilà deux crabes qui sont bien heureux, ils vont rapidement où ils veulent, alors que moi je ne puis que me traîner sur les rochers, ou sur les herbiers. Que ne suis-je grapillon au lieu d'être brigot !

Un peu après la mer monta, et le vent souffla en tempête : les deux grapillons se réfugièrent dans la fente d'un rocher à peu de distance du brigot, et s'y installèrent de leur mieux pour résister au mauvais temps. Le brigot alla leur demander la permission de se mettre à côté d'eux, mais ils lui refusèrent l'entrée de leur trou.

Le petit brigot se colla à son rocher le plus fort qu'il put, mais la mer le tourmentait, et il disait :

— Les deux grapillons ont bien de la chance ; ils ne sont pas secoués comme moi. Pourquoi ne m'ont-ils pas laissé entrer avec eux !

— Mon pauvre petit brigot, dit un minard[1] qui sortait d'un creux de rocher, tu ne serais plus ; car je viens de faire

---

* Le bigorneau et les petits crabes.

1. Pieuvre.

mon déjeuner de ceux qui t'ont refusé l'hospitalité, et je t'aurais mangé avec eux. Maintenant, je n'ai plus faim, et je vois que tu n'as pas la force de résister à la tempête ; monte sur mon dos et j'irai te déposer sur les herbiers.

Le brigot monta sur le dos du minard, et il se disait :

— Je suis bien aise de n'être pas grapillon ; car les grapillons sont exposés à bien plus de dangers que moi, et les autres poissons les mangent. Tant qu'à souhaiter quelque chose, j'aimerais mieux être minard, comme le poisson qui me porte.

Pendant que le brigot se disait cela, le minard qui nageait toujours fut attaqué par un gros congre, accompagné de son ami le homard. Le minard se mit à leur cracher du noir pour les aveugler ; mais il fut blessé, et ses deux ennemis se mirent à le déchiqueter tout vivant.

Le brigot, qui avait quitté le dos du minard, au commencement du combat, se disait :

— Je ne porte plus envie à aucun poisson ; j'aime mieux être brigot que minard ou grapillon. Étant tout petit, je suis moins exposé à être mangé* !

---

* Cette petite fable, qui n'est pas exactement un conte facétieux mais témoigne pour une qualité particulière d'humour très présente dans la collecte de Paul Sébillot, nous a semblé offrir, par cette sagesse gagnée sur un pessimisme sans noirceur, une conclusion bien accordée à l'esprit des collectes gallèses. *Contes des landes et des grèves*, Caillière, 1900.

ANNEXES

LA GOULE-ÈS-FÉES*

Voici, à titre de curiosité, un conte que je tiens de mon ami et compatriote, M. Auguste Lemoine, qui l'a entendu aux environs de Dinard. C'est un conte de seconde main, et qui n'est par conséquent point littéral. Je l'ai rédigé en patois du littoral ; mais, pour être vrai, je dois ajouter que jamais aucun de mes conteurs ne s'est servi purement du patois pour me raconter des légendes. La plupart du temps, il y avait entre leurs récits et leur manière habituelle de s'exprimer autant de différence qu'il y en a entre la langue écrite et le langage de la conversation ordinaire.

Un saï[1] que la mère Milie[2], qu'était saïge-femme[3] de son état, était assise su n'un berchet[4] dans l'coin d'son fouyer, o ouït queuqur'un[5] qui cognait à l'hu[6] de son hôté.

---

* Nous donnons ici la version originale du conte traduit plus haut (p. 222), en raison de son intérêt propre et de sa place dans la collecte de Paul Sébillot. Le texte permet de voir les variations du gallo entre ce que Paul Sébillot appelle le « patois du littoral » et le patois d'Ercé employé ci-après pour le conte de « Peuçot ».

1. Soir.
2. Émilie.
3. Sage-femme.
4. Escabeau.
5. Elle entendit quelqu'un.
6. À la porte de sa maison.

O débarrit la porte, et o vit entrer sez ielle[7] eune veille femme qui li dit comme héla de veni do ielle tout cont' Saint-Leunaire, à cette fin d'assister une créiature qu'était en ma d'éfant[8], Milie répondit qu'o voulait ben : o print ses solées[9], mint su son dos eune petite devantière, rapport à la fret[10] ; o cutit[11] son feu et sieuvit la veille qui cheminait devant ielle et marchait par les sentes comme s'il avait été joû.

I'y avait mêzé[12] un p'tit d'temps qu'iz étaint partis, quand Milie ouït le bru de la mé, qui menait tenant de ramaïge cont' les roches des falàses.

— Eioù qu'ous me menez ? qu'o dit[13]. Voul'ous me faire aller diqu'à[14] la Goule-ès-Fées, ousque n'en dit qu'on vaït des fions d'aut' faïs[15] ?

— Vère[16], Milie, que li repondit la veille ; j'allons directement là. Prends ma main ; tu n'as que faire d'avaï poû[17] ; je n'veux point te défalàser[18]. Sieus-ma, et tu renras service à ieune de tes semblabes.

Milie arait ben voulu ét'e cor sez ielle au coin d'son fouyer, ou ben dans son let ; mais olle était forcée d'aller éioù que l'aut'e la menait, et o marchait sur les pentières des falàses comme su n'eune route messière.

E'finirent par arriver à la Goule-ès-Fées, qu'est eune grotte escarabe[19], quasiment aussi grande que ielle à Poulifée

7. Elle vit entrer chez elle.
8. En mal d'enfant.
9. Elle prit ses souliers.
10. À cause du froid.
11. Cacha.
12. Déjà.
13. Où me menez-vous ? dit-elle.
14. Jusqu'à.
15. Les fées d'autrefois.
16. Oui.
17. Peur.
18. Te jeter en bas de la falaise.
19. Énorme.

ou la Salle à Margot, que les monsieux vont và quand le temps est biau, et qui sont au bas des falàses de Ferhel. O vit su n'un let eune femme toute jieune et qu'avait p'usieurs personnes alentour de ielle. O li portit secoû, et bentôt o reçut un biau petit gars, ben mochet[20], qui b'sait ben sept liv'es tras quarts ou le quart maïns de huit liv'es.

Les aut's femmes donnitent à Milie eune bouêtte où i' n'y avait une manière d'onguent, quasiment pareil – respé d'vous – à de la graisse de pouër[21], et i' li ditent de frotter l'éfant, et de ben s'essuer[22] les mains après de cela, ou ben qu'i li en arriverait vantiez du deu[23].

O frottit la garçaille, et sans faire mine de ren o se grattit un zieu[24] et o s'en mint un p'tit dans n'un coin. O n'eut pas p'utôt fait héla, qu'o vit tout changé alentour de ielle. La grotte était belle comme une église à la Miaô[25] ; les femmes étaint attifées comme des princeresses, et Milie n'avait ren veu de si biau ni à Saint-Malo sez les bourgeois, ni dans les châtiaux de Proubala, de Pleurtu et de Saint-Béria[26]. O vayait à l'entour de ielle toutes sortes de petits fions qui n'étaint pas plus gros que l'peuce[27], qu'étaint habillés comme des monsieux cossus, et qu'avaint à leux cautés d'z épées qui n'étaint pas p'us longues que d's épilles à piécettes[28].

Olle était ténant[29] ébahie, mais o ne dit ren, et o frottit l'éfant diqu'à au moment où i' li ditent de fini. I' li donnitent

20. Dodu.
21. Porc.
22 S'essuyer.
23. Ou qu'il lui en arriverait peut-être du deuil, du mal.
24. Un œil.
25. La mi-août.
26. Ploubalay, Pleurtuit, Saint-Briac.
27. Pouce.
28. Épingles à attacher la partie supérieure du tablier.
29. Beaucoup.

eune bonne boursée d'argient et la ramenitent, ben contente, diqu'à sez ielle.

Depais le temps-là, o vayait par les sentes, par les clos et un p'tit partout toutes sortes de fions, mais o ne faisait mine de ren. Un joû qu'olle était à la faïre de Saint-Béria[30] éioù que les touchons de Tréméreu et d' Peùdeûneu[31] viennent venre leux pouërs et leux nourretures[32], o vit les fées qui tenaint toutes sortes de p'tits jeux pour baiser[33] l' pauv'monde et li voler sa pauv' argent. O ne dit corren le coup-là, mais quand ce fut su la reciée[34], à n'un moment où i n'y avait ténant[35] d'monde au Carrousé et alentour des marchands qui vendent des saucisses de Plancoué et des cimériaux[36], o vit ieune des fées qui mettait sa main dans la pouchette de la devantière d'une chupée[37]. O s'ébérit[38] et o criit à la voleuse ! Mais la fée se tournit devers ielle et do le daït, o li arrachit un zieu si viferment[39], qu'o ne s'en avisit que quand o fut devenue borgneuse*.

30. À la foire de Saint-Briac.
31. Les marchands de cochons de Tréméreuc et de Pluduno.
32. Leurs petits cochons et leurs cochons à moitié engraissés.
33. Attraper, voler.
34. Dans l'après-midi.
35. Beaucoup de monde.
36. Sorte d'échaudés.
37. La main dans la poche du tablier d'une femme coiffée du *Coq*.
38. Elle s'écria.
39. Elle lui arracha un œil si vivement.

PEUÇOT

Peûçot était si p'tit, si p'tit, qu'un joû qu'i' plouvait, i' s'cutit (cacha) soù eune feille de brou (lierre). Sa meère huchit (cria) après li pour li donner sa graissée (beurrée).

— Eioù qu't'es, Peûçot ?

— Soû eune feille de brou, qu'i' dit ; et i' sortit dé d'ssous.

Une aut' faï, la vache, respé d'vous, l'avalit, et i' restit tras joû's sans sorti' d'son vent'e.

Le trasième jou', i'sortit, et il était si ordous (sale) qu'i' faisait dongier (répugnance) : sa mèère le démerdit o de l'ève (eau), et il allit courre par les clos. Quand i' fut lassé, i s'mussit dans n'un treu (trou) de taôpe tout cont'e eune grousse roche. Comme i' qu'mençait à dormi', i' ouït l'galop d'un cheva' ; 'était sti d'un marchand qui s'en venait d'la faïre, et qu'était de son chien. Comme i' faisait chaô et que l'endrait était ben ombré, i' descendit de dessus son cheva', l'attachit à eune greusse (grosse) arb'e, et s'assit su' la roche. I' tirit sa bourse de ses hannes (culottes), et commençit à compter son argent : Eune, deûhe, tràs, quat', cinque, six. Quand i' tirit sa sixième pièce, i' oyait eune voix, quasiment comme ielle d'un guersillon (grillon), qui disait, aussi vitement qu'un traquet : Eune, deûhe, tras, quat', cinque, six ! l' recommencit diqu'à tras faïs à compter, et tras faïs, i' ouit la p'tite voix de guersillon. Le marchand se colérit, et i' dit à son chien :

— C'est-i' taï, mon chien, qu'es à t'gaosser d'ma ? Si tu requ'mences, j'vas t'écraboui.

I' se remit à compter sa pauv'argent, et Peûçot répétit cor après li, l' quit son chien, et recommeneit à compter son argent, crayant que la faïs-là, i' serait ben tranquille. Mais i' ouit la p'tite voix de guersillon, qu'avait la mine de s' fout'e (moquer) de li.

— C'est i', ta, mon cheva', qui t'amuses à t'gausser d'ma ! taïs-ta, ou ben je t'qûrai (tuerai) tout comme not' chien.

Le marchand se remit cor à compter sa pauv'e argent, et i' ouït cor la petite voix qu'avait la mine de s'fout'e de li, l' quit son cheva, et i' s'rassit, disant comme ça :

— À c'l'heure, j'vas êt'e ben tranquille, pisqué je sais (suis) tout sou' ici.

I' prit cor sa boursé et comptit : Eune, deûhe, tras, quat', cinque, six, sans se presser, et i' ouït le p'tit guersillon qui disait, quasiment aussi vite qu'un traquet : Eune, deûhe, tras, quat', cinque, six !

Du coup, i' se colérit si dusse (dur), qu'i' s'en serait ben roulé dans la place. I' tirit son pistolet d'sa pouchette et dit :

— Queue diab'e qu'est par ici ! si je l'ois cor eune faïs, 'est ma que j'vas quer. Eune... deûhe... tras... quat'e... cinque... six !

— Eune ! deûhe ! tras ! quat'e ! cinque ! six !

I' tirit son coup de pistolet, et se quit. Quand Peuçot vit qu'il était mort tout né (net), i sortit de son étaupinière, et i' prit la pauv' argent du marchand[1].

---

1. Conte recueilli à Ercé-près-Liffré, Ille-et-Vilaine, *Revue des traditions populaires*, tome XXIII, novembre 1908.

NOTES POUR SERVIR À L'HISTOIRE DU FOLK-LORE EN FRANCE*

Monsieur Henri Gaidoz a publié récemment une brochure intitulée *Eugène Rolland et son œuvre littéraire*, in-8° de pp. 46 (extr. du t. XI de *Mélusine*) qui est une biographie étendue de son ancien collaborateur. À propos de *Mélusine* qui, de 1877 à 1878 (t. I) et de 1884-1887, fut dirigée par ces deux savants, il écrit : « L'œuvre de notre premier volume ne fut pas cependant inutile, n'eût-elle fait que d'avoir suscité chez nous deux folkloristes de mérite, MM. Henry Carnoy et Paul Sébillot. Je les nomme par ordre de date**. M. Paul Sébillot ne connut *Mélusine* que plus tard, par notre volume broché et daté de 1878. Il est aisé de penser que cette lecture fut pour lui une révélation.

* Cette longue note de synthèse biobibliographique est parue dans la *Revue des traditions populaires* en février et avril 1913. L'orthographe et la ponctuation de l'auteur ont été respectées pour ce document jusqu'alors jamais republié.

** Bien que Sébillot ne le relève pas, placer Henry Carnoy (1861-1930) avant lui est abusif : ce prétendu rival n'était pas né au moment où, sous l'influence de la lecture du *Foyer breton*, Sébillot commençait ses propres recherches (mais, remarquablement précoce, c'est encore au collège qu'il donna ses premiers contes à *Mélusine*). Pour confronter les deux collectes et comparer les deux itinéraires, cf. Henry Carnoy, *Contes de Picardie*, Ouest-France.

Jusque-là, il s'amusait à peindre ; il était peintre de paysages et surtout de paysages maritimes. Mais il connaissait admirablement ses campagnes et ses campagnards de la Haute-Bretagne et il exerçait autour de lui l'influence que donne une situation de châtelain. Lettré en même temps qu'artiste, il entrevit d'un coup d'œil l'abondante moisson qu'il pourrait faire dans son pays natal comme collecteur de littérature populaire, de légendes, de coutumes et de superstitions, et à l'inverse du Corrège s'écriant : *anch'io son pittore*, moi aussi je suis peintre, il devint l'écrivain et le folkloriste actif, zélé et fécond que l'on sait » (p. 19-20).

Si flatteur que soit pour moi ce joli couplet, il contient plusieurs inexactitudes ; il fait bon marché de la période de ma vie antérieure à celle où je m'occupai spécialement de folk-lore. Je ne peignais pas seulement pour « m'amuser » quoique j'aie dû à mes études d'après nature des jouissances inoubliables. Je n'étais pas un amateur ; en 1878, pour m'arrêter à cette date, sept de mes toiles avaient été reçues aux Salons annuels, où l'on n'entrait pas alors comme au moulin ; deux avaient été exposées à Londres en 1871, deux à l'Exposition universelle de Vienne, 1872. En 1878, je fournissais depuis dix ans une collaboration active à des journaux ou revues de Paris ou de la province, et même à de grands quotidiens comme le *Bien public* ; dès 1877, mon bagage était assez sérieux pour me permettre d'être admis dans l'Association des journalistes républicains, et j'avais publié un certain nombre de nouvelles, la plupart sur des thèmes provinciaux ou rustiques.

Si avant de ciseler sa phrase, M. Gaidoz avait relu la préface des *Contes populaires de la Haute-Bretagne*, il aurait vu, p. VI, qu'aux environs de 1860, j'avais recueilli une vingtaine de récits populaires, dont une demi-douzaine figurent dans ce volume avec la date de la récolte, le nom, l'âge, la profession et le lieu de naissance des conteurs. Un plus grand nombre de morceaux antérieurs à 1878 ont pris place dans la *Littérature orale de la Haute-Bretagne* et dans plusieurs de mes ouvrages postérieurs.

Ce sont ces prodromes, non négligeables, dont je vais parler dans les pages qui suivent. Je ne fais d'ailleurs que déférer à un désir de M. Eugène Rolland. Le 30 août 1884, il m'écrivait : « Ne raconterez-vous pas un jour dans une de vos préfaces comment vous avez été amené à vous occuper du Folk-Lore. Ce serait intéressant plus tard pour l'histoire du Folk-Lore en France. » Aucune des assez nombreuses préfaces que j'ai écrites depuis cette époque ne comportait un semblable historique. Mais il y a quelques années j'ai entrepris, à la prière de mes enfants, de rédiger mes *Mémoires*, ce que j'ai fait non seulement d'après mes souvenirs, mais à l'aide de ma correspondance, de mes notes et de documents imprimés ; j'ai été amené à y raconter les étapes de mes études folkloriques, depuis mes premiers essais jusqu'à l'époque où le Folk-Lore devint mon principal objectif. C'est à ce chapitre, inédit, que j'emprunte, en la réduisant aux parties essentielles, cette petite histoire de mes débuts. J'y raconte que dès mon enfance, les choses populaires avaient pour moi tant d'attrait, que dès que j'ai su écrire, je notais sur mes cahiers d'écolier les chansons, les devinettes, les rimettes et les divers petits morceaux, que chantaient ou disaient les paysans ou les domestiques[2]. Au collège de Dinan je continuai à les enregistrer, en même temps que des faits d'un autre ordre, des choses vues, ou des traits légendaires dont j'avais connaissance

2. À l'âge de dix ans, il copiait des chansons et des formulettes. (*Léon Seché, Paul Sébillot*. Vannes, 1890, in-8°, p. 2.)

par hasard : plusieurs m'ont été utiles bien plus tard pour mes divers ouvrages.

1. – C'est au collège de Dinan, vers 1860, qu'une lecture influa considérablement sur le goût que j'avais toujours eu pour les routes, mais qui jusqu'alors était resté flottant. Un peu avant l'époque des vacances, un de mes camarades me prêta le *Foyer breton*, que je ne connaissais pas même de nom, quoique depuis longtemps je fusse curieux de livres ; c'était l'édition in-8°. Je commençai par regarder les images, et elles firent sur moi une impression extraordinaire ; je fus charmé par les dessins, surtout par ceux de Fortin, qui me rappelaient des choses vues en pays gallo. Les scènes de Penguilly Lharidon me plurent encore davantage par leur côté fantastique, quoique je ne fusse pas à même d'en apprécier, comme je le fis plus tard, la valeur artistique.

L'enchantement continua, en s'accentuant, lorsque je passai au texte, que je dévorai avec passion. Les contes que j'avais lus jusqu'alors ne m'avaient pas causé une pareille émotion ; si j'avais été charmé par *La Belle au bois dormant, Le Rameau d'or, La Belle et la Bête*, qui parmi ceux de Perrault, de Madame d'Aulnoy et de Madame Leprince de Beaumont, avaient mes préférences, il me semblait que toutes ces féeries se passaient à une époque lointaine et dans des pays imaginaires ; les héros des *Mille et Une Nuits* évoluaient dans des contrées qui me paraissaient tout aussi irréelles. Ceux de Souvestre étaient beaucoup plus voisins, puisqu'ils avaient habité la Basse-Bretagne, et dans l'illustration le costume des gens du pays de Vannes ne différait pas sensiblement de celui des paysans que j'avais vus en allant avec mon père visiter les fermes qu'il possédait à Merdrignac (Côtes-du-Nord), à la lisière du Morbihan : les vieux y portaient encore des culottes courtes qui ressemblaient aux bragou-ber des Vannetais du Nord-Est, et les intérieurs des maisons rustiques étaient presque pareils. Les récits des conteurs de Souvestre, laboureurs, artisans, ou marins, me semblaient plus réels que ceux que j'avais pu lire dans les autres recueils ; bien des détails me faisaient songer à des choses qui m'étaient familières. Quelques épisodes des récits du monde des morts me rappelèrent ceux que j'avais entendus dans mon enfance, et peu à peu l'idée me vint de rechercher, lors des prochaines vacances, s'il y avait dans mon pays natal des histoires merveilleuses ou fantastiques dignes de figurer dans un *Foyer gallo*. Je pris cette résolution sans songer à la possibilité de publier ce que je pourrais recueillir ; simplement pour satisfaire ma curiosité. J'étais aussi quelque peu humilié dans mon petit patriotisme local, en pensant que l'on ne parlait guère autour de moi que du pittoresque de la Basse-Bretagne, et de ses légendes, et je me disais que vraisemblablement le pays gallo, et en particulier celui de Penthièvre, n'était pas aussi dépourvu de merveilleux qu'on le supposait, puisque j'y avais entendu des contes comiques, des récits de sorcellerie et des histoires de l'autre monde, et je présumais qu'on pouvait aussi y rencontrer des féeries et des épisodes de la Légende dorée. Je ne me souviens plus si j'en parlai à mes camarades de collège : mais je sais qu'en arrivant à Matignon j'étais décidé à tenter une enquête.

2. – Il était naturel que je m'adresse tout d'abord à la bonne qui avait choyé mon enfance, et qui me regardait toujours comme « son petit gars » ; moi, je l'aimais plus qu'aucune de mes tantes par le sang.

— Vincente, lui dis-je, tu m'as souvent raconté des contes quand j'étais à peine en culottes, et j'ai envie de les écrire pour en fixer le souvenir. Je voudrais bien que tu me les redises, tout à fait comme tu me les contais autrefois.

— Ah ! répondit-elle, je n'y ai guère pensé depuis, et je crois bien que je les ai oubliés.

— Je ne crois pas ; tu as bonne mémoire, et je suis sûr qu'il ne te faudra pas grand effort pour te rappeler les Jean le Diot, qui m'amusaient tant, surtout celui qui répète tout ce qu'on lui dit, et les aventures du fin larron.

Le lendemain, Vincente qui y avait songé pendant la nuit, se remémora ces contes, me les redit et j'y reconnus presque toujours les termes mêmes dont elle se servait autrefois. Elle disait bien, et comme beaucoup de conteurs rustiques, elle était surtout supérieure dans le dialogue. J'écrivis ses contes, la mémoire toute fraîche, les lui faisant redire encore une fois pour être certain de n'avoir rien omis.

Les versions de Vincente me parurent assez complètes et assez jolies pour que je n'aie pas la tentation d'y ajouter du mien. C'était d'ailleurs sous cette forme que ces contes avaient charmé mon enfance. Lorsque je les publiai vingt ans après, je me bornai à redresser quelques phrases boiteuses de mon ancienne rédaction et à supprimer des redites inutiles. Ces contes, Vincente les avait entendus lorsqu'elle était pâtoure à Saint-Pôtan, l'un des pays les plus rustiques du canton de Matignon. Elle me parlait souvent, quand j'étais tout petit, de ces souvenirs de son jeune âge, et je trouvais la vie en pleins champs qu'elle me décrivait, la plus enviable du monde. Petits pâtres et petites bergères se réunissaient sur le haut d'un talus d'où ils pouvaient surveiller les divers troupeaux confiés à leur garde. Ils creusaient au revers des « fossés » des fours minuscules pour y cuire des pommes, confectionnaient des amusettes avec de menues branches, se posaient des devinailles, chantaient des chansons, contaient des contes. Ils en savaient beaucoup, que Vincente n'avait pas tous retenus, et qui appartenaient d'ordinaire au genre comique ou au monde de la mort. Lorsque je lui demandai si on disait des histoires de fées, elle me répondit que c'était rare, et qu'en tout cas elle ne s'en rappelait aucune.

Le second de mes conteurs, Émile Frostin, était fils d'un menuisier ; de trois ans plus âgé que moi, il avait été mon camarade à l'école publique de Matignon, et mon compagnon de jeux à la maison. Mes relations avec lui avaient continué après mon entrée au collège, et pendant les vacances nous nous promenions souvent au bord de la mer. Lorsque je lui parlai de contes, il me parut d'abord un peu surpris ; mais quand je lui eus redit ceux que Vincente m'avait racontés, sa mémoire se réveilla. Il se souvint d'avoir entendu de semblables récits dans sa famille, à l'école et surtout sous la « halle ». Je n'avais jamais assisté aux réunions qu'y tenaient, pendant les récréations ou les jours de pluie, les garçons de l'école, parce qu'un domestique me conduisait à la classe, et m'attendait à la sortie pour me reconduire à la maison. Émile, moins surveillé, avait pu s'asseoir dans les coins mystérieux de ce vieil édifice, où les enfants se divertissaient à raconter des histoires comiques, et surtout, lorsque venait le crépuscule, des « peûrées », récits d'apparitions à faire peur, de diables et de revenants, qui les empoignaient parfois tellement que leurs parents devaient venir les chercher le soir ; sans cela ils n'auraient osé se risquer en dehors de la halle, qui leur semblait constituer une sorte d'asile.

C'est à cette série diabolique ou macabre que se rattachent la plupart des récits qu'il me fit de 1861 à 1863. Il n'avait pas la belle humeur de Vincente, qui s'amusait à ses contes. D'une constitution délicate – il devait mourir avant la trentaine – il était presque triste, et ayant la parole un peu lourde, quasi bégayante, il racontait beaucoup moins bien que ma bonne. Ses narrations étaient froides, et je crois bien qu'il ne les faisait que pour, en bon camarade qu'il était, essayer de me faire plaisir. Sur la douzaine de récits que je tiens de lui, deux ou trois seulement étaient assez bien venus pour qu'il me fût possible de les transcrire sans grand changement. Le plus ordinairement, il ne me fournissait qu'une sorte de canevas, assez décoloré, presque un sommaire. Je n'éprouvais pas le besoin de broder les récits de Vincente, alors que même si les siens avaient un peu de suite, j'étais amené souvent, pour leur donner quelque vie, à les arranger à la Souvestre. Le « Pacte » en est un exemple ; toutefois s'il est « engraissé », il n'est pas altéré dans ses parties essentielles ; aussi l'ai-je admis dans mon premier recueil, sans en modifier la rédaction de ce temps, alors que je n'y ai pas fait entrer d'autres récits, tels que la « Fiancée parjure », que j'ai analysée dans les *Traditions et superstitions de la Haute-Bretagne*, t. I, p. 199, et dont j'avais développé le thème originel en une longue nouvelle. C'est au « Pacte », et à quelques autres de ces contes que je faisais allusion dans la Préface des *Contes de la Haute-Bretagne*, en disant que je les donnais tels que je les avais retrouvés dans mes cartons.

3. – Ces deux conteurs et quelques autres me fournirent une quinzaine de récits, dont deux seulement touchent à la féerie.

Le premier me fut raconté, par hasard, au cours d'une promenade, par un de mes condisciples du collège de Dinan, Anselme Carré, fils d'un pêcheur de Saint-Jacut-de-la-Mer. C'était un conte de houle, ou grotte du rivage ; et comme vivement intéressé par ce récit où figuraient des fées locales, je lui demandais s'il ne s'en rappelait point d'autres, il me répondit qu'il ne connaissait que celui-là. Peu de temps après j'eus le plaisir d'apprendre de la bouche d'un de mes compatriotes, auquel j'avais peut-être parlé des fées « de la Houle (Grotte) Cosseu », le conte de la « Goule-ès-fées » que j'ai donné plus tard dans la *Littérature orale de la Haute-Bretagne*, en le traduisant en patois. En me le racontant, Auguste Lemoine qui adorait le parler des rustiques, l'avait d'ailleurs émaillé de phrases entières en dialecte gallo de la côte. Avant de me lier avec Lemoine, plus jeune que moi de cinq ou six ans, je m'étais rencontré avec lui dans des excursions que je faisais parfois avec des séminaristes de Matignon, mes anciens camarades d'école. Comme ils chantaient souvent des chansons populaires[3], je leur demandai s'ils savaient des contes, mais je ne pus obtenir d'eux que des fragments légendaires, des superstitions locales, ou des détails de coutumes. Lorsque j'entrai en relations plus étroites avec Auguste Lemoine, je ne tardai pas à voir qu'il était beaucoup plus lettré et plus curieux que les autres, et l'intimité s'établit vite entre nous. Il était fils d'un capitaine au long cours, et faisait ses études au collège à demi ecclésiastique de Saint-Malo. C'était un esprit original et primesautier qui avait beaucoup lu. Il avait écrit de petits romans qu'il ne terminait pas, et des comédies qu'il illustrait de personnages naïvement dessinés, mais assez justes d'attitude et de mouvement. Il me les lisait au bord de la mer, ou à l'orée d'un bois, et il avait en moi un auditeur attentif.

Je ne pouvais faire autrement que de lui communiquer à mon tour mes essais, et en particulier mes cahiers de contes. Ils l'intéressèrent plus que je ne le supposais, il me

3. Plusieurs des chansons avec l'indication Matignon qui figurent dans la *Littérature orale de la Haute-Bretagne* m'ont été chantées à cette époque ; l'une d'elles, p. 296, est datée 1860.

raconta ceux qu'il savait, m'engagea à mettre au net les morceaux encore restés à l'état d'ébauche. Il m'en parlait dans les lettres qu'il m'écrivait de son collège, et je retrouve dans l'une d'elles, datée du 13 juillet 1866, quelques semaines avant les grandes vacances, ce passage caractéristique : « J'ai une curiosité excessive dans l'âme. Je veux vous demander si vous avez rédigé tous vos contes. » Lorsque reprirent nos promenades, je pus lui montrer au complet la collection que je possédais alors et qui se composait d'une vingtaine de morceaux.

Je ne pense pas que nous ayons envisagé la possibilité de les publier. Nous étions aussi inexpérimentés l'un que l'autre en matière d'édition, et d'ailleurs à cette époque, la vie littéraire était « en sommeil » en Bretagne, même à Rennes où j'avais passé deux ans à la Faculté de droit. En ce qui concerne ce qu'on a depuis appelé le Folk-Lore, il suffit de consulter la *Bibliographie des traditions populaires de la Bretagne*, publiée en 1882 par M. H. Gaidoz et par moi, pour voir combien furent rares pendant la période impériale les publications de contes populaires. C'est en 1870 seulement que Luzel put faire paraître à Quimperlé, à ses frais, les 103 pages de ses *Contes bretons recueillis et traduits.*

Il y eut à ce moment (fin de 1867) un arrêt dans mes recherches, qui tint à cette difficulté de publier et aussi à une nouvelle orientation de ma vie. C'est cette année même que je commençai à peindre sérieusement, avec la pensée de faire de la peinture ma principale occupation. Pendant une assez longue période, la littérature que j'aimais toujours, et que je ne cessais de cultiver de temps en temps, passa pour moi au second plan. En ce qui concerne les contes populaires, pendant près de dix ans, je n'entrepris aucune enquête suivie, sans toutefois cesser de noter ceux que j'entendais sans les chercher spécialement. C'est ainsi que je recueillis dans mes stations paysagistes sur le littoral de la Haute-Bretagne, cinq contes (1869-1874), et en pays bretonnant les trois récits datés 1874. Si en 1875, j'en ai noté plusieurs c'est qu'ils me furent dits au hasard de conversations, presque tous à Dinan, lors de mon voyage de noces dans la famille de ma femme. C'est là que je transcrivis, avec quelques menus traits, les 16 formulettes enfantines marquées D (Dinan) *Littérature orale de la Haute-Bretagne*, p. 335-340, avec lesquelles on amusait un bébé, et que je trouvais curieuses et parfois presque poétiques.

Pendant mon séjour à Loguivy-Ploubazlanec, au pays de Paimpol (1876-1877), je fus moins favorisé que je ne l'aurais cru : ma récolte se borna à la courte légende des fées de Loguivy (*Légendes de la mer*, t. I, p. 239) et à quelques bribes traditionnistes. Le peu de succès de mes tentatives, même appuyées par le récit de ce que j'avais recueilli sur la côte du Léon en 1874, ne m'encouragèrent pas à persévérer et à répondre au désir que Luzel m'avait exprimé un peu auparavant.

4. – En 1875, alors qu'il était rédacteur en chef de *L'Écho de Morlaix*, il m'avait demandé l'autorisation de traduire en breton une brochure de propagande : *La République c'est la tranquillité*, que je venais de publier. En la lui accordant, je fus amené à lui dire que moi aussi j'avais trouvé quelques légendes en Basse-Bretagne, et le 30 octobre 1875 il m'écrivait : « Je vois avec plaisir que dans vos stations sur les différents points de notre chère Armorique, vous vous occupez aussi de recueillir les échos de notre passé le plus lointain, transmis jusqu'à nous par la tradition orale. Je vous serais vraiment obligé de vouloir bien me communiquer la version que vous avez recueillie de

l'histoire du roi Marc'h, en me donnant si possible, le nom du conteur et le lieu où vous l'avez recueillie. J'ai l'habitude de donner toutes ces indications... Tâchez aussi de reproduire aussi fidèlement et simplement qu'il vous sera possible le récit original. L'autre tradition me semble également intéressante, et je serais bien aise que vous puissiez me la compléter aussi. » Peu après il m'envoyait le t. I des *Gwerziou Breiz Izel*, et les *Contes bretons* publiés à Quimperlé en 1870, où était appliquée la méthode de la récolte sans embellissements, que j'avais déjà instinctivement adoptée dans plusieurs de mes récits, et que je me promis bien de suivre désormais.

5. – Toutefois, je ne fis de nouveaux efforts qu'un peu plus tard, lorsque j'entrevis la possibilité de publier ce que j'avais en portefeuille. En 1877, mon compatriote Léonce Petit, l'excellent dessinateur des « Bonnes gens de provinces », me dit qu'il avait le désir d'illustrer des contes populaires, mais qu'il lui manquait des textes. C'est alors que je lui communiquai mon dossier ; il le trouva intéressant, et l'enrichit de quelques récits du pays dinannais. Mes contes lui parurent très illustrables, et convenant à son genre, puisqu'ils se passaient dans un milieu rustique. Mais il pensa qu'il serait difficile de trouver un éditeur pour une série de contes comiques, macabres ou diaboliques, et qu'on aurait plus de chance de faire accepter des récits merveilleux. Les deux ou trois, et qui n'étaient pas de premier ordre, que je possédais alors lui firent supposer qu'il était possible d'en trouver d'autres. Il m'en parla à diverses reprises, et lorsque en 1878, je partis pour l'Ille-et-Vilaine, où je comptais peindre pendant l'automne, il m'engagea à faire une enquête dans ce pays, plus nouveau pour moi que celui de Matignon. Je lui dis que j'y songerais si j'avais

quelque loisir, et je le quittai sans être bien résolu à tenter l'entreprise ; il est vraisemblable que si le temps avait été beau, je ne m'en serais occupé qu'en passant. Mais des pluies continuelles me permirent rarement de peindre en plein air. C'est alors que je me rappelai le désir de Léonce Petit, et que pour me distraire, je me décidai à interroger les gens du voisinage, sans trop m'attendre à des trouvailles. Pour mon début, j'eus la main heureuse ; la fille du jardinier du Bordage, fillette de treize ans, très éveillée, à laquelle je demandais si elle savait des contes, me dit sans hésitation celui du « Petit roi Jeannot », qui est le n° 1 des *Contes populaires* publiés deux ans plus tard ; elle m'en raconta d'autres, et je la chargeai de recruter des conteurs parmi les gens qu'elle connaissait. Elle m'en amena d'excellents, qui savaient, outre des récits comiques, nombre d'aventures merveilleuses ou féeriques[4]. À mon retour à Paris, je pus remettre à Léonce Petit le manuscrit mis au net d'une douzaine de ces contes. Il le porta à un grand éditeur pour lequel il avait déjà fait des illustrations ; quelques semaines après, Léonce Petit, en me rendant le manuscrit, me disait que l'éditeur n'avait pas voulu entreprendre cette publication, parce qu'elle n'entrait pas dans les séries de la maison, et que d'ailleurs, il ne fallait pas donner aux enfants des « idées subjectives »[5]. J'avais un peu auparavant écrit à Luzel pour lui dire que cette campagne avait été fructueuse, et le 25 décembre 1878, il m'écrivait : « Envoyez-moi quelques-uns de vos contes recueillis dans

4. Le 28 octobre 1878, Luzel auquel j'avais fait part de ces premières trouvailles, m'écrivait : « Recueillez toujours contes, proverbes, dictons, devinailles, superstitions de toutes sortes, en Ille-et-Vilaine, rien de tout cela n'est à négliger. »

5. Six ans après, Léonce Petit fut le principal illustrateur de mes *Contes de terre et de mer* publiés chez Charpentier en 1881.

le pays gallo. Je les publierai un jour ou l'autre ; seulement il faudra attendre que mes *Veillées bretonnes* soient terminées, soit environ quatre mois. » Le journal dans lequel Luzel réservait une place à mes contes cessa de paraître cinq ou six mois après cette offre aimable.

6. – Les notes qui précèdent montrent que, plus de dix ans avant *Mélusine*, je recueillais des contes, des chansons, des devinettes, etc., et les extraits de ma correspondance avec Luzel ne laissent aucun doute sur les tentatives que j'avais faites antérieurement, et qui, ainsi qu'on le verra dans le tableau ci-joint, avaient abouti à la récolte d'une quarantaine de contes. Dans son compte-rendu des *Contes populaires de la Haute-Bretagne* (*Revue celtique*, janvier 1881) Luzel, auquel plusieurs années auparavant j'en avais raconté les origines, se garde bien de les faire remonter à *Mélusine*, et il écrit : « M. Sébillot se rappela un jour que, dans son enfance, il avait entendu de la bouche des pêcheurs de Saint-Cast, dans celle des fileuses, des pâtres et des laboureurs de son canton, des récits merveilleux et fantastiques, dont un souvenir vague se réveillait dans sa mémoire quand il lisait les contes bas-bretons et autres, et il se dit : Et mon pays a aussi ses récits de veillées, ses contes du foyer, ses *Mille et Une Nuits*, et je le ferai bien voir ! » Il existe un autre document imprimé antérieur à celui-ci, c'est la bibliographie de *Mélusine* écrite par moi dans le *Bien public* (26 avril 1878) ; je devais avoir ce volume depuis un mois environ, puisque dans une lettre du 3 avril, Luzel me prie de lui faire parvenir l'article où j'en parlerai. Connaissant mes recherches précédentes, il pensait que mon analyse n'aurait pas été quelconque. Elle ne fut pas très longue, 57 lignes en tout ; elle constatait que les auteurs de *Mélusine* avaient voulu ouvrir largement leur recueil à

toutes les communications sincères sur la vie, les coutumes, les croyances et les contes de tous les pays, qu'on y trouvait des travaux sur les superstitions populaires de plusieurs contrées, des chansons paysannes, des proverbes, devinettes, etc., que la lecture en était à la fois instructive et attrayante. Je terminais ma notice par cette phrase : « Il est fort à désirer que ses savants éditeurs obtiennent le succès auquel ils ont droit et qui leur permettra de donner l'an prochain un recueil plus intéressant encore. » Je ne croyais pas écrire une oraison funèbre ; le ton de l'article est celui de la sympathie pour une tentative qui me paraissait curieuse ; rien de plus. Si j'avais eu le « coup de foudre », la révélation que M. Gaidoz trouve aisée à supposer, je n'aurais pas manqué de le dire, et de le faire ressortir, comme dans le même journal j'avais fait remarquer, en termes beaucoup plus chaleureux, l'originalité initiatrice du livre de Lecocq de Boisbaudran sur *L'Enseignement du dessin.* Je ne fis alors aucune tentative pour entrer en relation avec M. Gaidoz, dont j'ignorais l'adresse, mais que j'aurais pu connaître facilement, soit en la demandant au dépositaire de *Mélusine* qui demeurait rue Saint-André-des-Arts, tout près de la rue de l'Odéon où j'habitais alors, soit en écrivant à Luzel.

La « révélation » n'est pas indiquée dans mon ouvrage de début : *Traditions, superstitions et légendes de la Haute-Bretagne*, Maisonneuve, 1880 (Ext. de la *Revue de linguistique*, t. XIII, p. 68 et suiv., rédigé en 1879), non plus que dans la préface des *Contes populaires de la Haute-Bretagne*, où je raconte succinctement mes premiers essais vers 1860, et ma reprise d'enquête en 1878, alors que les pluies d'automne me retenaient souvent à la maison (p. VI). Si elle avait été la conséquence de la lecture de *Mélusine*, c'était l'occasion de le mentionner. Dans deux de mes ouvrages, l'un antérieur aux *Contes*, l'autre postérieur d'un an, je n'ai pas manqué de constater que la consultation de cette revue m'avait été profitable. À la fin du préambule de *l'Essai de questionnaire*, 1880, in-8° (ext. de la *Revue de linguistique*, t. XIII, p. 219 et suiv.), je disais : « Le recueil publié par MM. Rolland et Gaidoz, sous le titre de *Mélusine*, m'a été d'un grand secours pour rédiger cet essai (p. 5). » Dans ma *Littérature orale*, 1889, j'écrivais, p. 333 : « On trouve quelques formulettes dans l'excellent recueil intitulé *Mélusine*, auquel j'ai été si redevable dans le cours de ce livre. »

Voici le tableau avec l'indication des conteurs, les dates et les ouvrages où elle a paru, de ma récolte de 1860 à 1876.

Archivio per le tradizioni popolari, Palerme, 1888.
Contes populaires de la Haute-Bretagne, 1880, in-18.
Contes des landes et des grèves, Rennes, 1900, in-8.
Les Joyeuses Histoires de Bretagne, Paris, 1910, in-18.
Kryptadia, t. II, Heilbronn, 1881, p. in-12.
Légendes, croyances, etc., de la mer, 1886-1887, 2 in-18.
Littérature orale de la Haute-Bretagne, Paris, 1881, in-12, elzévir.
Légendes chrétiennes de la Haute-Bretagne, Vannes, 1892, in-8.
Traditions de la Haute-Bretagne, 1880, in-8.
Traditions et superstitions de la Haute-Bretagne, 2 vol. in-12, elzévir, 1882.

La Création de la femme, *Joyeuses Histoires de Bretagne*, p. 263, les Enfants dans les *Kryptadia*, t. III, p. 218, récit qui fut fait devant moi à l'école par un paysan d'une douzaine d'années, nombre de petits traits légendaires marqués M dans les *Traditions et superstitions de la Haute-Bretagne*, me furent racontés à Matignon, quelques-uns par ma grand-mère maternelle, qui mourut, presque centenaire en 1855, sont antérieurs à 1860.

1860	*Jean le Diot*	Vincente	Contes I, p. 219.
		Béquet	Joyeuses histoires,
	Comment il arriva mal-	”	p. 198.
	heur à Jean le Diot		Traditions, t. I,
	La fille qui n'avait jamais	”	p. 162.
	vu d'homme Mourioche		Joyeuses histoires,
	La pêche miraculeuse	”	p. 308.
		Ploubalay	
1861	*Le fin larron*	Vincente	Contes I, p. 209.
		Béquet	” 303.
	Le drap mortuaire	Matignon	” 261.
	Le pacte	Émile Frostin	” 277.
			Traditions,
	La messe du fantôme	”	t. I. p. 198.
	La fiancée parjure	”	Traditions, 1880,
	La promesse imprudente	”	p. 33.
	Le meunier en Paradis	”	Litt. orale, p. 207.
	Le moine et le corsaire	Ploubalay	Joyeuses histoires,
			p. 253.
1862	*Le Houpoux*	Émile Frostin	Traditions, t. I,
	Le diable et les danseurs	”	p. 148.
	Les Ligueurs	Matignon	” 192.
			Archivio, 1888,
			p. 10-11.
1863	*Les chats-sorciers*	Émile Frostin	Contes, p. 311.
	Le mouton errant	”	Traditions, t. II,
	Le prêtre trompé	Matignon	p. 14.
			Litt. orale, p. 132.
1866	*La Houle Cosseu*	Anselme	” p. 26.
		Carré	

1867	*La Goule-ès-Fées* *Les danseurs punis* *Le sorcier*	Auguste Lemoine ” Vincente Béquet	” p. 19. Lég. chrétiennes, p. 43. Contes, t. I, p. 286.
1869	*La nuit de noces*	Ploubalay	Kryptadia, t. II, p. 15.
1872	*La pitteuse de mer* *Les tours de Nicole* *La poule noire*	Jeanne Guillet Saint-Briac Saint-Cast	Rev. des trad. pop. XV, p. 601. Traditions, t. I, p. 155. ” II, p. 137.
1874	*Le lièvre revenant* *Les fées de Portzall* *Le roi Marc'h* *La fermière et son valet*	Pontaven M. Carof, Portzall ” Ploubalay	Traditions 1880, p. 40. Lég. de la mer, t. I, p. 243. Rev. des trad., t. I, p. 327. Kryptadia, t. II, p. 18.
1875	*Le cheval noir* *La lavandière des Noes Gourdais* *Emporté par le diable* *M. de la Garaye* *Saint Lénard*	Dinan ” ” ” Ercé	Traditions, 1880, p. 38. Litt. orale, p. 202. Traditions, t. I, p. 201. Litt. orale, p. 200. Contes, p. 243.
1876	*Les fées de Loguivy* *La lavandière squelette* *Le vœu à Sainte-Anne* *Le filleul de la fée*	Loguivy-Ploubazlanec Léonce Petit ” Derou, Penguilly	Lég. de la mer, t. I, p. 239. Traditions, t. I, p. 244. ” p. 231. Contes des landes, p. 192.

7. – Mes relations personnelles avec M. Henri Gaidoz ne commencèrent que dans les premiers mois de 1879. Alors que j'étais encore à la campagne, Luzel qui m'avait

conseillé de me mettre en rapport avec son ami, et auquel je demandais son adresse, me répondait : « Je me réjouis de ce que vous me dites de vos contes populaires, proverbes, devinailles, etc. Gaidoz demeure 22, rue Servandoni ; il est votre voisin, comme vous voyez. » (20 décembre 1878). M. Gaidoz me fit bon accueil ; il me dit que Luzel lui avait parlé de mes travaux sur le patois gallo et les traditions de la Haute-Bretagne, et m'engagea à revenir le voir. Nous eûmes à cette époque de fréquentes entrevues, je lui communiquai le manuscrit de plusieurs des contes que j'avais recueillis en Ille-et-Vilaine. Dans nos causeries, il me donna des conseils utiles, me prêta des volumes, ce que je reconnaissais dans l'avant-propos de ma *Littérature orale de la Haute-Bretagne*, 1881, p. XII, en le remerciant d'avoir « gracieusement mis à ma disposition les livres, parfois rarissimes, de sa bibliothèque bretonne ».

Vers cette époque (1881), il m'avait proposé de faire en commun la *Bibliographie des traditions populaires de la Bretagne*, qui devait être le commencement d'une série bibliographique de la France. Elle parut en 1882 dans la *Revue celtique* ; d'autres étaient en préparation, lorsqu'il m'écrivit pour me demander une collaboration plus importante : « J'ai en tête plusieurs livres que nous pourrions aisément faire à nous deux. Rolland est fort, comme le paladin dont il porte le nom ; mais j'ai idée qu'en nous arcboutant l'un contre l'autre, nous pourrions arriver à le valoir. Oui, mais il faudrait que vous eussiez le courage – comme pour notre bibliographie – de prendre pour vous la plus grande partie du travail matériel... Nous avons les matériaux d'un certain nombre d'ouvrages dont nous pouvons retirer honneur et profit. Cela ne vous empêcherait pas de pousser vos travaux personnels, comme ce *Folk-Lore de la mer* dont vous me parlez. » (29 décembre 1882).

8. – Voici la copie du manuscrit original du plan détaillé de la collection que M. Gaidoz me proposait de faire.

Je le rédigeai à la suite de nos conversations, et je le communiquai à mon collaborateur, qui y fit de sa main plusieurs additions ou modifications, elles sont indiquées entre guillemets. Cette pièce est datée : janvier 1883. Ainsi qu'on le verra, M. Gaidoz qui avait trouvé le titre de « La France merveilleuse et légendaire », modifia tout aussi heureusement quelques-uns des titres primitifs.

LA FRANCE MERVEILLEUSE ET LÉGENDAIRE.

I. *Les Contes des provinces de France.* Bretagne, pays basque, Alsace, Gascogne, Normandie, Lorraine, Auvergne, Bourgogne, Languedoc, Belgique, Nivernais, îles Normandes, Picardie, Suisse, Provence, Corse, Franche-Comté. – II. *Les Contes de la France du dehors*, « des Français, ou Frances d'Outremer, des Colonies françaises ». *a*) Contes créoles, Antilles, Maurice et Réunion, Canada, Louisiane, Guyane, Haïti. *b*) Contes des pays soumis à la domination française : Algérie, Guyane, Sénégal, Cochinchine, Gabon, Madagascar, Tunis, Tahiti, Nouvelle-Calédonie. – III. *Les Chansons populaires des provinces de France.* – IV. *Les Chansons populaires de la France du dehors*, « des France d'Outremer ». « *Blason populaire de la France* », sans numéro. – V. *Devinettes et formulettes.* – VI. *Proverbes* ou *Sagesse populaire de la France.* – VII. *Coutumes*, « La vie humaine ». – VIII. *Jeux et Fêtes*, « Danses ». – IX. *Costumes.* – X. *La Cuisine populaire.* – XI. *La Médecine superstitieuse.* – XII. *L'Année ou le Calendrier populaire.* – XIII. *Le Théâtre populaire.* Adjonctions de M. Gaidoz sans numéro : « *Traditions et Superstitions. Fées.* – *Le Monde surnaturel* ».

Ce vaste programme ne reçut qu'un commencement d'exécution. Deux volumes seulement parurent : *Le Blason populaire de la France*, par M. Gaidoz et Paul Sébillot. *Les Contes des provinces de France*, par Paul Sébillot. (L. Cerf, 1884, in-18). D'autres volumes étaient fort avancés, presque tous avaient leur dossier constitué, lorsque par suite de circonstances dont je n'ai pas à parler ici, il fallut renoncer à les publier :

Pendent interrupta minorque
Murorum ingentes.

9. – C'est un peu avant le milieu de 1879, que je fis chez M. Gaidoz la connaissance d'Eugène Rolland, et je l'y rencontrai parfois depuis. J'allai une seule fois voir Rolland dans son appartement de la place Saint-Michel, et à diverses reprises il vint chez moi causer de traditions populaires. Mon départ périodique pour la Bretagne, où, de 1872 à 1888, je résidai la moitié de l'année, interrompit nos entrevues ; elles reprirent à mon retour au mois de janvier, puis Eugène Rolland alla demeurer à Aunay par Auneau, en Eure-et-Loir, où il passa plusieurs années. Pendant ce séjour nous échangeâmes plusieurs lettres sur divers sujets de folk-lore ; l'une d'elles, du 23 juillet 1880, permet de fixer la date de son exode, que M. Gaidoz ne se rappelait plus exactement. Elle me parvint à Saint-Cast, et Rolland me souhaitait de « ramasser des matériaux en quantités immenses ». Il me demandait, pour le troisième volume de sa *Faune*, de rechercher des formulettes sur la coccinelle et l'escargot, et de m'informer des noms diaboliques de la libellule. Je fis ensuite à sa requête d'autres recherches sur divers points du folk-lore des Mammifères domestiques.

De mon côté je m'adressai à lui, alors que je rédigeais les *Traditions et superstitions de la Haute-Bretagne*, pour lui soumettre quelques difficultés de classement des animaux dont je ne trouvais pas la solution dans ses livres. C'est ainsi que je lui demandai s'il convenait de placer sous la rubrique « Lutins » les Animaux lutins. Il me répondait dans une lettre assez courte, mais qui contient ce passage intéressant : J'ai la même difficulté ; mais je n'hésiterai pas, et dans mes *Dieux et héros populaires de la France*, je mettrai à l'article *Lutins, fantômes, êtres fantastiques*, tous les animaux fantastiques que j'aurai oubliés dans la *Faune*. Je vous conseille d'en faire autant.

Ce livre resta probablement à l'état de projet, et M. Gaidoz n'en parle pas dans sa Biographie. Je ne crois pas que Rolland et moi en ayons causé lors de ses séjours à Paris, alors qu'il me disait qu'il avait le dessein de composer une *Météorologie populaire* sur le plan de la *Faune* et qu'il m'engageait à entreprendre sur le même plan une *Minéralogie populaire.*

Rolland m'approuvait d'étendre mes travaux à tout le folk-lore, et il m'encourageait à persévérer dans mes recherches, que d'ailleurs je n'avais pas, même à mes débuts, bornées aux seuls contes, ni même aux autres parties de la *Littérature orale*. Il m'offrit ses Devinettes, et ainsi que je le disais dans le préambule de cette section de la *Littérature orale*, je suivis, pour les 116 qu'elle contient, sa classification, fondée rationnellement sur les affinités que les énigmes présentent entre elles. Il me donna aussi les volumes parus de sa *Faune populaire*, qui lors de mon enquête en Haute-Bretagne sur cette partie du folk-lore, m'aidèrent à diriger mes recherches, et à interroger les paysans et les marins, à l'aide des exemples qui s'y trouvent.

M. Gaidoz apprécie en ces termes la façon dont Rolland mettait en œuvre les matériaux complexes de la *Faune* qui, en matière de lexicographie et de parémiologie, est de tout premier ordre : « Rolland, à l'imitation de quelques travaux d'Allemagne, se bornait à rapporter la chose sans fioritures ni commentaire, avec la seule indication de la provenance. On peut voir par les ouvrages publiés aux environs de 1880 comment sa méthode fut observée et suivie. Les premiers ouvrages de M. P. Sébillot, par exemple, sont rédigés d'après cette méthode : ce n'est que plus tard quand M. Sébillot se fut dégagé de cette méthode un peu sèche – la méthode inaugurée en France par Rolland – qu'il vint à la pratique toute française de la rédaction, sobre du reste comme il convient au sujet[6]. »

Dans le second volume de mes *Traditions et superstitions de la Haute-Bretagne*, j'adoptai en grande partie la classification de Rolland ; je trouvais logique de mettre en tête de chaque monographie les noms des animaux, les termes patois, puis les proverbes, les formulettes, les superstitions et les croyances. J'y ajoutai les contes, auxquels Rolland n'avait pas consacré une division spéciale. Je suivis ce cadre non seulement dans la partie de ce livre qui correspond à la *Faune*, mais lorsque j'eus à traiter des Arbres et des Plantes, qui jusqu'alors n'avaient été, en France, l'objet d'aucun travail d'ensemble : le tome I de la *Flore* de Rolland ne parut qu'en 1896, quatorze ans après mes *Traditions*. Je m'efforçai du reste de rendre plus claires

6. Rolland avait pu trouver, même en France, des précurseurs de cette méthode ; c'est celle qu'avait suivie M. de Chesnel, *Usages, coutumes, etc. de la Montagne Noire*, (France littéraire 1839), qu'il cite dans le premier volume de la *Faune*, et elle avait été celle de L. du Bois, *Recherches sur la Normandie*, 1843, qui reproduisait en partie ses notes de *l'Annuaire statistique de l'Orne*, 1809.

les divisions de chaque monographie, en leur donnant des titres apparents, qui en rendaient la consultation plus aisée et la lecture moins laborieuse ; tout en rapportant avec exactitude les faits que j'avais, pour la plupart, recueillis directement, je les accompagnai de réflexions sommaires et j'esquissai quelques généralités dans les préambules des divers chapitres. La rédaction joue déjà un certain rôle dans cette partie de mon ouvrage, moins que dans le premier volume, *L'Homme, les Esprits et les Démons*, pour lequel je n'avais aucun modèle, ni comme divisions, ni comme présentation. On peut, je crois, considérer ces deux volumes comme une transition entre la méthode sèche, un peu germanique, de Rolland, et la « pratique toute française de la rédaction », qui est celle que j'ai suivie dans la seconde partie de ma vie folklorique (1886-1913).

10. – M. Gaidoz avait sans doute « marché sur l'herbe d'oubli », lorsqu'il écrivait : C'est aussi Rolland qui eut l'idée d'aborder par des enquêtes la Météorologie et la Mer (p. 29). La première de ces deux branches du folk-lore figure dans mon *Essai de questionnaire* (1880), qui avait pour but de servir de guide sommaire aux enquêteurs ; les vingt dernières pages du t. II des *Traditions et superstitions de la Haute-Bretagne*, 1882, sont le résultat d'une enquête sur la Météorologie faite dans les Côtes-du-Nord et l'Ille-et-Vilaine, plus de deux ans avant la réapparition de *Mélusine* (1884).

C'est seulement vers cette date que Rolland s'occupa de la mer, dont il n'est pas question dans le t. I de *Mélusine*. Cette partie si intéressante du Folk-lore était loin d'avoir été négligée. J'ai donné en tête des *Contes des marins* (Palerme 1890, Extrait de l'*Archivio per le tradizioni popolari*, t. IX), une bibliographie des contes recueillis en

France qui, pour la période antérieure à 1877, enregistre 24 numéros. Les contes des marins et du rivage sont représentés par 30 unités dans les deux premières séries des *Contes de la Haute-Bretagne* (1880-1881), dont la troisième a pour titre *Contes des marins* (1882) ; les fées des Houles ou cavernes du rivage occupent les pages 85-105 du t. Ier des *Traditions et superstitions de la Haute-Bretagne* (1882), et la monographie des Poissons de mer va de la page 245 à la page 274 du tome II de cet ouvrage. Cette même année, pour servir de guide à ceux qui voudraient s'occuper du Folk-lore maritime et pour obtenir de nouveaux renseignements sur un sujet qui m'était cher à la fois comme enfant de la côte de la Manche, et comme peintre de marines, je tirais sur chromographe un Questionnaire spécial, qui fut le point de départ de l'enquête entreprise à ma sollicitation par L. F. Sauvé.

11. – C'est de ce questionnaire manuscrit que parlait Anatole Le Braz dans une lettre du 8 mai 1892, en me remerciant de mes *Instructions et questionnaires* : « J'en ai une sorte de squelette primitif qui fut remis jadis à mon père par un de vos collecteurs subalternes ; il doit y avoir de cela une douzaine d'années. La petite feuille de papier jauni que j'ai conservée m'a rendu plus d'un service. Je n'étais alors qu'un adolescent indécis de sa voie. Cette circulaire manuscrite m'ouvrit des horizons nouveaux. » Ce collecteur était probablement G. Le Calvez, instituteur à Penvenan, aussi bon observateur que Sauvé, et dont la contribution au folk-lore de la mer (pays de Tréguier) est presque égale à la sienne.

« J'ai lieu de craindre, m'écrivait Sauvé dans une lettre du 10 février 1883, que les superstitions de la mer ne soient peu nombreuses sur la côte du Finistère. Mes recherches dans cette direction ont été jusqu'ici infructueuses. Je me mets toutefois bien volontiers à votre disposition pour diriger mon enquête sur tel point qu'il vous plaira de me désigner. » Je lui envoyai un questionnaire ; environ trois mois après il me remettait un manuscrit d'une quarantaine de pages, qui prouvait que sa persévérance avait été couronnée de succès. Quant aux enquêtes de *Mélusine* sur la mer, la seule contribution vraiment importante fut celle de Sauvé, d'après des recherches dont le point de départ était dû à ma propre initiative ; *Mélusine* l'utilisa sans dire quel avait été le promoteur de cette récolte, dont une grande partie m'avait été remise par l'auteur vers le milieu de 1883. Les communications, autres que celles de Sauvé, sont exactement dans le t. II, de douze, dues à huit observateurs, dont une porte la mention : recueilli personnellement, qui est la marque de Rolland. Il m'est permis de constater que, sans parler de Sauvé, vingt personnes répondirent à mon appel, me fournissant 103 faits, pour ne parler que du premier volume des *Légendes de la mer* ; je laisse de côté les choses portant la mention Haute-Bretagne, que j'ai recueillies directement. Les autres, provenant de ce pays, portent la signature de leurs auteurs. Ce qui est intéressant dans les Notes de *Mélusine*, ce n'est pas la partie d'après nature, qui n'en forme pas le dixième, mais les coupures réunies par ses directeurs, et parfois des articles comme ceux de M. Gaidoz sur les Vaisseaux fantastiques. [...]**

14. – Mes relations avec Eugène Rolland, qui, pendant quelques années, avaient été assez rares, reprirent quand il vint s'établir libraire presque dans mon quartier ; j'allais bou-

** Nous coupons ici un long passage sur les dîners de Ma Mère l'Oye et autres considérations secondaires, mais conservons l'hommage rendu à Eugène Rolland, qui pourrait s'appliquer à Paul Sébillot lui-même.

quiner chez lui, et parfois causer. Je lui fis même une visite toute spéciale quand il eut le malheur de perdre son fils, et je lui dis que le grand consolateur était le travail ; il se montra sensible à cette preuve de sympathie. Quand il cessa d'être libraire, je le vis moins souvent ; mais je le retrouvai en 1908 à la Bibliothèque nationale. Ce fut lui qui, m'apercevant dans la travée des fiches vertes – il travaillait habituellement de l'autre côté –, vint à moi et me proposa de me mettre au courant du mécanisme de la Bibliothèque qui venait d'être réorganisée, et où d'ailleurs je n'étais pas allé depuis plusieurs années ; il m'invita à venir travailler près de lui. Il tâchait de me réserver une place à côté de la sienne, parce qu'il arrivait d'ordinaire avant moi ; lorsqu'il dépouillait les catalogues des entrées récentes, il me signalait ce qui pouvait m'intéresser ; parfois, nous dépouillions chacun un volume en nous faisant part de nos recherches. Il me dit un jour qu'il ne pouvait trouver à la Bibliothèque certains ouvrages qui l'intéressaient ou qui n'étaient pas encore à la disposition du public ; comme j'en possédais plusieurs, je me fis un plaisir de les lui apporter, et de lui donner le titre de tirés à part assez rares, que je mettais à sa disposition quand il le désirait. Lorsqu'il tomba malade, il me fit remettre ceux que je lui avais prêtés en lui disant de prendre tout son temps pour les dépouiller.

Ce furent nos dernières relations ; peu après, j'appris sa mort prématurée, j'assistai à ses obsèques et je fus l'un des deux folkloristes qui conduisirent son cercueil jusqu'à sa concession de famille ; l'autre était M. Gaidoz.

Dans la notice nécrologique que j'écrivis le lendemain, et qui est assez détaillée (*Revue des traditions populaires*, t. XXIV, 1909, p. 250-252), je crois avoir apprécié Eugène Rolland avec justice : son œuvre, disais-je, est des plus considérables ; ce fut un grand travailleur et nul n'a poussé plus loin la conscience scientifique. Ses livres sont, au point de vue de l'exactitude documentaire, irréprochables, et c'est ce qui assurera leur durée et aussi la renommée de leur auteur… Il trouvait dans la consciencieuse et patiente exécution de ses travaux la récompense des efforts qu'ils lui coûtaient, et s'il a pu, en mourant, regretter de n'avoir pu achever ceux qu'il avait entrepris et ceux qu'il méditait, il a pu se dire que son œuvre était bonne et solide, et qu'elle suffisait pour lui assurer une place éminente parmi ceux qui, ayant pour but principal la science elle-même, ont travaillé « à la bénédictine ».

ORIENTATIONS BIBLIOGRAPHIQUES

OUVRAGES SUR LE CONTE POPULAIRE

Paul Delarue et Marie-Louise Tenèze, *Le conte populaire français*, Maisonneuve et Larose, 1997.
Emmanuel Cosquin, *Contes*, édition établie et présentée par Nicole Belmont, Philippe Picquier, 2003.

ŒUVRES DE PAUL SÉBILLOT

Conte

Contes populaires de la Haute-Bretagne, Paris, Charpentier, 1880.
Contes des paysans et des pêcheurs, deuxième série des *Contes populaires de la Haute-Bretagne*, Charpentier, 1881.
Contes des marins, troisième série des *Contes populaires de la Haute-Bretagne*, Charpentier, 1882.
Contes de terre et de mer, Charpentier, 1883.

Contes des provinces de France, Paris, Léopold Cerf, 1884.
Contes espagnols, Paris, Charavay, 1897.
Cuentos bretones, traduction Manuel Machado, Madrid, 1900.
Contes des landes et des grèves, Rennes, 1900.
La légende dorée de la Haute-Bretagne, Nantes, Société des bibliophiles bretons, 1897.
Petite légende dorée de la Haute-Bretagne, Nantes, Société des bibliophiles bretons, 1897.
Légendes locales de la Haute-Bretagne, Nantes, Société des bibliophiles bretons, 1899-1900.
Les joyeuses histoires de Bretagne, Paris, Charpentier, 1910.

Littérature orale

Littérature orale de la Haute-Bretagne, Paris, Maisonneuve, 1881.
Littérature orale de l'Auvergne, Paris, Maisonneuve, 1898.

Folklore

Traditions et superstitions de la Haute-Bretagne, deux volumes, Maisonneuve, 1882.
Gargantua dans les traditions populaires, Maisonneuve, 1883.
Coutumes populaires de la Haute-Bretagne, Maisonneuve, 1885.
Légendes, croyances et superstitions de la mer, Paris, Charpentier, 1886-1887.
Traditions et superstitions de la boulangerie, Paris, Lechevallier, 1891.

Les travaux publics et les mines dans les traditions et superstitions de tous les pays, Paris, Rothschild, 1894.
Légendes et curiosités des métiers, Paris, Flammarion, 1895.
Le folk-lore des pêcheurs, Paris, Maisonneuve, 1901.
Le folklore de France, Paris, Guilmoto, 1904-1907 (quatre volumes).

Folklore (en collaboration)

Le blason populaire de la France, en collaboration avec Henri Gaidoz, Paris, Léopold Cerf, 1884.
Kryptadia, 1884-1911.
Revue des traditions populaires, Paris, Lechevallier et Leroux, 1886-1919.

Théâtre

La veillée de Noël, pièce en un acte représentée à l'Odéon en 1899 et 1900, Paris, Maisonneuve et Stock, 1900.

Poésie

La Bretagne enchantée, poésies sur des thèmes populaires, Paris, Maisonneuve, 1900.

Autour de Paul Sébillot

Émile Souvestre, *Le foyer breton*, Paris, 1844. Réédition Terre de Brume, 2000.
François-Marie Luzel, *Contes populaires de la Basse-Bretagne*, Maisonneuve, 1887. Réédition Presses universitaires de Rennes/Terre de Brume, 1996.

François-Marie Luzel, *Contes de Basse-Bretagne*, Rennes, Éditions Ouest-France, 2007.
Anatole Le Braz, *Magies de la Bretagne*, Paris, Laffont, collection Bouquins, 1994.
Henry Carnoy, *Contes de Picardie*, Rennes, Éditions Ouest-France, 2005.
Paul Sébillot, Henri Pourrat, Félix Remize, *Contes d'Auvergne*, Éditions Ouest-France, 2006.

TABLE DES MATIÈRES

Composé par Nord Compo
à Villeneuve-d'Ascq

Achevé d'imprimer par
Kapp-Lahure-Jombart à Évreux
N° d'éditeur : 5275-01-03-02-07
N° d'impression : 1999
Dépôt légal : février 2007
ISBN : 978-2-7373-4087-1

Imprimé en France